Yale University Press
Little Histories

若い読者のための

# 考古学史

ブライアン・フェイガン
Brian Fagan
広瀬恭子＝訳

すばる舎

挿画／ジョー・マクラーレン（Joe McLaren）
装幀／遠藤陽一（デザインワークショップジン）

バリの話を聞かせてくれて
なにかと励ましてくれた
すばらしき水の専門家
ヴァーノン・スカボローに捧ぐ

# 若い読者のための考古学史＊もくじ

その章でとりあげる
おもな登場人物

**◉補足説明のカッコの使い分けについて**

原著者による補足説明は、すべて丸カッコ（　）を用いました。訳者および編集部による補足説明は亀甲カッコ〔　〕を用い、カッコ内に多くの場合2行で表示、いわゆる「割注」扱いにして区別しています。

（編集部）

# Chapter 1 「うしろ向きの好奇心」

西暦79年8月24日、イタリアのヴェスヴィオ火山が大砲のように火を噴いた。灰と真っ赤な溶岩や石が噴水のように高く噴きあがり、噴煙が湧いた。日光は闇《やみ》に吸いこまれた。灰がぼた雪のように降りしきり、近くのヘルクラネウムやポンペイといったローマ人の街を埋めつくした。

真夜中ごろ、高温のガスと泥と岩が混じりあったものが山を流れくだり、このふたつの街になだれこんだ。ヘルクラネウムは跡かたもなく消えた。ポンペイでは大きな建物の屋根だけが堆積物《たいせきぶつ》からのぞいていた。おおぜいの市民の命をうばったこの噴火を、文人の小プリニウス〔西暦61ごろ〜113　おじで養父の大プリニウスと区別してこう呼ばれる〕はこう記している。「聞こえてきたのは女たちの悲鳴と、小さな子供たちが泣き叫ぶ声、それに男たちの怒鳴《どな》り声だった」。そして静寂がおとずれた。

じきに、かつてのポンペイの街は草に覆《おお》われた広い丘となった。その後、16世紀以上ものあいだ、この埋もれたふたつの街の眠りが乱されることはなかった。1709年になって、ヘルクラネウムの上で井戸を掘っていた農夫が大理石の彫刻物を掘りあてた。そこでこの地方の貴族が人をやって地下を探らせると、女性像が3つ、無傷で見つかった。この偶然の発見から、埋もれた街のまんなかで宝探しがはじまることになった。火山灰に埋もれたローマ時代の遺物を手あたりしだいに略奪したところから、考古学《アーキオロジー》という学問は生まれたのだ。

黄金につつまれたファラオや失われた文明、人跡未踏の地でのかっこいい大冒険――考古学者《アーキオロジスト》というといまなお、ピラミッドや失われた都市を発掘することに一生をささげ、ロマンを追い求める探検家と思われることが多い。現代の考古学は、危険な旅や華々《はなばな》しい大発見のはるか先まで歩をすすめてきた。たしかに、はじまりは宝探しだったかもしれない――そして残念ながら、いまだに真剣な考古学研究のかたわらで遺跡の略奪行為は続いている。だが、出土した貴重な品々を金持ちのコレクターに売りつけることしか考えず、猛スピードでむやみに掘りすすめる宝探しは、考古学本来の姿ではない。考古学は過去を、300万年にわたる人類の行動を、科学的に研究する学問である。

考古学はどのようにして、豪華な宝や失われた文明をやみくもに追いかける宝探しから、過去を真剣に探究するいまのような姿になったのだろう？　本書では、たまたま過去の目撃者となった4世紀前の人々から現代の固く団結した調査隊まで、著名な考古学者たちの活動を通じて考古学の物語をたどっていく。考古学の世界を切り拓いたのは、人里離れた土地で何か月も単独で発掘作業にあたった個性ゆたかな人々だ。彼らはみな、人生のどこかの時点で過去の魅力にとりつかれた。考古学は「うしろ向きの好奇心（backward-looking curiosity）」だという言葉を残した学者がいるが、まさにそのとおり。考古学とは、わたしたちのうしろにあるものへの好奇心なのだ。

　わたしが考古学にはじめてふれたのは10代のころだった。ある雨の日、両親にイングランド南部のストーンヘンジ（38章）に連れていかれた。巨大な環状列石（ストーンサークル）がそびえたち、灰色の雲が低く陰気にたれこめていた。並んだ岩のあいだを歩きまわり（当時はそれができた）、付近に点在する物言わぬ墳丘墓群に目をやった。ストーンヘンジに魔法をかけられたわたしは、それ以来、考古学のとりこになった。

　わたしはまず、イギリス人ジョン・オーブリー（1626〜1697）に興味をもった。彼はストーンヘンジに足繁く通い、1649年、馬に乗ってキツネ狩りをしている最中に、近くのエイヴベリーでさらに別のストーンサークルを発見した。オーブリーは、古代ブリトン人が残したとされるエイヴベリーとストーンヘンジについて考えた。動物の革を身にまとったこの野蛮人たちは、どんな人々だったのか？　オーブリーは彼らを「アメリカ先住民より2、3ランク文明寄り」と想定した。

　オーブリーやそのあとに続いた人々は、ローマ人以前のヨーロッパのことをほとんど知らなかった。たしかに、墳丘墓群やストーンサークルなどの遺跡は残っていたし、畑を耕したり墳丘墓を適当に掘ったりすれば、石器や土器や金属製の道具など雑多な遺物がでてきた（9章）。だが、これらの遺物を残したのは、まったく未知の人々だった——埋没の日付まで歴史書に記されているポンペイのような都会暮らしのローマ人ではなく。

　ヘルクラネウムの発掘が本格的にはじまったのは1748年だった。ナポリ王カルロ7世（1716〜1788）が、スペイン軍の技師ロケ・ホアキン・デ・アルクビエレ〔1702〜1780〕に、街がどれほど深く埋もれているか調査を命じたのだ。デ・アルクビエレは火薬と採鉱専門家の力を借りて、火山灰の堆積層のなかにトンネルを掘りすすめ、無傷で残っていた建物や荘厳な彫像を次々に発見していった。ナポリ王は出土品を宮殿にかざったが、発掘自体は極秘にしていた。

本格的な考古学研究の元祖は、ヨハン・ヨアヒム・ヴィンケルマン（1717〜1768）というドイツ人学者だ。ヴィンケルマンは1755年にローマのアルバーニ枢機卿〔1692〜1779〕の司書となった（そのためにカトリックに転会《てんかい》する必要があり、プロテスタントの友人たちを恐れおののかせることになった）。そのおかげで、好きなだけ本を読み、デ・アルクビエレが発掘した品々も見られたし、7年後には秘密の発掘作業を見学できるまでになった。そのころまでにはローマ美術に関する比類なき知識もたくわえていた——同時代の人々の知識というよりも、いまの考古学者がもつのに近い知識だ。このヴィンケルマンが、このふたつの都市から出土した遺物を原《げん》位置〔もとの場所〕で調査した史上初の学者となった。

ヴィンケルマンは、人工遺物は持ち主やローマ時代の日常生活——すなわち、昔の人々のことを知るためのきわめて重要な情報源であると指摘した。やりたい放題の略奪の時代に、これは革命的な考え方だった。残念ながら、ヴィンケルマンはみずからの発掘調査で自説を裏付けることなく、1768年トリエステにおいて、船を待っているあいだに金貨めあての強盗に殺された。彼こそ、考古学の基本原則のひとつを打ちたてた非凡な学者だった。どんなにみすぼらしく見えてもあらゆる遺物には物語が秘められているという原則だ。

その物語には、ときに異色のものも混ざる。わたしはかつて中央アフリカで、1850年代の村の跡を訪ねたことがある。そこには、崩れ落ちた牛囲いや挽《ひ》き臼や壺《つぼ》の破片が散乱していた。とくに興味をひかれるようなものはなさそうだった。そのとき、土器のあいだに転がっている50万年前の石斧《せきふ》に目がとまった。すぐに、これはどこか別の場所からもちこまれたものにちがいないと思った。なぜなら、まわりにはほかの石器も、それほど古い時代に人が暮らしていた痕跡も見あたらなかったからだ。

わたしが道具を過去の語り手として意識したのは、それがはじめてだったと思う。村人、もしかしたら子供が、8キロほど離れた川で砂利のなかから美しい石斧を拾いあげ、家にもち帰るところを想像した。村のみんなはそれを見て肩をすくめ、放りだす。そのときひとりの年寄りが、そう言えば若いころに似たような斧《おの》を見たことがあると言いだし、その子はそれから何年もその斧を大事にとっておく。そこにはひとつの物語があった。だが、ああ残念、その物語は忘却の彼方《かなた》へ消えてしまい、石斧だけが残った。

考古学の物語は、地主と旅人の好奇心にはじまる。かつて古典趣味の裕福なヨーロッパ人たちは、地中海沿岸へ「大旅行《グランド・ツアー》」にでかけたものだった。そしてローマ、ときにはギリシャの美術品を山とかかえて帰ってきた。一方、地所に腰をおちつけていた地主たちは、手近にある遺丘（墳丘墓）を掘りおこすようになった。彼らは自宅で晩餐会《ばんさんかい》を開いては、「2000年前のお粗末な遺物」を自慢げに披露したものだ。発掘者たちは素人《しろうと》で、考古学の訓練も受けていなかった。その来歴をたどれば、ストーンヘンジの謎に頭をひねったジョン・オーブリーのような好古家（古いものが好きな人）に行きついた。

考古学が誕生したのは、いまからおよそ250年前で、当時は聖書に書かれた天地創造が広く信じられていた。そのころフランス人外交官ポール＝エミール・ボッタと、イギリス人探検家オースティン・ヘンリー・レイヤードが、聖書に登場するニネヴェの町を探しだすという大がかりな発掘をイラク北部で開始し、成功を収めた。レイヤードは発掘の専門家ではなかった。大英博物館の代理人として大発見を夢みて、ニネヴェの大遺丘の下にトンネルを掘り、地下深く眠るアッシリア王センナケリブの宮殿のなかを、彫刻がほどこされた壁づたいにすすんだ。城門のところでは、石灰岩の敷石にチャリオット〔戦闘用に用いられた馬車の一種〕の車輪が残した轍《わだち》までも見つけた。

レイヤード、ジョン・ロイド・スティーヴンズ、ハインリヒ・シュリーマン……。彼らは並はずれたアマチュアとして、次章から見ていくように世界各地で最初期の文明を発見した。もちろん、ほかにもアマチュアはいた――石斧や絶滅動物の骨の化石や、原始的特徴をそなえたネアンデルタール人の頭骨に、頭を悩ませた人々だ。彼らのおかげで、人類の歴史は6000年よりもずっと前から続いてきたことが示された（6000年というのは、キリスト教会が聖書からはじきだした数字。くわしくは7章）。プロの考古学者がでてきたのは、じつに19世紀も末になってからだ。実際、職業考古学者の数は、第二次世界大戦前までは世界全体で数百人にとどまっていた。

考古学は、人間の生活を軸にまわっている。それがいちばんよくわかるのが、1922年に行われたカーナヴォン卿とハワード・カーターによる、かの有名なエジプトの少年王ツタンカーメンの王墓発掘だろう。カーターは王墓を徹底的に調査することで、3000年以上前に生きた若者の比類なき肖像を描きだした。8年の歳月を費《つい》やして発掘は完了したが、カーターの死により、発掘報告書の刊行にはいたらなかった。以来、この謎多きファラオについて多くの専門家が研究を重ねている。

その足もとにもおよばないささやかな物語が、ベルギーのミール近郊の砂地の空《あ》き地にある。紀元前7000年ごろに、ここで猟師たちが野営した。そのうちのひとりが大岩のそばに座りこみ、もっていたフリントの石塊を使って石器をいくつかつくった。じきに仲間がひとり、石器づくりに加わった。ベルギーの考古学者ダニエル・カーエンは、彼らが石を打ち欠いたときに落ちた石片をていねいに集めた。すると、石のハンマーが振りおろされた方向から驚くほど個人的なことがわかった。ふたりめの石工は左利きだったのだ!

現代の科学的な考古学は、遺跡を見つけて掘るだけのものではない。研究室のなかでも発掘現場にひけをとらず多くのものごとが解き明かされている。わたしたちは、数多くの、そしてときに意外な資料に秘められた、ありとあらゆる小さな手がかりをたよりにいにしえの人々をさぐる探偵だ。相手がエジプトのファラオのこともあれば、地域社会全体ということもある。

このあと見ていくとおり、考古学はヨーロッパと地中海沿岸で誕生した。その探求はいまや、世界規模となっている。考古学者はアフリカでもモンゴルでも、パタゴニアでもオーストラリアでも活動している。1

世紀前までの無遠慮な穴掘りは、きびしく管理され綿密に計画された発掘にとってかわった。いまでは個々の遺跡だけでなく、古代の景観全体を解明することに力が注がれている。レーザーや衛星写真、地中レーダーを使った遠隔探査《リモートセンシング》などの力を大いに借りて遺跡を発見し、非常に抑制的な発掘計画を立てる。かつての発掘作業の1日分にも満たない量の土を1か月かけて除去する。イギリスには、金属探知機を手にした素人《アマチュア》考古学者たちがプロの研究者たちと連携して大発見を果たした事例もある。イングランド中部スタッフォードシャーで、アングロ＝サクソン人が残した西暦７００年ごろのものと見られる金銀財宝３５００点を掘りあてたのだ。これがお宝ではなく情報を求めて調査と発掘を行う、現代の科学的な考古学の姿だ。

では、なぜ考古学が重要なのか。それは考古学が、何百年、何千年という長い時間をかけて人間社会がどのような変化をとげてきたのかを知る唯一の方法だからだ。考古学は、歴史文献におもしろい細部をつけくわえることもある——たとえば、ロンドン中心部での掘削工事中に、19世紀のソース工場のゴミ捨て場跡から見つかった大量の保存瓶《びん》のことだとか。だが、わたしたちの仕事の大半は、文字が生まれる前の人類史、つまり先史時代にかかわるものだ。考古学者たちはアフリカで、ヨーロッパ人上陸のずっと前に栄えたさまざまな社会の、文字に残っていない過去をひもといている。太平洋の離れ小島にはじめに住み着いた人々の足跡をたどり、アメリカ大陸最古の集落についても研究している。ケニアなどいくつかの国では、考古学者がシャベルを使って記録に残っていない国史《ナショナル・ヒストリー》を書いているのだ。

なににもまして、考古学はわたしたち人類というものを定義する。人類共通の祖先はアフリカで誕生したことを明かし、わたしたちの共通点や相違点を教えてくれる。考古学者は、ありとあらゆる場所に住む、すばらしく多様な人々を研究する。すなわち考古学とは人なのだ。

考古学の進歩は、19世紀と20世紀の学術研究きっての大勝利のひとつだ。この物語を語りはじめたとき、だれもがわたしたち人類の歴史はわずか６０００年と思っていた。それがいまでは３００万年までのび、さらに昔へさかのぼりつつある。どれほど学識ゆたかな人でも、驚異的でときに予想外の考古学的発見が過去を鮮《あざ》やかによみがえらせるたびに、驚嘆の念に打たれるものだ。たとえば、井戸掘りの最中に見つかった中国は秦《しん》の始皇帝の兵馬俑《へいばよう》（31章）。火事で一瞬のうちに焼きつくされて、土器のなかに手つかずの食事が残っていたイングランド東部の３０００年前の村（40章）。あるいは、２００万年前にも左利きの人がいたという気づき。こういった発見に、わたしたちの血はたぎる――しかも、新たな発見は毎日ある。

さあ、役者が全員、舞台に揃《そろ》った。そろそろ幕が上がるころだ。歴史劇のはじまり、はじまり！

# Chapter 2 ロバとファラオ

すっかり忘れられているようだが、200年前、エジプトは謎につつまれた遠い国だった。いまならだれでもファラオや王墓やピラミッドのことを知っているが、1798年にナイル川流域に攻め入ったフランスの軍人ナポレオン・ボナパルト〔1769～1821〕にとっては、まるで違う星に遠征するようなものだった。エジプトは気軽に行けるような土地ではなかった。コンスタンティノープル（いまのイスタンブール）に首都をおくオスマン（トルコ）帝国の属州で、敷居の高いイスラム教国だった。

ヨーロッパからやってきたひとにぎりの訪問者たちは、カイロのにぎやかな市場を歩きまわったり、近くのギザにあるピラミッドを見物したりした。さらに数少ないフランス人旅行者たちが、ナイル川を上流へと旅した（じつを言うとわたしは、1753年にフランス王室付きの地理学者ロベール・ド・ヴォゴンディが描いた、驚くほど精細なエジプトの地図をもっている）。エジプトのミイラを粉末状にくだいたものを土産《みやげ》に買い求める旅行者もいた――強力な秘薬とされ、フランス国王も所望した逸品だ。古代エジプトの彫像が何点かヨーロッパに運ばれ、少なからぬ興奮をもって迎えられた。

エジプトが初期文明の中心地だったことはかなり前から知られていたが、古代エジプトや、そのすばらしい遺跡のことを知っている人はいなかった。外交官のなかには、異国情緒あふれる遺物で金もうけができると気づいた者もいたが、いかんせんエジプトは遠すぎた――１７９０年代に注目を浴びるまでは。インドにあるイギリス植民地の財産に目をつけた者たちにとって、スエズ地峡（スエズ運河の開通は１８６９年）は天然の通路だった。

１７９７年、当時29歳のナポレオン・ボナパルトは、イタリア遠征で芸術と考古学に開眼した。各地の征服を夢みて心はつねにはやり、ファラオの大地への興味も尽《つ》きなかった。１７９８年7月1日、ナポレオンは兵士3万８０００人を乗せた３２８隻の船とともにエジプトに到着した。そのなかには、古代と当代のエジプト地図の作成や調査を命じられた科学者１６７人もいた。

ナポレオンは科学に情熱を注ぎ、とくに考古学に夢中だった。連れてきた科学者は、いずれおとらぬ有能な若者たちで、農業専門家、芸術家、植物学者、技師などがいた。だが、考古学者はいなかった。エジプト古代文明の研究を専門とするエジプト学（Egyptology）という学問が、当時はまだなかったのだ。ナポレオン軍の兵士たちは、同行した科学者たちのことを「ロバ」と呼んだ。一説には、戦いになると科学者とロバはひとまとめにされて、歩兵部隊に囲まれて守られたからだという。このときの調査団長ドミニク＝ヴィヴァン・デノン男爵（1747〜1825）は、外交官であると同時に才能ゆたかな芸術家だった。指導者としても理想的で、彼の緻密《ちみつ》なスケッチとすぐれた文章、まわりを巻きこむ熱意のおかげで、古代エジプトは科学界に知られることになった。

ナポレオン自身はエジプトの再編に忙殺されていたが、それでも時間をつくっては、いくつものピラミッドや、獅子の体に人の顔をもつ神話上の動物スフィンクスの像を訪れた。科学に対する関心の高さは、カイロにエジプト研究所（Institut de l'Egypte）を設立したことからもわかる。この研究所でナポレオンは講義やセミナーに出席し、連れてきた「ロバ」たちの活動を追っていた。そんな彼を魅了したのが、１７９９年６月にナイル・デルタのロゼッタという町の近くでフランス兵たちが防壁を築いていたときに、積み重なった岩の下からでてきた不思議な石板だった。そこには異なる3種類の文字がびっしりと書きつらねてあった。古代エジプトの神聖文字、それを崩した民衆文字、そしてギリシャ文字だ。この石こそが、ナイル川流域のあちこちの神殿や墓に書きつらねられた奇妙な暗号文字を解読するカギであることが、のちに判明した。

いまではロゼッタ・ストーンとして知られるこの石は、カイロの科学者らのもとに送られ、ギリシャ文字がすぐに翻訳された。そこに書かれていたのは、国王プトレマイオス5世（在位紀元前205〜前180）が紀元前１９６年にだした勅令だった。それ自体はおもしろくもなんともなかったが、専門家たちはこのギリシャ語の碑文が古代エジプト人たちの使った意味不明のヒエログリフ（神聖文字）解読のカギになりうると、ひと目で見ぬいた（「ヒエログリフ」は、ギリシャ語で「聖なる象徴」という意味）。実際に解読されるまでには23年の歳月を要した（3章）。

　科学者たちは小さなグループに分かれて、エジプト国内をくまなくまわった。軍に同行し、ときには歩兵として戦いにも参加した。デノンたちは戦火のもとでも写生をした。上エジプトのデンデラでは、牝牛の女神ハトホルの神殿に建ちならぶ柱のあいだを夢中で歩きまわって日没後も帰営しなかったデノンを、司令官が連れもどしにきたほどだった。デノンの熱意はまわりにも伝染した。調査団の技師たちまでもが仕事を放りだして神殿や墳墓を写生したり、小さな遺物を略奪したりした。鉛筆が短くなると、鉛《なまり》の銃弾を溶かして芯をつくった。

　エジプトの建築物は異国風で、ギリシャやローマの神殿とはまったく違った。下っぱの兵士でさえ驚きに打たれた。上エジプトのカルナクとルクソールで太陽神アメンの神殿を目にしたときには、兵士たちはきちんと整列して敬礼し、軍楽隊が音楽を奏《かな》でて古代エジプト人に敬意を表した。

　ナポレオンは天才的な軍人ではあったが、1798年8月1日、フランス艦隊はアレクサンドリア近郊のアブキール湾で、ホレーショ・ネルソン提督〔1758〜1805〕ひきいるイギリス海軍に敗北を喫した。これによりエジプト遠征は失敗に終わり、ナポレオンは敗走した。

　1801年にフランス軍が降伏すると、科学者たちはフランスへの帰国を許された。発掘した出土品もほとんどはもって帰ることが許されたが、ロゼッタ・ストーンは大英博物館行きになった。

　エジプト遠征は軍事的には失敗だったが科学的には大成功だった。ナポレオンの「ロバ」たちはピラミッド内の通路を調査したり、スフィンクスを測量したりした。ナイル川流域のスケッチに加えて、カルナクやルクソール、はるか上流のフィラエなどに点在した大神殿群の内部の様子も絵に描いた。ヒエログリフが刻まれた列柱や、神やファラオが描かれた神殿の壁なども、当時としては驚くほどの正確さで描きのこした。それをまとめた20分冊の『エジプト誌（*Description de l'Egypte*）』では、スカラベ（神聖視されていたオオタマオシコガネ〔甲虫の一種〕の形の小物）や宝石、彫像、優雅な壺《つぼ》や金の装身具などが紹介された。細密な画筆とたくみな彩色で、異国情緒あふれるエジプト美術と建築物に命が吹きこまれた。世間は大騒ぎになった。古代エジプトのゆたかな財宝を目にし、それが取り放題と見た人々が、わっと群がったのだ。

熱狂に導かれて、異国趣味のものを求める人々がヨーロッパのいたるところでエジプトの遺物に殺到した。当然、貴重なお宝の発見をもくろむ収集家や外交官、うさんくさい輩《やから》がひっきりなしにナイル川の岸辺におりたつことになった。知識を追い求める者はひとりもおらず、だれもが高く売れる宝を見つけることしか考えていなかった。ナポレオンに同行した科学者たちがしたような真剣な研究は、隅《すみ》へ追いやられてしまった。

エジプトは当時まだオスマン帝国の属州で、アルバニア人部隊の司令官出身のムハンマド・アリー総督〔在任1805～1848〕の支配下にあった。総督は、商人や外交官だけでなく旅行者や古物販売商にも国を広く開放することに力を注いだ。保存状態のよいミイラや美術品は大金になるということで、各国政府までもが古物収集にのりだしてきた。ヘンリー・ソールト〔1780～1827〕とベルナルディーノ・ドロヴェッティ〔1776～1852〕はそれぞれカイロ駐在のイギリスとフランスの外交官だったが、母国の美術館のために見栄《みば》えのする遺物を集めるよう本国から指示された。このふたりの熱心な活動が、やがてサーカス出身のひとりの墓泥棒をエジプト学の生みの親に変えることになる。

ジョヴァンニ・バッティスタ・ベルツォーニ（1778〜1823）は、イタリアのパドヴァで床屋の息子として生まれ、軽業《かるわざ》師としてヨーロッパ諸国を渡り歩いた。1803年には怪力男としてイギリスのサドラーズ・ウェルズ劇場（当時は低俗な音楽ホールだった）と出演契約を交わした。ベルツォーニはハンサムで、体格も申し分なかった。身長は200センチ近く、人並はずれた力持ちだった。派手な衣装を着た「パタゴニアのサムソン」として、大きな鉄枠に12人もの人をのせてステージをところせましと歩きまわった。

彼はステージ上で重量挙げや梃子《てこ》やローラーの使い方を身につけ、水を使った演目で水力学の経験も積んだ。どれも、盗掘にはおあつらえむきの技術だ。生来の流れ者だったベルツォーニと妻のセーラがエジプトに渡ったのは1815年のことだった。ルクソールの対岸、ナイル川西岸にあるファラオの神殿からラムセス2世〔在位紀元前1279〜前1213〕の巨像を運びだすために、イギリスの外交官ヘンリー・ソールトに雇われたのだ。この有名な巨像は、川まで運ぼうとしたナポレオン軍渾身《こんしん》の試みに屈していなかった〔つまりナポレオン軍にしても運べなかった〕。ベルツォーニは作業員を80人ほど集め、まにあわせの木製の台車をつくらせて、材木4本をローラーがわりにした。何本もの棒を梃子として使い、数十人の男たちの体重を利用して重たい像をもちあげておいて、その下に台車とローラーをすべりこませた。5日後、ファラオは川岸に鎮座していた。ベルツォーニはファラオ像を川下へ送りだしてルクソールに戻った。このときのラムセス2世像には、いま大英博物館でお目にかかることができる。

エジプトの役人たちが難癖《なんくせ》をつけてきたときには、ベルツォーニの体格と怪力がものを言った（必要ならば銃を使う準備もできていた）。彼はその固い意志と冷酷さ、かけひきの才能を大いに活用して、おびただしい数の古代の遺物を収集した。

やがてベルツォーニはナイル川西岸の墓地をねらうようになった。西岸の町クルナで墓泥棒たちと仲良くなると、崖《がけ》に走るせまい裂け目の奥深く、布で巻かれたミイラが何百体も眠る場所を見せてもらった。ミイラから立ちのぼる塵《ちり》は、「吸いこむとかなり不快」だったとベルツォーニは書き残している。墓泥棒たちは、そばで山積みになっているミイラの手や足や頭部でさえも気にとめず、墓のなかに住みついていた。ミイラの木棺や人骨、死者をつつむぼろきれで火を焚《た》いては、その上で食事をつくっていた。

ライバルであるフランス人ベルナルディーノ・ドロヴェッティは、ベルツォーニの大成功に対抗するため、ルクソール近辺のあらゆる場所の採掘権を主張した。そのいやがらせにうんざりしたベルツォーニは、ルクソールからずっと上流のアブ・シンベル神殿をめざして船出した。現地で雇った労働者たちの反乱や、どんどん崩れ落ちてくる砂にもめげず、旅行中のイギリス海軍士官ふたりの力を借りて、神殿の入口を開けることに見事成功した。神殿のなかには、ラムセス2世の立像8体が並ぶ列柱の間《ま》があったが、もって帰れるような遺物はほとんどなかった。

ルクソールに戻ってみると、ドロヴェッティの配下の男たちがクルナの発掘をすすめていた。その責任者から喉《のど》をかき切るぞとおどされたベルツォーニは、こんどはエジプトの偉大なファラオたちが埋葬されている王家の谷へと活動の場を移した。王家の谷の発掘はローマ時代からすでに行われていたが、ベルツォーニには人一倍すぐれた考古学的勘《かん》があった。あっというまに王墓を3つ発見し、そのすぐあとにいちばんの大手柄となる発見をした。ラムセス2世の父にしてエジプト史上もっとも重要な為政者のひとり、セティ1世（在位紀元前1290～前1279）の墓だ。その墓は壮麗な壁画に彩《いろど》られ、玄室〔死者を埋葬する横穴の墓室〕には王の体の形にあわせた半透明の方解石《アラバスター》製の棺がからっぽで残っていた。王の墓は埋葬直後に盗掘されていたのだ。

ベルツォーニは絶好調だった。すでに4つも王家の墓を開けていた。カイロに戻ってもその勢いはとどまるところを知らず、中世以来だれも入れなかったギザのカフラー王の大ピラミッドの内部に足を踏みいれた。ベルツォーニが玄室の壁に煤《すす》で記した名は、いまでも目にすることができる。見世物師としての血がさわいだベルツォーニは、セティ1世の墓の完璧な模型をつくってロンドンで展示することにし、墓にひと夏、芸術家とともに住みこんだ。壁画やヒエログリフをかたっぱしから模写し、ろうで何百もの彫像の型を取った。このころまでには、ドロヴェッティのねたみも沸点に達し、部下たちに銃をもたせておどしによこすまでになっていた。生命の危険を感じたベルツォーニは、エジプトの地を永久に離れることにした。

ロンドンに戻ったベルツォーニは、いまのピカデリー・サーカスに近い、その名もエジプト・ホールという会場で、セティ1世の王墓の模型および出土品を展示して大成功を収めた。エジプトでの冒険をまとめた本を出版すると、これまたベストセラーになった。だが、当然ながら徐々に客は減っていき、展示はやがて閉鎖された。それでもベルツォーニはまだ富と名声を欲しがった。1823年、西アフリカでニジェール川の源流を見つける探検にでかけ、ベナンで熱病に倒れて帰らぬ人となった。

ジョヴァンニ・ベルツォーニは、つきつめれば虚勢をはった見世物師であり墓泥棒だった。無謀なトレジャーハンターと呼ぶこともできるが、実際はそれ以上の存在だった。富と名声を夢みて宝探しからスタートした彼は、はたして考古学者だったのだろうか？　ベルツォーニに非凡な発見の才があったことは疑いようがない。いまなら考古学者として大成しただろう。だが当時は、ヒエログリフを読める人もおらず、過去をどのように発掘し記録すればよいのか、その糸口すら見つかっていなかった。そんな時代に、彼もまた出土品の金銭的価値で成功の度合いをはかった。それでもやはり、この派手なイタリア人が、荒削りながらもエジプト学の基礎を築いたと言えるだろう。

## Chapter 3 古代エジプトを読み解く

「わかったぞ！」息せききって駆けこんできたジャン＝フランソワ・シャンポリオンは、兄の足下に倒れこんだ。ついに古代エジプトのヒエログリフの複雑な文法を解明し、何世紀もの謎を解いたのだ。

それまでにも、ナポレオンの科学者たちやジョヴァンニ・ベルツォーニなど、ロゼッタ・ストーンの碑文を研究した人はおおぜいいたが、まだだれも解読にはいたっていなかった。古代エジプト人やファラオについては、名前も歴史もわかっていなかった。神殿の碑文に刻まれた王たちは、いったいだれなのか。王族が供物《くもつ》をささげている神や女神は、なにものなのか。ギザのピラミッドのそばで見つかった豪華な墳墓群に眠っている重要人物たちはだれか。ベルツォーニもその同時代の発掘者たちもみな暗中模索の状態だった。

初期の研究者たちは、ヒエログリフは絵記号だと誤解していた。1790年代になると、ヤーン・ソエカ〔1755～1809〕というデンマークの学者がこの文字は意味を示しているのではなく音を表しているという説をとなえた。つまり、話し言葉を書き起こした表音文字だというのだ。そんななか、2種類のヒエログリフを含むロゼッタ・ストーンが1799年に発見されたのは大きな一歩だった。2種類のうち片方はまだ解読されていない神聖文字だったが、もう一方は民衆が使う簡略化された崩し文字だった。こちらは明らかにヒエログリフの音声表記版とも言えるもので、書記たちによく使われていたことがわかっている。

このロゼッタ・ストーンが、ひとつめの突破口となった。ふたつめは、言語と数学に秀《ひい》でたトマス・ヤング（1773～1829）というイギリス人医師の研究だ。ヤングには古典ギリシャ語の知識があったため、碑文のひとつが読めた。それを手がかりに、ロゼッタ・ストーンでは6つのカルトゥーシュ（王の名前を示す複数のヒエログリフを囲む楕円《だえん》形の枠）のなかにファラオ、プトレマイオス5世の名前が記されていることを突きとめた。その部分の表記をギリシャ語の王名の綴《つづ》りと比較した。残念ながら、ヤングはヒエログリフの大半は表音文字ではないと考えていたため、結局ヒエログリフを読み解くにはいたらなかった。

ヤングのライバルだったのが、さきほどのジャン＝フランソワ・シャンポリオン（1790～1832）、火山のように激しい性格の語学の天才だ。貧しい本屋の息子だったシャンポリオンは、8歳になるまで学校に通えなかったが、入学するとすぐに絵画と言語の分野で非凡な才を発揮した。17歳になるころには、アラビア語、ヘブライ語、サンスクリット語、英語、ドイツ語、イタリア語をマスターしていた。シャンポリオン青年はヒエログリフにとりつかれていた。エジプトのキリスト教徒が使うコプト語にならば古代のエジプト語の要素が残っているかもしれないと考えて、そちらの勉強にも手をだしていた。

1807年には兄のジャック＝ジョゼフ・シャンポリオン〔1778〜1867〕とともにパリに引っ越したが、貧しい暮らしは続いた。そのころ、この若き言葉の達人はロゼッタ・ストーンに目をつけた。何か月もかけて研究し、数えきれないほどのエジプトのパピルス写本（パピルスという植物の茎《くき》でつくった紙に書かれた文書）に目を通した。調査は遅々《ちち》としてすすまず、あちこちで壁にぶちあたった。ヤングと違ってシャンポリオンは、エジプト文字は表音文字だと考えるようになった。やがてエジプトだけでなくギリシャのパピルス写本にも目を通すようになり、女王クレオパトラ〔在位 紀元前51〜前30〕のカルトゥーシュが刻まれた上エジプトのオベリスク〔神殿などに立てられた装飾された記念の柱〕も研究対象に加えた。

1822年、アブ・シンベル神殿に残るヒエログリフの精密な複写を手に入れたシャンポリオンは、ラムセス2世とトトメス3世〔在位紀元前1479〜前1426〕を示すカルトゥーシュを見つけだした。そこで彼は、ヒエログリフに母音が含まれていないことに気がついた。英語と同じような単一子音を示す文字がヒエログリフには24個あり、これがアルファベットと同じように音を示していたのだ。文章は例外はあるものの、たいていの場合、右から左へ書かれていた〔右から左へ書くのは現代アラビア語と同様〕。単語のあいだに空白や句読点はなし。シャンポリオンが兄の部屋に飛びこんだのは、「ときに表象的で、記号的で、表音的」とみずからが表現した文字の解読にまさしく成功したからだった。

1822年9月27日、シャンポリオンはこの発見を、フランス学士院の碑文・美文アカデミーで発表した。発見の重大さに、フランス国王にまでその一報は届けられた。だが、その研究が広く世間に認められるようになるまでには何年もかかった。シャンポリオンは１８２４年にヒエログリフ一覧表を出版したが、容赦ない批判を受けた。どうやら議論好き、かつ批判されることに耐えられない性格が災いして、シャンポリオンはみずから状況を悪くしていたようだ。

シャンポリオンはルーヴル美術館のエジプト部門の学芸員になり、ヒエログリフの知識をいかして展示品を正しく時系列に並べかえた。これは大きな進歩だった。

だが、古代エジプトの神聖文字の謎を解いた男は、まだナイル川を見たことがなかった。１８２８年、有力な支援者らが国王に働きかけて、シャンポリオンひきいるフランスとトスカーナ大公国の合同調査隊への資金援助が決まった。ナポレオンが集めた専門家たちがアレクサンドリアへ出帆した30年後、ジャン＝フランソワ・シャンポリオン、エジプト学者イッポーリト・ロゼリーニ〔1800～1843〕、画家、デッサン画家、建築家らのチームが、暑い土地でも快適に過ごせるトルコ風の服にそろって身をつつみ、ナイルの上流をめざし旅立った。

この調査は大成功を収めた。なにしろ調査隊のメンバー全員が各地の神殿の壁に刻まれた碑文を読みとり、世界最古ともされる建造物群の重要性を理解することができたのだから。ある明るい月夜のこと、デンデラの女神ハトホルの神殿についた一行は胸おどらせて岸へ飛びおり、たっぷり2時間も遺跡のなかを歩きまわって、夜中の3時になるまで船に戻ってこなかった。

ルクソール、カルナク、そして王家の谷にそれぞれ短期間滞在したあと、調査隊は夏の増水にのってナイル川をくだり、カイロへ凱旋《がいせん》した。シャンポリオンは学者としてはじめて墓の主を突きとめ、ファラオたちが神々にささげた神殿の壁の献辞を読み解いたのだ。シャンポリオンは疲れた体を引きずって1830年1月にパリに戻ったが、わずか2年後に脳卒中を起こし、42歳の若さで他界した。ヒエログリフをめぐる論争は彼の死後も長く続き、シャンポリオンの解釈が正しいという結論に落ち着いたのは15年後のことだった。

シャンポリオンが活躍していたころ、ナイルの岸辺にはそれほど良心的でない人々も押しよせるようになっていた。ベルツォーニとドロヴェッティの成功を目にしたトレジャーハンターたちが、富と名声を追い求めてやってきたのだ。古代エジプトは儲《もう》かるといううわさが急速に広まっていた。こういう輩《やから》は、ただひたすら利益のために堂々と墓を荒らして宝を盗みだし、石像を掘りだし、神殿の壁から美術品を引きはがす。シャンポリオンはそのような破壊行為にげんなりしていた。

そこで彼はムハンマド・アリー総督に手紙を書き、古美術品貿易と発掘現場での破壊行為について苦情を申し立てた。総督はさっそく古美術品の輸出を禁止し、博物館の建設を許可し、遺跡の破壊を禁じる法律を制定した。監視が行き届かず、この法律には実質的な効力はなかった。だが、方向性としては正しかった。たとえアリー総督やその後継者たちが、博物館の展示品の大半をのちに著名な外国人に譲渡したり売ったりすることになったとしてもだ。幸いにも遺物よりも情報を求めてナイル川にやってくる外国人も、ぽつぽつと現れるようになっていた。

ヒエログリフ解読というシャンポリオンの劇的な宣言を受けて、収集よりも研究を重視する動きがもりあがってきた。ついに古代エジプト文明の謎を解く手段が見つかったのだ。大物学者たち、たとえば古代ギリシャやローマ専門の考古学者で旅行家でもあったサー・ウィリアム・ゲル〔1777〜1836〕などは、前途有望な若者たちをたきつけた。そのなかにいたのが、ジョン・ガードナー・ウィルキンソン（1797〜1875）だ。ウィルキンソンは若くして両親を亡くし、まとまった額の自己資金をもっていた。軍隊の士官への任命待機中に地中海を旅してまわっているとき、ローマでゲルに会った。当時、古代エジプトに関してゲルの右にでる者はいなかったはずだ。1821年の末にアレクサンドリアに到着した若きウィルキンソンの武器は、わずかばかりのアラビア語と、ありあまる熱意だけだった。シャンポリオンがエジプト文字の解読に成功する直前のことだ。それでも、ウィルキンソンはトマス・ヤングがどのようにヒエログリフに取り組んだか知っていたし、エジプトの遺物についての知識もあり、先んじただれよりも準備は整っていた。彼はナイル川を上流へ向かい、エジプト学に身を投じた。

　ここに、これまでとは違うタイプの考古学者が誕生した。ベルツォーニたちが美術品や遺物めあての穴掘り人だったのに対して、ウィルキンソンはエジプト学という、はるかに広い視野に立っていた。その意味では時代をずいぶん先取りしていたと言える。古代エジプトの文明や人々を理解するためには、考古学的な出土品と碑文を結びつけるしかないとわかっていたのだ。

　ウィルキンソンは遺物を入手することにはまったく興味がなかった。碑文や記念碑や墓を写し取るだけの、真の意味での過去の探求者だった。フリーハンドで描いたものだが、彼の模写は現代の基準に照らしても驚くほど正確だ。とくにヒエログリフを書き写したものはナポレオン時代の専門家たち以上の出来だ。

その後の12年間、ウィルキンソンはナイル渓谷一帯や砂漠の踏査に励んだ。ひとりで行くこともあれば、友人のジェームズ・バートン〔1786～1862〕とふたりのこともあった。ときには志を同じくする考古学者や画家たちといっしょに少人数のグループで行くこともあった。人里離れた土地で身の安全を確保するために、トルコ人のふりをしたうえで、イスラム教徒を名乗り、従者たちにすら真実を告げなかった。

当初、ウィルキンソンにはヒエログリフに関する知識はいっさいなかった。だが、1823年にゲルからシャンポリオンのヒエログリフ一覧表が送られてきた。それを見たウィルキンソンは、シャンポリオンの発見がこの分野に大きな進展をもたらしたことを見てとった。だが、のちにコプト語と古代のエジプト語の単語をじっくり比較してみて、シャンポリオンのずさんさに気がついた。解読したという碑文に関してシャンポリオンは「最悪のまちがい」をいくつも犯していたのだ。

ウィルキンソンはシャンポリオンに会ったことはなかったが、彼が名声を欲しながら研究成果に対する批判をいっさい受け入れないという点が気にくわなかった。シャンポリオンは秘密主義で、学者仲間と激しく口論し、研究成果についても一度ならずうその主張をした。一方のウィルキンソンは、めだたず静かに神殿や墓を写生したり記録を取ったり、年代を推定したりしているほうが好きだった。

ヒエログリフの知識を身につけると、好奇心旺盛なウィルキンソンは別の研究をはじめた。1827年以降は、ほぼずっとルクソール付近のナイル川西岸で過ごした。アメチュという高官の墓（紀元前15世紀）に住みつき、ナイル渓谷の絶景を眼下に、豪勢な暮らしを楽しんだ。墓のなかにカーペットを敷きつめ、ついたてを立てていくつもの部屋に仕切り、私設図書館をつくりあげた。友人がくると、ミイラの木棺を暖炉にくべてもてなした――いまではちょっと考えられないことだ。

ウィルキンソンは朝に弱く、朝食は10時半と決めていた。それでも、ナイル川西岸の墳墓群をはじめて地図にまとめるなど、数々の偉業をなしとげた。王家の谷に散らばる墳墓に番号を振った彼のシステムは、いまなお健在だ。貴族の墓の研究に力を入れていたのは、そういった墓が古代エジプト人の生活を解き明かすための豊富なヒントをあたえてくれると気づいたからだ。遺跡は時をさかのぼり、当時の人々のなかで暮らしているような感覚をあたえてくれた――まるで、壁画に描かれた出来事が目の前で繰り広げられるのを観客として目《ま》の当たりにしているかのように。

わたしもエジプトの墓に描かれた壁画を調べるのは大好きだ。かなり色あせてしまったものも多いが、貴族の屋敷での暮らしの目撃者になれる。書記が目を光らせているなかで、労働者たちが作物を収穫する。牛が屠《ほふ》られ、色あざやかな衣類に身をつつんだ客人たちが宴の席に集まる。魚を捕る主人に飼い猫たちが寄りそっている愉快な絵まである。

ウィルキンソンをはじめとする少数の学者たちが、１８２０年代から１８３０年代にかけてエジプト学の基礎を固めた。自分たちの仕事とそこから得られる知識に情熱をいだく本格的な研究者たちだった。彼らはときに協力し、ときに独力で研究をすすめた。ウィルキンソン自身は古代エジプト人の暮らしについての本の構想を胸に、1833年にエジプトを離れた。1837年に出版された『古代エジプト人の風俗習慣（*Manners and Customs of the Ancient Egyptians*）』は中流階級の市民にも手が届く手ごろな値段で、売れ行きも上々だった。

この本は、古代エジプトの細部をたっぷり紹介して読者を時空旅行に連れだした。絵やパピルス写本や碑文から得られた詳細が盛りこまれていたおかげで、当時の人々の姿がいきいきと浮かびあがっていた。ウィルキンソンは、重要かつ独創的な研究を一般大衆に届けるという稀有《けう》な才能にめぐまれていたのだ。その名は世間にとどろき、ヴィクトリア女王〔在位1837〜1901〕からナイト爵を授与されるまでになった。

シャンポリオンとウィルキンソンは新しいタイプの研究者だった。生彩に富み活気に満ちていたひとつの文明の姿をあざやかに描きだしてみせたのだ。そしてふたりとも、考古学だけでは古代文明を復元することはできないと気づいていた。本格的な研究には、穴を掘る者と、碑文や文献の形で残る記録を調査する者の協力関係が必要だった。

ウィルキンソンが古代エジプト人の姿を心に残るやり方で描写してみせたことで、世界最古の文明に関する本格的な研究に光があたった。ナイル川流域での十把《じっぱ》ひとからげの破壊は、より規律ただしい研究に少しずつとってかわられていった。

新たな写字生《コピイスト》の一団がナイル川に姿を見せるのは、それから60年後のことだ。だが、シャンポリオンとウィルキンソンのおかげで、このときはメンバー全員が専門家だった。

# Chapter 4 ニネヴェを発掘する

バビロンとニネヴェ。聖書にでてくるこの偉大な2都市は、波瀾万丈《はらんばんじょう》の物語の舞台だった。旧約聖書には、古代バビロニア（いまのイラク南部）の大王ネブカドネザル2世（在位紀元前604～前562）の話がでてくる。無慈悲な征服者だった大王は、捕らえたユダヤ人を首都バビロンに連行したことで知られる。まばゆいばかりのその首都を建設するために、強大な王国のいたるところから資金が集められた。ギリシャに残る後世の資料によれば、城壁づくりには数千人の奴隷がかりだされ、壁の厚みはその上でチャリオット・レースができるほどだったという。

ネブカドネザル2世は高台にあった宮殿に、古代世界の七不思議のひとつに数えられる壮大な空中庭園をつくったとされる。庭が実在したのかどうかはわからない。バビロンはアッシリア文明の滅亡とともに姿を消した。現地まで足を伸ばしたヨーロッパ人旅行者もいるにはいたが、土ぼこり舞う丘がつらなる乾いた荒れ地があるばかりだった。ドイツ人考古学者たちが町の一部を復元できたのは、何世紀もあとになってからだった（20章）。

ニネヴェはそのはるか上流、現在のイラク北部に位置する。紀元前612年までニネヴェはアッシリアの主要都市で、聖書の創世記にもでてくる。預言者イザヤによれば、神が傲慢《ごうまん》なニネヴェ人たちに罰をくだし、町を「廃《すた》れて荒れ地のように乾ききった」土地に変えたという。地表には建物も神殿も見あたらず、のちにヨーロッパからこの地を訪れた人々は、まさしく天罰がアッシリア人を全滅させたと記している。

バビロンもニネヴェも、聖書に名前だけを残して歴史の闇《やみ》へ姿を消した。しかし驚くべき発見によって聖書に書かれた歴史が裏付けられたことで、ふたたび脚光を浴びることになった。1841年、フランスのアジア協会の著名研究者たちが、国に名声をもたらす次なる大発見の舞台としてニネヴェに目をつける。1842年には、フランス政府がポール＝エミール・ボッタ（1802〜1870）を駐モスル領事に任命した。ボッタはエジプト駐在の外交官だったためアラビア語に堪能で、それがこの異動につながった。ボッタには遺跡調査の経験はなかったが、非公式の任務としてニネヴェの発掘も命じられた。

経験のないボッタの発掘では、ほとんど成果がなかった。ニネヴェのクユンジクの遺丘で、不毛な上層部（すなわち骨も道具も埋まっていない堆積層）しか掘っていなかったのだ。ニネヴェに見られるような都市型の遺丘は一層一層、徐々に積み重なって形成されていくので、もっとも初期の、そしてだいたいにおいてもっとも重要な層は底のほうに埋もれているのだ。だが、ボッタにそんな知識はなかった。地表近くをあちこち掘りかえして、文字が刻まれたれんがやアラバスターの破片などを見つけたが、めぼしいものはなかった。

そうやって何か月も無駄骨を折ったあとで、運が向いてきた。クユンジクの北方22キロほどのところにあるコルサバードという村の住民が、文字の刻まれたれんがをいくつか見せてくれた。そして、自宅近くにある古い遺丘からでてくるさまざまなものの話を聞かせてくれた。ボッタは調査のため部下をふたり送りこんだ。1週間後、そのうちのひとりがひどく興奮した様子で戻ってきた。少し掘っただけで、めずらしい動物の姿が彫られた壁が現れたというのだ。

ボッタはただちにコルサバードに向かった。地面に掘られた小さな穴から顔をだした壁面には、驚くほど精巧な浮き彫りがほどこされていた。長衣姿の見なれない髭面《ひげづら》の男たちが、翼のある動物やさまざまな獣と並んで歩いている。ボッタはいそいで作業員をコルサバードへ移した。ほんの数日のうちに、だれとも知れぬこの古代の王の宮殿から、彫りの入った石灰岩の石板が何枚も掘りだされた。

ボッタは意気揚々と、聖書の真相をあばいたとパリへ手紙を書き送った。「ニネヴェ再発見」を誇らしげに報告したのだ。フランス政府は発掘継続の費用として3000フランを送ってよこした。ボッタは大発見のためには大規模な発掘が必要になると考えて、さらに3000人の作業員を雇い入れた。そこからメソポタミア（ギリシャ語で「2本の川にはさまれた土地」という意味）における大規模発掘という、20世紀に入ってからも長く続くことになる伝統が生まれた。

フランス政府は賢明にも、パリからウジェーヌ・ナポレオン・フランダン（1809〜1889）という経験ゆたかな考古資料画家を送りこんだ。ふたりは1844年10月下旬までコルサバードに点在する遺丘で作業に励んだ。そして敷地面積が２・５平方キロメートル以上もある、塀に囲まれた宮殿を掘りだした。城壁が出土した場所では、作業員たちはただ壁に沿って掘りすすめばよいだけだった。土の下には、戦いに臨む王、都市を包囲する王、狩りを楽しみ豪華絢爛《けんらん》な宗教儀式を行う王などの彫刻が埋まっていた。城門を守るのは、人の頭をもつ獅子や牡牛たち。いちどの発掘でこれほど多くの宝が出土するのは前代未聞だった。

フランダンは１８４４年11月にパリに戻った。彼がもって帰った絵の数々にフランスの学者たちは歓喜した。それはギリシャともナイル川流域ともローマとも違う、まったく新しい美の系図だった。ボッタもパリに帰った。現地での発掘調査をまとめた報告書１冊とフランダンのスケッチ画４巻がセットで出版されると、大評判になった。コルサバードでニネヴェを再発見したというボッタの主張はまちがっていたのだが、それもしかたのないことだった。エジプトで活動したベルツォーニと同じく、ボッタも宮殿の碑文を解読できなかったのだから。じつのところ彼が発掘したのは、アッシリア帝国を治めた血の気の多い征服王サルゴン２世（在位紀元前７２２〜前７０５）の王宮ドゥル・シャルキンだった。いわゆる「楔形《くさびがた》文字」で書かれた碑文によってそれがわかったのは、後年になってからだった（５章）。

１８４２年にボッタがニネヴェを発掘しはじめたころ、オースティン・ヘンリー・レイヤード（１８１７〜１８９４）というイギリス人の若者がメソポタミアの考古学に熱を上げていた。すでにレイヤードは１８４０年に２週間、ニネヴェで現地調査を経験していた。尽《つ》きることのない好奇心と、するどい観察眼にめぐまれたレイヤードは、この古代都市の遺丘をぜひとも発掘したいという熱い思いをいだいていた。考古学にすっかりのめりこんでいたのだ。

大物考古学者の例にもれず、レイヤードも落ち着きがなかった。1年ほどペルシャ（いまのイラン）の山地で遊牧民族バクティアリ族と行動をともにし、相談役として信頼を勝ち取った。現地の政治によく通じていたことから、バグダッドのイギリス公使の仲介でコンスタンティノープル駐在の大使のもとへ顧問として派遣されることになった。それが1842年のことで、このときレイヤードはモスルでボッタに出会い、3日間をともに過ごした。ボッタは発掘調査を勧めたが、レイヤードには元手《もとで》がなかった。

その後3年間コンスタンティノープルで非公式の情報局員として働いたのち、レイヤードは当時のイギリス大使サー・ストラトフォード・カニング（1786〜1880）から、2か月間モスルの下流ニムルドにある一群の遺丘を発掘する許可をもぎとった。レイヤードは下層に古代都市の中心部が埋まっている可能性に賭《か》けて、遺丘の下に向かってトンネルを掘りすすめた。するとすぐに、楔形文字が刻まれた石板が並ぶ大きな部屋がでてきた。それはアッシリア王アッシュールナツィルパル2世（在位紀元前883〜前859）の北宮殿だった。その日のうちにレイヤードは作業員を南へ移し、アッシリア王エサルハドン（在位紀元前681〜前669）が建てた南西宮殿も発掘している。24時間のうちにふたつの宮殿を発掘した考古学者は、いまにいたるまで彼ひとりだ。

レイヤードの発掘方針は、美しく装飾された宮殿内の各部屋の壁面にそってすすむという単純なものだった。北宮殿では、戦闘や包囲戦を描いたレリーフが積んであるのを見つけた。ニムルドの出土品のスケールの大きさに、コルサバードの存在はあっというまにかすんでしまった。同時に、ボッタも世間から忘れられていった。閑職をあたえられてレバノンに異動になったボッタは、考古学の世界に戻ることなく、１８７０年に死んだ。

　レイヤードの頭にあったのはただひとつ、ロンドンに送れるようなすばらしい美術品や遺物を見つけることだった。めずらしい出土品を大英博物館に送れば、世間が自分を認めてくれると知っていた。その仕事は、どう転んでもていねいな記録と呼べる代物《しろもの》ではなかった。

　レイヤードと、アシスタントのアッシリア人ホルムズド・ラッサム〔次章でも登場〕は、周囲に広がる平原を見渡せるニムルド遺丘のてっぺんにキャンプを張った。レイヤードは財宝をねらう近隣部族の急襲をおそれて、つねに周囲に目をくばっていた。地元の部族長たちに気前よく贈り物をして忠誠心を買うと同時に、必要とあらば力にうったえることもいとわなかった。最後にはレイヤード自身が部族長のような存在になり、争いを収めたり、結婚の仲人役をつとめたりするようになっていた。

　すばらしい遺物の出土が続き、宮殿の門番だった有翼牡牛像３体も掘りだされた。レイヤードはこの大成功を祝って、作業員たちのために３日間にわたる大宴会を開いた。北宮殿からは、貢《みつ》ぎ物を受け取る王の姿が彫られた豪華な柱が出土した。それは、ヒッタイト（20章）など近隣諸国とひっきりなしに戦争をしていたシャルマネセル３世（在位紀元前８５９～前８２４）の戦勝を記念するものだった。レイヤードは大型の荷車をつくって、重量のある出土品をティグリス川へ運んだ。遺物は筏《いかだ》で下流のバスラへ運ばれたが、その筏につけられたヤギ皮の浮き袋はアッシリアのレリーフに描かれたものとそっくり同じだった。

次にレイヤードはニネヴェのクユンジク遺丘の発掘に取りかかった。トンネルを掘っていくとすぐに、バスレリーフ（彫り物の部分がわずかに盛りあがっている、ごく浅い彫刻）で飾られた9つの部屋ができた。

ニムルドから出土した彫刻の第一便が大英博物館に着いたのが1847年6月22日。イギリスに帰国すると、レイヤードは一躍《いちやく》、時の人になっていた。発掘の「ちょっとした概略」として1849年に出版した『ニネヴェとその遺物（*Nineveh and Its Remains*）』もベストセラーとなった。

クユンジクの発掘は1849年に再開された。レイヤードは、装飾のある王宮の壁にそって迷路のようにひたすらトンネルを掘りすすめ、室内に残る貴重な遺物には目もくれなかった。土のなかから彫刻がでてくると、何日も地下にこもって、換気口から差しこむ外光とろうそくの灯をたよりに写生した。薄暗いトンネルの先には、城門の両脇を守る巨大な獅子像があった。入口の石灰岩の敷石にはアッシリア時代にチャリオットの車輪によって刻まれた轍《わだち》が残っていた。こうして、メソポタミアからシリア、イスラエル、ユダ王国まで遠征したことで知られるセンナケリブ王（在位紀元前705〜前681）の宮殿の南西面がその全貌を現した。

宮殿の碑文は、征服と包囲戦と王たちの偉業を時系列にまとめたものだった。王や神々はまるで生きているかのようで、いまにもレリーフのなかから歩みでて、無礼な侵入者を詰問してきそうだった。クユンジクから出土したレリーフの多くはいま、大英博物館に展示されている。わたしもよく見に行くが、本当に感動的だ。続きもののレリーフには、300人近い労働者たちが巨大な人頭牡牛像を筏から降ろし、宮殿へ引きずっていく様子が描かれている。男がひとり牡牛像にまたがって指示をとばしている。その様子をパラソルの影が落ちるチャリオットの上から王が見ている。

レイヤードが発掘した遺物のなかでもっとも世間を驚かせたのが、未知の都市の包囲と占領を描いた壁の彫刻だった。いったいどこの都市のことかがわかったのは、楔形文字の解読がすすみ、そえられた碑文の意味が判明した1850年代のことだった（5章）。レイヤードが気にかけていたのはおもにレリーフで、金銀宝石でないかぎり小さな出土品には目もくれなかった。

発掘作業中、楔形文字が刻まれた粘土板が見つかることがときどきあったが、多くは焼成されていなかったため脆《もろ》く、粉々にくだけてしまった。やがてレイヤードはお宝を掘りあてた――とは言っても、そうと気づくにはしばらく時間がかかったのだが。発掘も終盤にさしかかったころ、レイヤードは文字の刻まれた粘土板を数百枚、木箱6個に詰めこんだ。これがじつはアッシュールバニパル王〔在位紀元前668〜前627〕の図書館に収められていた蔵書の一部で、レイヤードの発掘品のなかでも重要なもののひとつとなった。1850年の発掘終了時にティグリス川の下流へと送りだされた木箱は100個以上になった。

バビロンと、南部の別の古代都市遺跡での発掘が不調に終わると（南部での失敗の原因は、彼の発掘手法が乱暴すぎて不焼成の日干《ひぼ》しれんがをうまく扱《あつか》えなかったことにあった）レイヤードは帰国した。

大英博物館にはレイヤードの手になる大量のスケッチ画が残されている。それは現地から運びだせなかった出土品の唯一の記録でもある。レイヤードは平凡なものよりも重要な遺物を見つけだす考古学的な勘にめぐまれていた。そしてジョヴァンニ・ベルツォーニと同じく鼻がきき、王宮やめぼしい品をかぎつけた。だが、その発掘手法はぎょっとするほど乱暴で、多くのものが失われた。ドイツ人学者たちが、ギリシャとメソポタミアの遺跡発掘現場に科学的な規律ただしさをもたらすのは、この半世紀後のことだった（20章）。

レイヤードという人は解しがたい。どこからどう見ても、華《はな》やかな遺物を探し求める気の短い無情な発掘者だ。ヨーロッパ人のアシスタントはひとりかふたりしかつけず、何百人もの現地の作業員を雇って、埋もれた都市を次から次へ、まるごと掘りだした。極言すれば、彼の頭にあったのは自分の名声と、大英博物館のためにアッシリアの見事な遺物を見つけることだけだった。

その一方で、彼は現地の人々とのつきあい方が抜群にうまく、そこかしこで固い友情を結んだ。これは初期の考古学者としてはたいへんめずらしいことだった。雄弁な文章力とあふれんばかりの描写力をもちあわせていたが、考古学者であると同時に冒険家でもあった。それでも、聖書に書かれたアッシリアに脚光をあて、旧約聖書の記述の多くが史実に基づいたものだということを示してみせた。楔形文字の解読によって、すぐに彼の発見はさらなる重要性を帯びることになった（5章）。きつい発掘に疲れはて、活動資金集めに追われる生活にうんざりしたレイヤードは、36歳のときに考古学の道を捨てた。政治家に転向し、のちに外交官——異文化の人々と上手につきあえる才能をいかした仕事だ——になった。やがては、当時ヨーロッパ屈指の重要な外交ポストとされていたコンスタンティノープル駐在のイギリス大使の座についた。

# Chapter 5 粘土板《タブレット》とトンネル掘り

1840年代にはすでに、考古学は失われた文明を掘りだすだけのものではなくなっていた。レイヤードはニムルドとニネヴェですばらしい発見をしたが、片方の手を背中に縛《しば》りつけられて発掘しているようなものだった。というのも、アッシリア王の宮殿の壁に彫られた華《はな》やかな壁画にそえられた楔形文字の碑文を読めなかったからだ。戦に行き、各地の都市を包囲し、いくつもの人頭獅子像を城門の守りにつけた偉大な王たちは、いったいなにものなのか。若き発掘者レイヤードも知りたかったが、古代言語がさっぱりわからなかった。壁の碑文や、掘りだされた粘土板に書いてある細かい文字を読める人が必要だった。一作目の著書『ニネヴェとその遺物』のなかでレイヤードは、ニムルドを古代ニネヴェと考えていた。だが、それは単なる推測にすぎず、まちがいだったことがじきに判明する。

レイヤードは、クユンジク遺丘とニムルドの調査のことで頭がいっぱいだった。それはバグダッド駐在のイギリス外交官ヘンリー・ローリンソンも同じだった。ヘンリー・クレズウィック・ローリンソン（１８１０〜１８９５）は優秀な馬術家であり射撃の名手、そして有能な言語学者だった。17歳のときにボンベイ近衛《このえ》歩兵連隊の士官としてインド軍に加わり、ヒンディー語やペルシャ語などさまざまな言語を熱心に学んだ。

１８３３年に軍の任務でクルド人の町ケルマーンシャーへ赴《おもむ》いたローリンソンは、時間を見つけてはベヒストゥンという磨崖碑《まがいひ》〔自然の崖（がけ）や大岩の表面に文字や絵を刻んだもの〕へ馬を駆った。ペルシャの大王ダレイオス１世（紀元前５５０〜前４８６）が、このベヒストゥンの岩壁を削ってなめらかに磨《みが》かせ、１１１平方メートルにおよぶ平らな面に巨大なレリーフを刻ませていた。地上90メートルの高さでは、ダレイオス１世の巨体が、紀元前５２２年に王位を争った敵ガウマタを勝ちほこったように踏みつけている。古代ペルシャ語、エラム語（いまのイラン南東部でかつて使われていた言語）、バビロニア語の３つの言語で刻まれた碑文が王の勝利を宣言している。

先人たち同様ローリンソンも、このほぼ接近不可能な石灰岩の崖に刻まれた碑文を、メソポタミア版ロゼッタ・ストーンと考えていた。古代ペルシャ語は音素文字で、１８０２年に解読が終わっていた。ローリンソンは崖によじのぼって、その碑文を写し取った。だが、バビロニア語とエラム語の碑文の手前には深い亀裂が走っていた。ローリンソンはまにあわせの足場をつくり、絶壁にへばりついて命がけでエラム語の文字を転記した。

ローリンソンは軍務で忙しく、文字を解読する時間があまりとれなかったこともあり、１８４３年にバグダッドで外交関係の仕事に就くまで研究はなかなかすすまなかった。新しい任地では楔形文字の研究に時間を割《さ》くことができ、ベヒストゥンの碑文をより正確に筆写することもできた。アイルランドの一地方の牧師だったエドワード・ヒンクス〔1792〜1866〕や、ドイツ系フランス人言語学者ジュール・オペール〔1825〜1905〕ら、楔形文字に頭を悩ませていた研究者たちとも意見を交換した。この3人がのちに解読につながる体系をつくりあげることになる。

突破口が見つかったのは1847年、それまで近づけなかったバビロニア語の碑文を写し取るため、ローリンソンが3度目のベヒストゥン訪問を果たしたときのことだった。イワヤギのように身軽なクルド人の若者が杭《くい》からロープをたらし、岸壁を指先でつかんで断崖を平行移動していった。じきに若者は簡単なゆりかご式の座面を即席でこしらえた。それから、刻まれた文字のくぼみにぬらした紙を押しあてた。紙が乾くと、複製可能なバビロニア語の文字型ができていた。こうして碑文の全文を手に入れたローリンソンは、翻訳済みのペルシャ語を使ってバビロニア語の解読に励んだ。

このころになるとローリンソンの研究対象は、レイヤードがクユンジクとニネヴェで発掘した碑文にもおよんでいた。クユンジクでセンナケリブ王の宮殿の壁に刻まれたレリーフをじっくりと調査したローリンソンは、ある都市の包囲と攻略のシーンを見つけた。アッシリアの大軍が城壁の外で宿営している。兵士たちは守りを打ち破って町になだれこむ。果敢な抵抗むなしく、町はアッシリア軍の手に落ちる。打ちのめされた町の人々はセンナケリブ王に品定めされ、奴隷に身を落とす。ローリンソンにはそこにそえられた碑文が読めた。そこには「センナケリブ、偉大なる王、アッシリアの王、玉座にてラキシュの戦利品を照覧」とあった。これは大事《おおごと》だ。なにしろ紀元前700年のラキシュの包囲は、聖書の列王記下《れつおうきか》に記されている出来事なのだから。

これらのレリーフが大英博物館に到着すると、ロンドン市民がこぞって観にきた。いまでも展示されているし、一見の価値がある。学校教育が聖書を教えることに重きをおいていたあの時代、こういった一連の発見が考古学に対する世間の興味を熱狂と言えるものにまで盛りたてた。

ローリンソンは南メソポタミアで発掘調査を行うよう、いろんな人に勧めた。イラク南部バスラで外交官をしていたJ・E・テイラーもそのうちのひとりだった。ローリンソンは聖書の都市を探すためにテイラーを派遣し、ユーフラテス川の氾濫原にあるアン・ナシリヤという町の近くの低い丘などを調査させた。そこで文字が刻まれた円筒が見つかったことで、現地でムカイヤルと呼ばれていたこの場所こそが、聖書にあるカルデアのウル、アブラハムの生誕地として創世記に登場する土地であることをローリンソンは突きとめた(20章)。北部の遺跡とくらべると、南メソポタミアではめだった出土品は少なかった。発掘手法が劇的に向上するまでは、焼成されておらず脆《もろ》い日干しれんがは、とにかく発掘者の手にあまるばかりだった(20章)。

1852年、大英博物館はホルムズド・ラッサム(1826〜1910)を発掘現場責任者に任命し、ローリンソンの監督下においた。ラッサムは現地人だったので地元で顔が利《き》き、レイヤードのアシスタントとして働いた経験もあった(4章)。野望に燃え、情け容赦なく、ずるくて口論好きな人物だった。偉大な考古学者として名を残したい、そのためにはこれぞという出土品を見つけなければと考えていた。クユンジクでの発掘を再開すると、フランスに割りあてられた土地にまで手をだし、夜陰にまぎれて掘りすすめた。発掘がすすむと、チャリオットに乗って獅子狩りをするアッシリア王のレリーフが出土した。掘り終えたときには、歓声を上げる観客から死にゆく雌《めす》ライオンまで、念入りに準備された王の獅子狩りの一部始終が土のなかから現れていた。ラキシュ包囲と同じく、この獅子狩りも大英博物館で間近に見ることができる。

残念ながら、ラッサムの発掘があまりにも慌ただしくぞんざいだったため、王宮を描いたスケッチ画は何枚かしか残っていない。どれも熟練の画家ウィリアム・バウチャー〔１８１４〜１９００〕が描いたものだ。ローリンソンは出土した彫刻をフランスと、プロイセンのフリードリヒ・ヴィルヘルム４世〔在位１８４０〜１８６１〕とに分配した。フランスがパリのルーヴル美術館に送るため梱包した木箱は２３５個にのぼった。その木箱の山はベルリン行きの荷といっしょに、ヤギ皮の浮き袋をつけた何台もの筏《いかだ》にのせられて下流に送られた。しかし、バグダッドの南で獰猛《どうもう》な部族の略奪団が襲《おそ》ってきて筏を奪い、木箱はティグリス川に沈められ、筏乗りたちが何人か殺された。パリに届いたのは、ニネヴェの上流コルサバードでフランスが見つけた発掘品、わずか２箱分だけだった。幸いにも、獅子狩りは別便で送られて無事ロンドンに着いた。

ヘンリー・ローリンソンは１８５５年にバグダッドをあとにした。その後はインド関係の活動にのめりこみ、大英博物館にも足繁く通った。同博物館では、これ以上アッシリアの発掘に資金提供しないことが決まっていた。すでにあまりにも多くの彫刻物が出土しており、ロンドンにはアッシリア王が多すぎるくらいいたからである。イギリス、フランス、ロシアが戦ったクリミア戦争〔１８５３〜１８５６〕のあいだに世間の関心もうすれた。レイヤードやラッサムたちがメソポタミアから送りだした何百枚もの粘土板や、盗掘団から業者が買い取ったコレクションなどに変わらぬ関心をもち続けた学者はわずかしかいなかった。

ラッサムは、クユンジクで獅子の間《ま》を発掘したときに大量の粘土板も見つけていたが、大して重要なものではないと考えて木箱にどんどん詰めこんでいた。なんという見当ちがいだろう。その3年前には、レイヤードがアッシュールバニパル王の図書館の蔵書の一部を2つの小部屋から見つけていた（4章）。ラッサムが見つけたのはその残りで、大広間の床《フロア》で見つかったのは天井が崩落していたせいだった。王の蔵書には、戦争の記録や、行政関係や宗教的な文書などが含まれていた。なかの1枚には、王国じゅうから粘土板文書を集めよと王が高官たちに指示したと記録されていた。出土から1世紀半、アッシュールバニパル図書館の18万枚におよぶ粘土板文書は、いまもまだ鋭意《えいい》解読中だ。すでに古代アッシリア語の辞書を1冊つくれるほどの情報が集まっている。

アッシリア研究の中心は、発掘現場から博物館や図書館へ移った。楔形文字の研究者グループがアッシュールバニパル王の図書館の粘土板を精査した。彼らは辞書も文法書ももたぬまま、せまくるしい部屋にこもった。そのうちのひとり、ジョージ・スミス（1840～1876）は彫刻師の弟子で物静かで内気、ローリンソンの活躍を子供のころに本で読んでからというもの、楔形文字に並々ならぬ興味をいだいていた。

1872年までに、スミスは多くの粘土板の分類を済ませていた。そのなかの「神話」に分類した粘土板の1枚を半分ほど読みすすめたところで、山の上にのった船のことがでてきた。おまけに、安住の地を探してくるようにとハトが送りだされ、見つけられずに戻ってきたという記述まである。スミスはすぐに、これは創世記に出てくる洪水の話の一部だと気がついた。聖書を読んだことのある人なら、だれでもぴんとくるだろう。ノアは方舟《はこぶね》にさまざまな動物を乗せ、大洪水を乗り越えて、乾いた土地を探させるためハトとカラスを放った。人類を滅亡から救ったノアの方舟の話だ。ふだんは物静かなスミスも、このときばかりは興奮のあまり跳びあがり、部屋じゅうを駆けまわった。

１８７２年12月３日、聖書研究のための発掘調査をとりまとめていた当時の団体「聖書考古協会」で、ジョージ・スミスは講演を行った。この会合には、時の首相ウィリアム・グラッドストン〔１８０９〜１８９８〕も出席していた。スミスの講演は大成功だった。粘土板の主要部を翻訳して聖書の逸話に酷似した物語を確認したスミスは、これは聖書以前の神話にまでさかのぼる話なのではないかと考えた。たしかに大洪水の話は『ギルガメシュ叙事詩』という初期メソポタミア文学の古典の一部だった。聖書誕生のはるか前にあたる紀元前２６００年ごろ、ウルクの王ギルガメシュが不老不死の妙薬を求めて冒険の旅にでるも失敗に終わる物語だ。

大洪水について書かれた粘土板が出土したことは、聖書が真実を語っているという証《あかし》のように思われた。デイリー・テレグラフ紙が、スミスが調査団長をつとめるならという条件で、洪水物語の欠けた部分を見つけるためのニネヴェ発掘調査資金として大英博物館に１０００ギニー〔１８１３年まで鋳造された英国金貨。アフリカのギニア産出の金で造ったのでギニーと呼ばれた〕を提供した。こうしてクユンジクで発掘作業をはじめたスミスは、レイヤードが放置した遺物のごみ山のなかから、なんとわずか1週間のうちに、欠けていた洪水のはじまりの部分にあたる大事な17行を見つけだしたのだった。

ほんの1か月ほど掘ったあと、スミスは帰国した。4か月後、王立図書館の蔵書をさらに探すようにという大英博物館の命を受けて、彼はふたたび現地に舞いもどった。今度はレイヤードが壁ぞいに掘りすすめるうちに見つけた各部屋の中身を発掘するというやり方で、3か月で3000枚以上の粘土板を発掘した。ときには600人もの作業員が発掘作業にあたったという。スミスは1875年、3回目の現地調査からの帰途で胃の感染症にかかり世を去った。これは大英博物館にとって大きな損失だった。

クユンジクの発掘作業は、ホルムズド・ラッサムのもとで再開された。ラッサムは宮殿の各部屋をまわって床板をはがし、またも多くの粘土板を回収した。出土した素焼きの円筒碑文には、1300行にわたってアッシュールバニパル王の征服の歴史が刻まれていた。ラッサムはバビロンへと発掘の場を移したが、レイヤードと同じく、焼成されていない日干しれんがの城壁を発掘するにはその手法は荒っぽすぎた。

ラッサムは遺跡から遺跡へ慌ただしく渡り歩き、最後はアブ・ハッバ、つまり古代都市シッパルで170もの部屋を掘りだし、粘土板7万枚を発見した。そのなかからは、バビロニアのナボニドゥス〔在位紀元前555〜前539〕という王が考古学に興味をもち、先王たちの都を発掘したという記述も見つかった。ラッサムがイギリスへ発《た》つと、山師たちが入れ替わりにやってきて楔形文字の粘土板を奪いあい、ヨーロッパじゅうの博物館を巻きこむ争奪戦を繰り広げた。その損害の大きさは計り知れない。

レイヤード、ラッサム、ローリンソンの3人は、部族対立が続く辺鄙《へんぴ》な土地で発掘を行った先駆者《パイオニア》たちだ。それは無鉄砲な考古学とでもいうべきもので、慎重な発掘計画などありはしなかった。だが、旧約聖書に記された歴史の多くを実証し、古代都市の存在を人類史にしっかりと刻んだのはその考古学だった。まだ考古学の歴史が浅かったこのころは、多くの考古学者が発掘者であると同時にご都合主義者でもあった。しかし、なかにはその道の大物もいた。後世の職業考古学者たちは、その人たちの広い背中を借りて立っている。

Chapter
# 6 あばかれたマヤ

１８４０年、中米ホンジュラス、コパン。猿の群れが樹上を移動していく。乾いた枝が折れる音が森の静寂を破り、川向こうにある無人の都市の平安を乱す。列になって移動する40～50匹ほどの猿の群れは、まるでその謎の遺跡にかつて暮らした知られざる人々の霊のようだ。植物に覆《おお》われたピラミッド群が木々のあいだにそびえたっている。

旅行家兼弁護士のアメリカ人ジョン・ロイド・スティーヴンズ（１８０５～１８５２）と才能あふれるイギリス人画家フレデリック・キャザウッド（１７９９～１８５４）の目は、はじめて見た古代マヤの建築物に吸い寄せられていた。下草をかき分けてすすんでいくと、精巧な彫刻がほどこされた石の柱に次々と行きあたった。どの建築物も美術品も、それまで見たこともないものだった。

ふたりとも、探検家としての経験は充分に積んでいた。スティーヴンズはニュージャージー州で生まれ、13歳でコロンビア大学に入学して１８２２年に学年トップの成績で卒業した。専門は法律だったが、政治と旅行のほうが好きだった。

スティーヴンズは手はじめに一路西へ向かい、ピッツバーグからさらに先へ足を伸ばした。1834年にはヨーロッパへ2年間の長旅にでかけ、はるばるポーランドやロシアまでめぐった。その後、ナイル渓谷とエルサレムを探訪し、当時は地の果ての危険な場所とされていたペトラ〔古代の遊牧民ナバテア人の王都の遺跡。現在のヨルダンにある。1985年に世界遺産。ペトラはギリシャ語で「崖」の意味〕にも乗り込んだ。ラクダの隊商の中継都市として栄え、崖を削った神殿群がそびえるこの巨大遺跡がスティーヴンズをしびれさせた。このペトラで彼のなかに古代文明への熱い思いが一夜にしてわきあがった。

文才にめぐまれていたスティーヴンズは、旅の様子を家族に書き送るようになった。手紙の一部はニューヨークの新聞にも掲載され、多くの読者を楽しませた。それはやがて『旅の出来事（*Incidents of Travel*）』と題した2冊の旅行記になった。1冊はエジプトとパレスチナについて、もう1冊はポーランド、トルコ、ロシアについてまとめたものだ。スティーヴンズは鋭い観察眼で行く先々の人や土地を見つめ、その文章はわかりやすく、読み手を飽きさせなかった。本は2冊ともベストセラーになり、本人は一流の紀行作家の仲間入りを果たした。

作家仲間を通じて、スティーヴンズは画家のフレデリック・キャザウッドと知りあう。ロンドン生まれのキャザウッドは、たぐいまれな芸術的才能をそなえており、1821年のイタリア旅行で頭角を現した。スティーヴンズと同じく彼もまた一か所にじっとしていられない旅行家だった。1822年から1835年にかけて、中東各地を広く旅してまわった。エジプトでは旅行家のロバート・ヘイ〔1799〜1863〕の仕事を手伝って、数々の遺跡を訪れて写生した。エルサレムにも行き、11世紀のイスラム教の聖殿「岩のドーム」では、事実上だれも近づくことができなかった装飾天井のスケッチを描いた。キャザウッドが使ったのは「カメラ・ルシダ」という装置で、言ってみれば天井の絵を手もとの画板に投影する鏡のようなものだった。

　ロンドンに戻ると、キャザウッドはエルサレムの巨大パノラマ模型を制作し、これが大好評を博した。スティーヴンズとの出会いは１８３６年、その展示会場でのことだった。同じ年のうちにキャザウッドはニューヨークでも展示を行い、建築家としての仕事をはじめた。そのころまでには、冒険と古代文明への情熱を分かちあうふたりは友人になっていた。キャザウッドはにこりともしない男で、スティーヴンズとは好対照の性格だった。

　つねに新たなチャンスを探していたキャザウッドが、中米の密林《ジャングル》に眠る謎の遺跡について書かれたほぼ無名の刊行物2点を見つけてきて、いつかその遺跡を探しに行こうとふたりは誓いあった。うまいぐあいにキャザウッドの建築の仕事と展示はいい金になり、スティーヴンズにも本の売上げが入って、旅にでられることになった。渡航がらくになるからと、スティーヴンズは中米に駐在するアメリカ合衆国の外交官の職に就いた。１８３９年10月３日、ふたりはニューヨークを発《た》って、陸の孤島のような小さな海辺の町ベリーズに向かった。そのあたりはいま、同じ名前の国になっている。そこから内陸のコパンという場所にある遺跡をめざした。

ユカタン半島の深い森を抜ける旅は過酷だった。政情も不安定だった。せまい踏み分け道ではロバたちがぬかるみに足を取られた。ようやくたどり着いたコパン村には、掘っ立て小屋が6棟ほど建っているだけだった。翌日、ガイドに連れられて畑や鬱蒼《うっそう》とした森を抜け、川岸に着くと、対岸にマヤの古代都市の城壁が見えた。

スティーヴンズとキャザウッドは、その時点では、そこでなにが待っているのか、まったくわかっていなかった。馬の背に乗って川を渡ると、石積みの基壇やピラミッドが点在する地区が広がっていた。さらに行くと、男の姿と細かい象形文字が高浮き彫りで刻まれた四角い石柱に思いもかけず行きあたった。コパンの建築や美術様式が、地中海世界のものとはまったく異質のものであることは一目瞭然だった。ピラミッドは(当時は植物に埋もれていたが)中庭や広場をはさんで建てられていた。建物の壁はスタッコ(化粧漆喰《しっくい》)に彫られた複雑な象形文字に覆《おお》われ、ほかにもゆたかな装飾に彩《いろど》られた石碑(専門用語で「ステラ」と呼ぶ)がいくつもあった。コパンの支配者たちの肖像が刻まれたステラは、中央広場に列をなしていた。この都市の心臓部である階段状のピラミッドや広場や宮殿が混在する広い王宮の近くでも、ステラは見つかった。いま16号神殿として知られるもっとも背の高いピラミッドは、かつては30メートル以上の高さを誇っていた。

スティーヴンズは、陰鬱《いんうつ》な森と、ローマの円形劇場のように正確きわまる広場群を目にした感動のままにペンを走らせた。「街は荒れ果てていた。すべてが謎、暗く踏みこめない謎だった」。だれがこの驚くべき遺跡をつくったと彼は考えただろう。マヤの象形文字はエジプトのヒエログリフとは似ても似つかず、現地の先住民たちも、コパンの建設者についてはなにも知らなかった。スティーヴンズは現地の状況を船の座礁にたとえている。「街はまるでばらばらにくだけた小型帆船のように、わたしたちの前に横たわっていた」と。彼らは方位磁石と巻き尺を手に、森にまっすぐな線をいくつも引いて、この古代都市の地図をつくった。これが数あるマヤ遺跡のなかで史上初の平面図となった。メソポタミアでのレイヤードとは違って、ふたりは発掘を行わず、かわりに測量と注意深い観察によってコパンの物語を語ろうとした。

キャザウッドは、精巧な装飾がほどこされたステラやレリーフの写生をするために腰をおちつけた。芸術家としての手腕が問われる難しい仕事だった。一方のスティーヴンズは、コパンをつくったのはだれかを考え続けた。古代エジプトや、何世紀も前に大西洋を渡ってきたどこか別の文明に由来するものではないことは、すぐにわかった。コパンは異色で唯一無二の都市だった。この遺跡のほんの一部でもニューヨークに運べたら、すばらしい展示になるだろう。値引き交渉でねばって、スティーヴンズはコパンを地元の所有者から50ドルで買い取った。後世の考古学者たちにとっては幸いなことに、コパンの川には艀船《はしけぶね》が入れず、結局なにひとつ運びだすことはできなかった。

スティーヴンズがコパンで過ごしたのはわずか13日間だったが、キャザウッドはもっと長く滞在した。大雨のなか、足首までぬかるみにはまって蚊の大群におそわれながら描き続けた。レリーフは強い日差しの下でしかくっきりと見えなかった。コパンは端から端まで3キロ近くもある都市で、おもな中庭だけでも3つ、それにピラミッドや神殿もあったので、キャザウッドの仕事量は膨大なものになった。

後日、スティーヴンズとキャザウッドはグアテマラシティで再会した。この時点でスティーヴンズは外交官として生きるのをあきらめた。ふたりは、メキシコ南部のジャングルにコパンと同じくらい壮麗なパレンケという都市が眠っているといううわさの真相を確かめることにした。こんどの旅でも大自然の手荒い歓迎を受けた。このころまでにはふたりとも、つばの広い帽子とゆったりした服という快適な現地ファッションに変わっていた。

現地の荷物運び40人の力を借りたにもかかわらず、旅路の終盤がこれまたすさまじく、生い茂る草を切り拓きながらすすまねばならないところも多かった。だがついに、密林のなかからパレンケが姿を見せた。こちらのセンター〔当時の政治経済や宗教の「中心」のこと〕はコパンとくらべると、かなりこぢんまりとしていた。このセンターを西暦６１５年から６８３年まで治めていたのがパカル大王で、その死を悼んで建てられたのが荘厳な「碑文の神殿」だ。大王はこの神殿のピラミッドの下に埋葬されており、発掘されたのは１９５２年のことだった。

スティーヴンズとキャザウッドは、パカル王の宮殿敷地内にキャンプを張った。あまりに湿気が多くて、ろうそくは役に立たず、スティーヴンズは蛍《ほたる》の光で新聞を読んでおもしろがった。蚊の大群と大雨のなかを、ふたりは足を取られながらあたりを見てまわったが、生い茂った植物のせいで、どの建物もろくに見えはしなかった。キャザウッドがスケッチを描くあいだに、スティーヴンズはまにあわせのはしごをつくり、画家先生のために宮殿の外壁から植物をむしりとっていった。凝《こ》った装飾がほどこされた分厚い壁をもつ宮殿は、いくつもの中庭を内にかかえこみ、全長は91メートルあった。ふたりは数週間でおおまかな見取り図をつくったが、湿気と虫の多さに音《ね》を上げてパレンケをあとにした。

パレンケの商業的価値と学術的な可能性に目をつけたスティーヴンズは、遺跡を1500ドルで買い取ろうとした（さらに辺鄙《へんぴ》な地にあったコパンの50ドルをはるかに超える額ではある）。だが、契約締結のためには現地の女性と結婚する必要があると知り、あわてて手を引いた。ふたりは逃げるようにマヤの別のセンター、ウシュマルを探す旅にでた。ところが運悪く、キャザウッドが重い熱病に倒れたため、この堂々たる遺跡では1日しか時間をとれなかった。

1840年7月にふたりしてニューヨークに戻ると、スティーヴンズはさっそく『中央アメリカ、チアパス、ユカタンの旅の出来事（*Incidents of Travel in Central America, Chiapas and Yucatan*）』の執筆に取りかかった。この本は、スティーヴンズお得意の気楽な語り口で書かれており、1年後にはベストセラーになっていた。旅行記ではあったが、スティーヴンズは現地の先住民に精通している者の視点から3つの大遺跡をとらえていた。コパンとパレンケとウシュマルをつくった人々に文化的な共通点があったことを見ぬいていたのだ。この3都市に見られる美術は、地中海文明の最上級品にも匹敵する土着のものだった。スティーヴンズは、自分が目にしたものと現地の人々との会話にもとづいて、明確な断定でこの本をしめくくっている。これら3遺跡は、現地で暮らすマヤ人の先祖が建てたものだ、と。

マヤについての本を記したのはスティーヴンズだけではなかった。この本がでた2年後の1843年、ボストンの歴史家ウィリアム・H・プレスコット〔1796～1859〕が、もはや古典となった『メキシコ征服（*Conquest* of Mexico)』を出版している。プレスコットはスティーヴンズの著書を下敷きにして、同僚の学者たちにも広く読まれるような本をつくったのだ。一方、ニューヨークに戻ってわずか15か月にして、キャザウッドとスティーヴンズはウシュマルにもっと長く滞在するため、中米に舞いもどった。

１８４１年11月から１８４２年１月までふたりはウシュマル遺跡に滞在し、マヤ文明のセンターのなかでもおそらくはもっとも荘厳と言っていいこの町の測量をしたり地図をつくったり、スケッチをしたりした。ウシュマルと言えば、頂上に神殿がのったピラミッドと、横に長い宮殿の建物が有名だ。西暦８５０年から９２５年までこの一帯を支配下においていた。ここでもまたふたりは発掘せず、遺跡といちばん大きな建築物、通称「尼僧院」の全体像を把握することにのみ努めた。キャザウッドは、ニューヨークに戻ったら模型をつくろうと考えて、できるだけ正確な記録を心がけた。

何度か熱病にかかりながらも、スティーヴンズは近郊のカバー〔Kabah 地名〕など、ほかの遺跡にもなんとか足を運んだ。象形文字が刻みこまれた木製のまぐさ〔入口の上の横木〕を何本か収集し、のちにニューヨークまでもって帰った。身軽な旅装でふたりはユカタン半島を横断した。階段状の大ピラミッド「カスティーヨ」と巨大な球技場ですでに有名になっていたチチェン・イッツァ〔１９８８年に世界遺産登録〕では18日間すごした。現地の学者たちにも会い、歴史に関する貴重な情報を聞きだした。

スペインからやってきた最初の探検家たちの記録にあるコスメルとトゥルムも訪れたが、蚊柱ぐらいしか見るものはなかった。これで打ちどめとし、ふたりは１８４２年６月にニューヨークに戻った。スティーヴンズの『ユカタンの旅の出来事（*Incidents of Travel in Yucatan*）』がその9か月後に発売されると、またもベストセラーになった。スティーヴンズは最後の数章を割《さ》いて、彼の訪れたマヤ遺跡はどれも現地の人々が建てたものであり、スペインに征服されるまでマヤ人が隆盛をきわめていたことを改めて強調している。マヤ文明に関する以後の研究はすべて、スティーヴンズがずばりと明言したこの結論にもとづいて行われている。

これでふたりの考古学の冒険は幕を閉じた。ふたりとものちに鉄道建設の仕事でふたたび中央アメリカの地を踏んだが、マラリアにかかって帰国した。スティーヴンズは何年も熱帯病を患《わずら》って体が弱り、1852年にニューヨークで死んだ。その2年後、キャザウッドは乗っていた船がニューファンドランド島沖で衝突事故を起こして命を落とした。

ふたりが言葉とスケッチで記録した遺跡で学術調査が行われるまでに40年の歳月が流れた。オースティン・ヘンリー・レイヤードとは反対に、ジョン・ロイド・スティーヴンズは描写し記録することで満足し、実際の発掘は後学の徒にまかせた。現地までのアクセスの悪さに加えて、なにしろ発掘の費用をもちあわせていなかった。なんといっても、スティーヴンズは紀行作家だったのだ。

古代マヤ文明は、15世紀のスペイン人上陸ののち、すっかり森にのみこまれた。しかし、パレンケやそのほかの大きなセンターを建設した人々の子孫は、いにしえの儀式の伝統など、かつてのマヤ文化の神髄を数多《あまた》受け継いでいた。キャザウッドとスティーヴンズは、スケッチと出版物という形で、マヤ文明がもう二度と歴史の暗がりに消えていくことのないようにしたのだ。

# Chapter 7 斧《おの》とゾウ

創世記には、「はじめに神は天と地を創った」とある。神は6日間でその仕事を終え、最後に「命あるもの」である人間を創った。そして最初の人間をエデンの園に住まわせた。エデンからは4本の川が流れでており、そのうちの2本、ユーフラテス川とティグリス川のあいだが「川にはさまれた地」メソポタミアだった。

では、人類の歴史はどれくらい長いのだろう？　地球が生まれてから何年たったのか？

2世紀前、キリスト教会は旧約聖書に記された天地創造は厳然たる史実であって、新約聖書と旧約聖書の記述からみて紀元前4004年の出来事としていた。それ以外の説をとなえることは、キリスト教信仰に戦いを挑むことであり、重大な罪と考えられていた。

だが、この説にはひとつ難があった。人類の全歴史がわずか6000年のうちに起こりえたものだろうか？

人類の起源にまつわる疑問は、早くも16世紀には学者たちの心に芽吹いていた。ヨーロッパじゅうの好古家たちが、耕された畑からでてくる数多《あまた》の石器類をどう考えればよいのか、頭を悩ませていた。当時は、落雷によって自然にできたものだと考える人が多かった。そこにジョン・フレアがでてきて、すべてが変わった。

イギリス人ジョン・フレア（1740〜1807）は、ケンブリッジ大学で数学をなかなかの成績で修め、地方地主になった。サフォーク州長官や、1799年から1802年まではイギリス議会・庶民院〔下院に相当〕の議員も務めたが、後年は地質学（岩や土の研究）や考古学に興味の対象が移った。政界や社交界に顔が利《き》き、当時の主要な学術団体だった王立協会とロンドン考古協会のフェロー（会員）にも選出された。だれからも愛された魅力的な人物で、イングランド東部ノーフォーク州にある地所ロイドンホール周辺の田舎に並々ならぬ興味をいだいていた。

1797年、フレア邸から8キロほど離れたホクスンという小さな村で、粘土採取のための穴を掘っていたれんが職人たちが、何本もの石斧《せきふ》と大型動物の骨を見つけた。さっそく現場に駆けつけたフレアがその穴の壁を慎重に掘っていくと、石斧とともに、はるか昔に絶滅したゾウ（ご存じのとおり、いまや熱帯地方の動物）の骨がさらにたくさん粘土層に埋まっているのを発見した。

フレアはこの発見が並はずれたものであることを見てとった。そこで当時の好古家の常として、ロンドン考古協会に短い手紙を書き送った。過去のことにいちばん興味をもつのは協会員たちだと知っていたのだ。

1797年6月22日、慣例にしたがって会員たちの前でフレアの短い報告書が読みあげられ、3年後には公刊された。ささいなことと思うなかれ。フレアの手紙はまさしく記憶に残るものだった。フレアは出土品を「武器。金属の伝播《でんぱ》前につくられ、使われたもの」と説明している。古代ブリトン人が金属を使っていなかったというのは一般的な見解だったので、ここまではとくに驚くようなことはない。すごいのはその次の言葉だ。「出土状況からみて、非常に古い時代のものと考えられる。いまの世界がはじまる以前と言ってもよい」。

フレアの言葉は、宗教的な教えに根本から背くものであり、考古協会にとっては寝耳に水だったにちがいない。会員のなかには高い地位にある人や聖職者も多く、慎重だった。だからフレアの手紙はひっそりと公表され、そのままそっとしておかれた。こうしてジョン・フレアの発見は60年間、無視されたのだった。

じつは以前にも、人間がつくった石器とゾウの骨の共伴《きょうはん》〔種類や性格が異なる遺物が同じ遺構から出土すること〕が確認されたことはあった。19世紀のヨーロッパにゾウは生息していなかったため、そのような発見は驚きをもって迎えられた。さらに多くのゾウの骨と石器が一括で出土するにつれ、金属が使われるようになるずっと前からヨーロッパには人間が住んでいたこと、しかも絶滅して久しい動物たちと同じ時代に生き、その動物を狩ってさえいたらしいことがわかってきた。それは聖書の天地創造が起きた6000年前よりも古い時代のことなのか？

人類誕生からの6000年とされる期間が、どんどんこみあってきていた。たとえば、エイヴベリーやストーンヘンジの不可思議なストーンサークルに、どう説明をつけるか。ほんの2000年ほど前、ローマのユリウス・カエサル将軍〔紀元前100～前44〕がブリタニア侵略を行った時点で、このふたつはすでに相当の古さだった。ここにきて、それまでなら考えられなかったような疑問が人々のなかにわきあがってきた。神による天地創造の前からこの世界は存在したのではないか？　キリスト教の教えでは、そのような考えは無責任であり罪であった。

　わたしたちは考古学をたんに古代の人間社会の研究ととらえがちだが、そのように視野をせばめるのはまずい。考古学的な発掘調査や遺物のみでは過去を再構築することはできない。考古学はほかの学問、たとえば生物学や地質学とともに発展した。そして人類のはじまりという難しい問題に直面したとき、そのさまざまな分野が手を組んだ。動物の化石と地球の地質の研究なくして、人類の起源を理解することはできなかった。紀元前４００４年よりもずっと前から人間社会が栄えていたと実証するには、はるか昔に絶滅した動物と人間が共存していた証《あか》しが、層状に積み重なった岩や土のなかから見つかる必要があったのだ。

　地質学と宗教は激しく対立するようになった。キリスト教会は当時、神がいくつもの御業《みわざ》を行って大地に地質層をつくりだしたと宣言していた。大災害が起こるたびに創造が行われ、その過程で絶滅した動物もいる。いちばん最後に起きた天変地異がノアの大洪水だという主張だ。聖書に関するかぎり、人類と絶滅動物はたがいにまったく無関係だった。しかし、明らかに非常に古い地質層において両者は共存していたという証拠を、考古学はますますたくさん見つけだすようになっていた。

　ジョン・フレアがホクスンで石斧とゾウの骨を発掘したのは、イギリス全土が大きな変化の波に洗われているころだった。急激な都市化がすすみ、水路などの大規模工事によって、いたるところで何メートルもの地質が露出することになった。考古協会がフレアの発見を忘れ去った一方で、ウィリアム・スミス（1769～1839）という一介の水路専門家が、地質学に革命を起こした。スミスは地方部に大規模な水路を引くため、ルート設計の段階で現地調査を行った。長距離にわたる岩石層の地図をつくってみると、明らかに長い時間をかけて形成された堆積層がいくえにも重なって遠くまで伸びていることに気がついた。地質構成に対する彼の熱意はまわりにも伝わり、じきにスミスは「地層のスミス（Strata Smith）」（「地層《ストラータ》」は層状になった堆積物を指す地質学用語）と呼ばれるようになった。

スミスは地質学者として大活躍しただけでなく、熱心な化石コレクターでもあった。地層に関するゆたかな知識のおかげで、それぞれの地層ごとに特徴の一致した化石が埋まっていること、化石の変遷が時代の変遷を表していることに気がついた。これはまったく新しい世界の見方だ。天変地異や劇的な神の御業を示すようなものは見つからず、この複雑な地層をすべてある日突然に神が創ったとは考えにくくなっていった。これはおそらく、雨や洪水や吹きよせられた砂や地震など大自然の手によって積みあげられてきたものではないだろうか……？

ここから、「斉一説《せいいっせつ》（uniformitarianism）」という新たな学説が生まれた。過去に地球をつくったゆっくりとした地質学的な作用がいまも同じように働いているとみる考え方だ。つまり、わたしたちが知っているいまの地球は、止まることのない変化という悠久の営みによって形づくられてきたということだ。

スミスのあとをついだのが、イギリスの著名な地質学者サー・チャールズ・ライエル（１７９７〜１８７５）だった。ライエルはヨーロッパじゅうで地質の堆積層序《そうじょ》〔積み重なった地層の順序〕を調査し、19世紀の科学の集大成のひとつとも言える『地質学原理（*Principles of Geology*）』を著して、現在進行中の自然の営みがもたらす地質の変化を説明しようとした。彼の立場からなら、人類の歴史は６０００年どころではないと論じることもできた。ただ、当時はまだ教会が強大な権力を誇っており、ライエルは人類の起源という面倒な問題についてはこの本ではふれないよう心をくだいた。

偉大な学術的進歩の常として、ライエルの才気あふれる研究は、他分野の研究者たちの野外調査にも影響をあたえた。そのなかに、若き生物学者チャールズ・ダーウィンがいた。１８３１年から１８３６年の5年間、英軍艦ビーグル号で世界一周科学調査の旅にでたダーウィンは、航海中に『地質学原理』を読んだ。南アメリカでは、長い年月をかけて形成されたことが明らかな地質層を観察した。化石を採集したり、現生する動物たち、とくに鳥類のなかで時間をかけてゆっくりと変わってきた種《しゅ》を観察したりした。このような観察を重ねた結果、進化論と自然淘汰という革命的な理論にたどりついた。

絶滅動物に興味をもつ人が増え、洞窟内の埋もれた地層からそういう動物の骨がでてくると、とくに注目が集まった。はるか昔に絶滅した動物を探しだす手段として、洞窟の発掘が一種の流行になった。ベルギーとフランスの洞窟では、石器が絶滅動物の骨と同じ層位から見つかりだした。イギリスでは、カトリック司祭のジョン・マケナリー神父（１７９７〜１８４１）がイングランド南西部トーキー近郊にある巨大な鍾乳洞ケンツ洞窟で1825年と1826年に発掘調査を行った。ここでは石器と絶滅種のサイの骨が、石筍《せきじゅん》（天井からしたたる水滴によって洞窟の地面にできる石灰岩の突起物）の下になった堆積層のなかにいっしょに閉じこめられているのが見つかった。マケナリーはキリスト教の聖職者だったが、人間と絶滅動物たちが6000年よりも前の時代に共存していたという確信を得ていった。名のある教会関係者たちはその見立てに異議をとなえたし、なかには後世の人々が古い堆積層に穴を掘って道具類を埋めたところ、そこに偶然、昔の動物の骨が埋まっていたのだと主張する人もいた。

にもかかわらず、ケンツ洞窟での発見のおかげで、科学界のお偉方《えらがた》たちも、人間社会の遺物と絶滅動物が共伴する例があいついでいることにようやく注意を向けだした。とくに、フランス北部ソンム渓谷の町アブヴィルの税関に勤めるジャック・ブーシェ・ド・ペルト（1788〜1868）による発見に注目が集まった。ブーシェ・ド・ペルトは近郊に点在する砂利採取場を毎日のように訪れては、絶滅したゾウなどの獣骨の含有層から見事な造形の握斧《あくふ》を掘りだしていた。彼はこうした石器のとりこになり、聖書の大洪水より前の時代に生きた人々がつくったものだと主張していた。

残念ながらブーシェ・ド・ペルトは、ともすれば自分の発見について長く退屈な口上を述べがちだった。1841年には『創造について（*De la Creation*）』と題して人類の起源に関する5巻本を出版したが、これによって科学者仲間のあいだでは奇人と見なされるようになった。1847年にまた別の長ったらしい論文の第1巻を出版するころには、本人はソンムの斧を非常に古い時代のものだと確信するにいたっていた。その粘り強さは報われた。フランス人の専門家が何人か発掘現場を訪れて、ブーシェ・ド・ペルトの主張を認めたのだ。彼らの権威ある意見はパリやロンドンまで届いた。本人があんなにも退屈な人でなければ、その発見ももっと早くにきちんと評価されていたかもしれない。

1846年、トーキー自然史協会はケンツ洞窟を改めて調査するための委員会を設立した。新たな発掘調査のリーダーには、学校長であり有能な地質学者でもあったウィリアム・ペンゲリー〔1812〜1894〕を充《あ》てた。ペンゲリーの調査によって、マケナリー神父が導きだした結論は裏付けられた。1858年、トーキーから湾をはさんで対岸に位置するブリクサムという町の石切場で別の洞窟が見つかった。王立協会の委員会の監督のもと、ここでもペンゲリーが調査にあたった。洞窟の地面にできた分厚い石筍層の下から、絶滅動物の骨が無数にでてきた。ドウクツライオン〔ホラアナライオンとも〕やマンモス（寒冷地を好む長毛のゾウ）、サイやトナカイの古代種などの骨といっしょに、人がつくった石器も出土した。人間の道具と絶滅動物の共伴関係はもはや疑いようがなかった。

1859年、チャールズ・ダーウィンが『種の起源』〔次章で詳述〕を発表する直前に、科学界の重鎮ふたりがソンムの発掘現場に立ち寄っている。地質学者ジョセフ・プレストウィッチ〔1812〜1896〕と、石器の第一人者だった古物収集家のジョン・エヴァンズ〔1823〜1908〕だ。エヴァンズにいたっては、絶滅したゾウの骨が埋まっていたのと同じ堆積層から石の斧をひとつ、自分でも掘りだしている。彼らは、聖書の天地創造以前から人間は地球に暮らしていたと確信してロンドンに戻った。ふたりは発見したものについてまとめた論文を発表し、それが王立協会とロンドン考古協会で読みあげられた。同じ場所でホクスンでの発見に関するジョン・フレアの短い手紙が読みあげられてから、じつに60年の月日が流れていた。ついに時代が変わり、科学的根拠に疑問の余地はなくなった。人類には本当に長い歴史があるということに、もはやなんの疑いもなかった。

ブリクサムとソンムでの発見は、人類の系譜に大きな疑問を投げかけた。人類が出現したのは6000年前どころではないもっと昔のことだというのはわかった。ならばどれくらい昔だったのか？　チャールズ・ダーウィンがとなえた有名な進化論と、ドイツで見つかった風変わりな頭骨が、人類の過去に関する終わりなき研究の舞台を提供することになった。

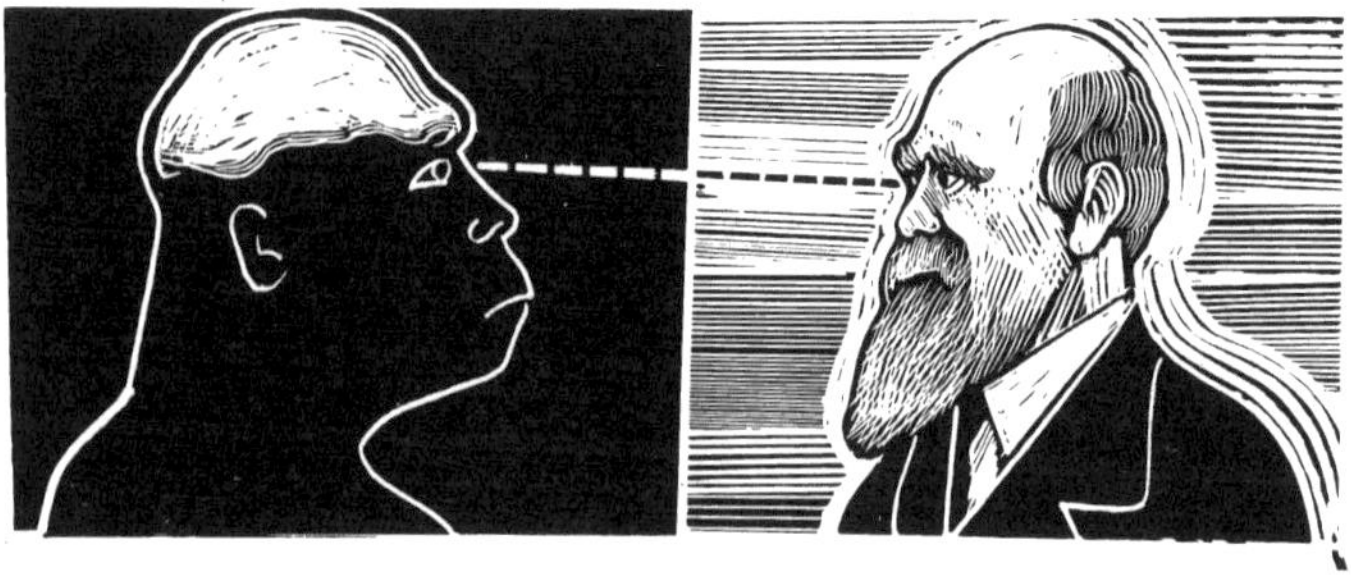

# Chapter 8 大きな転換点

ジョン・エヴァンズとジョセフ・プレストウィッチが握斧《あくふ》〔ハンドアックス〕とゾウの骨が埋まるソンムの砂利採取場見物から帰国した数か月後、事件は起きた。チャールズ・ダーウィンが書いた『種の起源（*On the Origin of Species*）』が、人類の起源をめぐる論争のどまんなかに考古学を引きずりだしたのだ。当時すでに、人間は絶滅した動物たちと同じ時代に生きていたということを、考古学者と地質学者たちが実証していた。こんどはダーウィンの進化論と自然淘汰説が、動物などの命あるものが時の経過とともにどのように進化してきたのかを説明してみせたのだ。

ダーウィンの新理論によって、絶滅動物たちが生きた過去の世界といまの世界のあいだに断絶があった可能性は消えた。19世紀半ばの科学者たちと、古代の動物や人間が生きた時代をへだてる大洪水や大絶滅などなかったのだ。絶滅動物と人間が同じ時代に生きていたことを疑う者はもはやいなかった。

１８５９年は考古学にとって、そして科学全般にとって大きな転換点となった年だった。考古学者と生物学者たちに新たな問いが突きつけられた。わたしたち以前に、この地上には初期形態の人類がいたのか。もしそうならば、彼らはいつごろ栄えていたのか。そして、いまの人間社会と祖先たちとの大きな違いをどう考えればいいのか。ダーウィンが落とした爆弾は、こうした問いに対する答えや、初期人類と彼らの使った道具を探し求める旅へと考古学者たちを追いたてた。

チャールズ・ダーウィン（1809～1882）は、ケンブリッジ大学の学部生だったころに生物学に目覚めた。1831年から1836年までビーグル号で世界を一周する長旅のあいだに、いろんな植物や動物に関する情報を手に入れた。ほどなくしてダーウィンは、動物たちが時代とともにどのように変化してきたか書きとめるようになった。南アメリカの地質層を観察し、チャールズ・ライエルの斉一説《せいいっせつ》〔前章参照〕の正しさを見てとった。だが、決め手となったのは、1798年に経済学者トマス・マルサス〔1766～1834〕が発表した『人口論（*Essay on the Principle of Population*）』だ。マルサスは、人間を含めあらゆる動物は食料が供給上限に達するまで増殖すると論じた。ダーウィンはそれをさらに一歩すすめて、人類の進化は自然の産物であり、それは自然淘汰というゆるやかなプロセスによって生じると論じた。

自然淘汰によって、有機体の特性は世代ごとに変わっていく。動物には外見や行動に個体差があり、たとえば体の大きさや子孫の数などはそれぞれだ。親から子へ受けつがれる特性もあれば、周辺環境の影響を大きく受けて次世代へはなかなか受けつがれない特性もある。生息地の資源をめぐる競争（ダーウィンは「生存競争」と呼んだ）に勝ち抜くのに適した特性をもつ個体が生き残る。さまざまな種が受けついできた小さな、しかし有利な変異を保ってきたのが自然淘汰だ。すぐれた個体が生きのびて繁殖する一方で、おとった個体は死に絶える。自然淘汰は、人間を含むすべての動物に当てはまった。

チャールズ・ダーウィンは自然淘汰の仕組みという議論のネタを提供した。だが、人類の進化についてふれると本の訴求力が弱まると考えて、その話題は避けた。ただ自分の理論が人類の進化の過程に「光を投げかける」だろうと述べるにとどめた。自然淘汰と人類の進化の関係を探求した『人間の由来（*The Descent of Man*）』を発表したのは、その12年後のことだった。

ダーウィンはまた、人類の故郷はサルが多く生息する熱帯アフリカだという仮説も立てた。いまではそれが正しかったこともわかっている。彼は冴《さ》えわたる調査力で、初期人類を探す考古学研究の背中を押した。

進化論は、人類はサルから生まれたと明言したのだ。これが、ヴィクトリア時代のまっとうなご家庭を恐怖にすくませることになった。母親たちはわが子をスカートに引きよせて、そんな話はうそにちがいないとささやきあった。『パンチ』などの風刺雑誌は、サルの群れに人間の祖先をまぎれこませた漫画でからかった。正装したチンパンジーがダーウィンから進化論の説明を受けながら大泣きしている風刺画もあった。教会では進化論を否定する説教が行われた。

幸運にも、ダーウィンには有力な仲間がおおぜいいて、そのなかには19世紀が生んだ最高の生物学者のひとり、トマス・ヘンリー・ハクスリー（1825~1895）もいた。ハクスリーはライオンのような顔立ちの人目をひく容貌で、黒髪と頬《ほお》ひげが特徴的だった。演説が大得意で、あまりにも熱心に進化論と自然淘汰に賛同の意見を述べたてたので、「ダーウィンの番犬《ブルドッグ》（Darwin's Bulldog）」として知られるようになった。徐々にダーウィンの考えに反対する声は弱まり、最後はとてつもなく熱心なキリスト教信者のみが反対を続けた。

人類の祖先の見た目がどうだったかは、まったくわからなかった。『種の起源』出版の3年前、ドイツのデュッセルドルフ近郊のネアンデル渓谷《タール》にある洞窟で、採石作業員たちががっしりとした頭と手足の骨を発見していた。原始的な見かけのその頭骨は、眉《まゆ》の部分が大きくでっぱり、後頭部もかなり長く、現生人類のなめらかで丸い頭部とはずいぶん違った。専門家たちもこの骨の扱いには困った。著名な生物学者ヘルマン・シャーフハウゼン〔1816〜1893〕は、この人骨はヨーロッパにいた古代の野蛮人のものと結論づけたが、シャーフハウゼンの同僚で有名な医師だったルドルフ・ウィルヒョー〔1821〜1902〕は、障害者の変形した骨だと主張して取りあわなかった。

「ダーウィンのブルドッグ」ことハクスリーはまた別の意見をもっていた。ネアンデルタールの頭骨を、わたしたち現生人類の前に生きていた原始人類のものととらえた。そこで見つかった人骨をくわしく調べ、１本ずつチンパンジーの骨と比較した。両者は驚くほど似ていた。ハクスリーはその研究結果を、人類の進化に関する名著となる『自然界における人間の位置（*Man's Place in Nature*）』にまとめ、１８６３年に出版した。そのなかで彼は、ネアンデルタールの頭骨はこれまで見つかったなかでもっとも原始的な人類の骨であり、われわれの祖先であるサルとのつながりが明確にわかる例だと主張した。ダーウィンが示唆したとおり、人間はサルに由来するという証拠が示されたのだ。初期化石人類に関する現代の研究のすべてが、短くも美しく明快な言葉で綴《つづ》られたこの本に根ざしている。ハクスリーは進化論だけでなく、地質学と考古学の分野であいついだ新たな発見にも大いに影響を受けていた。

1860年代から1870年代にかけて、フランス南西部の洞窟や岩窟住居でネアンデルタール人の骨格が次々に見つかった。前方につきでた顎《あご》、眉のあたりに発達した眼窩上隆起《がんかじょうりゅうき》、そして後方に傾斜した額《ひたい》をもつ小柄なネアンデルタール人は、見るからに原始的で、ほぼ類人猿と言っても差し支えないほどだった。その姿を風刺漫画家たちはおもしろおかしく洞窟人として描き、重たそうな棍棒までもたせた。人類の進化のほんの基本をくわしく知るためにも、もっと多くの化石を見つける必要があった。

徐々に、サルとヒトをつなぐ「ミッシング・リンク」〔失われた環《わ》〕、つまり、いちばんはじめの人類の存在が話題にのぼるようになっていった。そのリンクは、ダーウィンが言ったように熱帯アフリカで見つかるだろうと考える人が多かった。もっとも多種多様なサルが生息している地から人間も生まれたと考えるのが理にかなっていたからだ。ところが、次なる重要な化石人類が見つかったのは別の場所だった。

ウジェーヌ・デュボワ（1858〜1940）はオランダの医師で、人類の起源探しにとりつかれていた。彼が目をつけたのは東南アジアだった。これまた多様なサルが生息する地だ。人間の起源を見つけたいという強い思いから、デュボワは1887年にジャワ島駐在の医務官の職に就いた〔当時オランダは、ジャワ島などいまのインドネシアを支配下においていた〕。それからの2年というもの、デュボワはトリニールという小さな町の近くを流れるソロ川でひたすら砂利をさらい続けた。そして猿人のものらしき頭骨の上部と大腿骨１本、臼歯２本を発見した。デュボワはそれを「ピテカントロプス・エレクトゥス」、つまり「直立した猿人」と名付けたが、一般には「ジャワ原人」の呼び名が広まった。このジャワ原人がサルとヒトをつなぐミッシング・リンクだとデュボワは主張した。こんにち、ジャワ原人は「ホモ・エレクトゥス」として知られている。

ヨーロッパの科学界は、そのときまでに見つかっていた初期の化石人類がすべてヨーロッパで出土していたこともあって、デュボワの主張をつっぱね、あざ笑った。彼らは、いかにも原始的に見えるネアンデルタール人のほうに夢中だった。デュボワは打ちひしがれてヨーロッパに戻り、見つけた骨はベッドの下に隠してしまったという。

世紀が変わるころまでには、ネアンデルタール人といえば新聞の風刺漫画に描かれる不格好《ぶかっこう》な立ち姿の野蛮な洞窟人という認識が世に広まっていた。そのころ、科学者たちの心をわしづかみにしていたのは、弁護士であり化石ハンターでもあったチャールズ・ドーソン〔1864～1916〕が１９１２年にイギリス南部ピルトダウンの砂利採取場で行ったためざましい「発見」だった。

ドーソンもまたミッシング・リンクを見つけたと主張していた――だが、それは捏造《ねつぞう》だった。中世の頭骨、つまり５００年前の人間の下顎と、ていねいに削ったチンパンジーの歯の化石を組みあわせ、鉄溶液を使ってすべての骨を古めかしく見えるように細工していたのだ。このとんでもない偽物《にせもの》をつくりだしたのは、功名心にはやるドーソン自身だったのはほぼまちがいない。

当時は、人類の進化の過程において、脳の容積が増えたのちに現生人類に見られる雑食がはじまったと考えられていた。それを知っていたドーソンは、（おそらく）解剖学上は現生人類の大きな頭骨をもつ化石人類をひそかにつくりだし、それらしく加工したチンパンジーの歯を加えて原始的な「ピルトダウン人」をでっちあげたのだ。

信じられないかもしれないが、この発見に疑いを差しはさむ者はいなかった。ただし、当時は年代を確定できるような分析手段がなかったということを忘れてはならない。骨の化学分析によって、この捏造がついにあばかれたのは1953年のことだった。だがそのころまでには、すでにアフリカや中国でほかの化石人類が出土しており、それらとまるで様子が違うピルトダウン人に疑いの目が向けられるようになっていた。

デュボワのピテカントロプス・エレクトゥスは事実上忘れられていたが、1920年代に中国の北京《ペキン》南西部にある周口店《しゅうこうてん》で大きな洞窟の発掘調査が行われたことで風向きが変わった。スウェーデン人の発掘調査員と中国人学者の裴文中《はいぶんちゅう》〔1904～1982〕が人骨を掘りだしたのだ。この骨格標本は、デュボワがトリニールで発見した人骨にそっくりだった。ほどなくしてこの2種のピテカントロプスは「直立したヒト」という意味の「ホモ・エレクトゥス」というひとつの分類にまとめられることになった。

ネアンデルタール人とホモ・エレクトゥスの発見にもかかわらず、過去の物語には大きな穴が空いたままだった。ホクスンやソンム渓谷から出た握斧と、のちの化石人類や、もっと新しいストーンヘンジなどの古代遺跡のあいだにはまだ何千年、何万年もの開きがあった。デュボワが見つけた化石やネアンデルタールの出土品の年代測定ができる人もいなかった。ジャワ原人とネアンデルタール人のあいだの溝《みぞ》を埋めるのは、博物館の展示ケースにあふれる製作年不詳の石器ばかりだ。そこからわかるのは、時代とともに技術が磨かれてきたというただそれだけだった。

さしあたって問題になるのは、最古の人類はなにものだったのかということだ。そして、たがいにまったく異なるいくつものヒト社会が、どのように共存していたのかということだ。

人類の社会的進化についての学説のなかで有名なのが、社会科学者ハーバート・スペンサー（1820〜1903）の説だ。彼が生きたのは、急速な工業化がすすみ、大きな技術革新の波が押しよせた時代だった。驚くほどのことでもないが、スペンサーは人間社会が単純なものから複雑なものへ、そしてさらに多様なものへ発展してきたと論じた。その説にしたがえば、考古学的には、古代の単純な社会が現代の複雑なものへ順を追って発展してきたと想定することができる。

だが、古代の社会とはどんなものだったのか？　スペンサーの時代には、アフリカや南北アメリカやアジアや太平洋諸国といった非西欧社会に関する知識が一般にも広まりつつあった。それまで知られていなかったさまざま部族について書かれた探検家たちの手記や、キャザウッドやスティーヴンズらの調査などを通じて、進化の系譜を思い描くのは難しいことではなかった。根っこの部分にいるのは、ネアンデルタール人や、オーストラリアやタスマニアで暮らすアボリジニなどの狩猟民。その上に、アステカやマヤやクメールなどの高度文明がのびており、てっぺんには当然ながらヴィクトリア朝の文明があると考えられた。

当時の人々は、化石人類や考古学的出土品をわかりやすくて意味の通る体系におしこもうとしていた。人類の進化に関するさまざまな学説は、考古学者たちがあばきだした謎多き過去を収めるのに、ちょうどよい枠組みを用意してくれた。だが、さらにその先をめざした人もいた。

イギリス人社会科学者サー・エドワード・タイラー（1832〜1917）は人類社会を3段階に分けて考えた。野蛮（狩猟採集社会）、未開（単純な農耕社会）、文明の3つだ。シンプルかつ階段状のこの歴史観は、技術の進歩こそ文明の証《あか》しと考えていたヴィクトリア時代の市民の心をつかんだ。だれが彼らを責《せ》められよう。ヨーロッパというせまい世界の外では考古学などほとんど知られていなかった時代の話だ。こういった単純な学説はどれをとっても、19世紀の文明こそが人類の長い歴史の頂点だという共通認識を反映していた。1860年代や1870年代には、人類の進化はまさにはしごを一段ずつのぼるような秩序だったものに見えていたのだ。

それがひっくり返ることになったのは、アフリカやアメリカ大陸やアジア各地での考古学的発見によって、はるかに多様で魅力的な先史時代の世界の姿が見えてきたからだった。

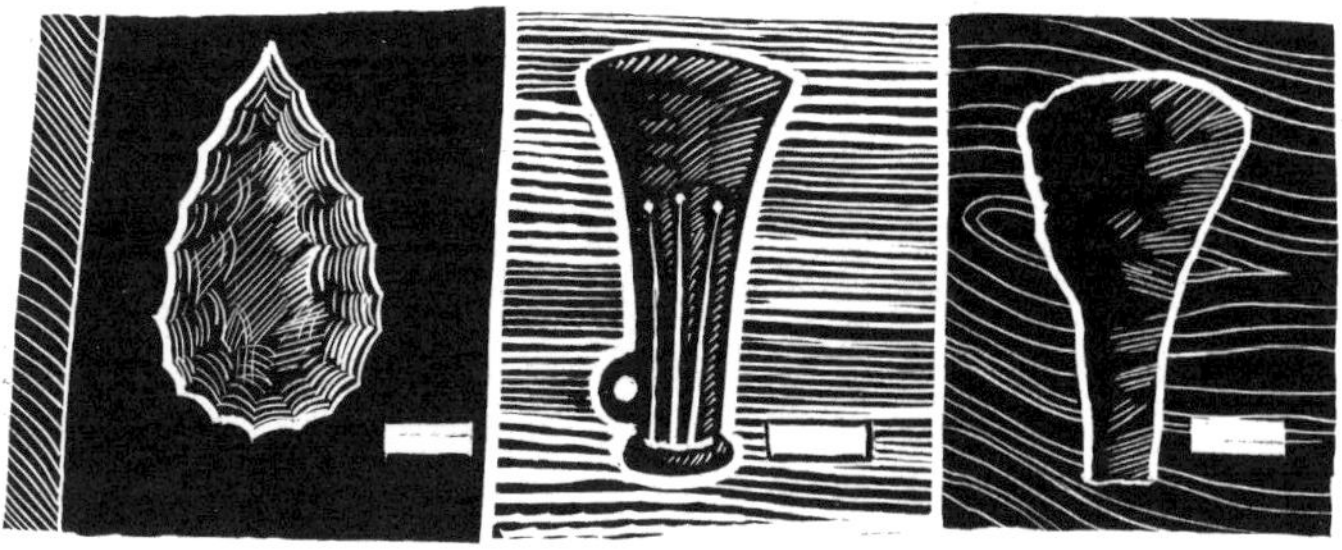

Chapter
# 9　三つの時代

19世紀初頭、ヨーロッパ考古学の世界ではすべての謎が無秩序にからまりあっていた。ヨーロッパ史を学ぶ学生にとって、歴史と言えばたいていはユリウス・カエサルとローマ時代からはじまっていた。もちろん実際はそんなはずもなく、その証拠にそれより古い遺跡もたくさん存在した。だが、カエサル以前のものは、磨製石斧だろうと、青銅の剣だろうと、精巧なつくりの装身具だろうと、すべてが博物館や個人の所蔵品倉庫に積みあげられた雑多な出土品にすぎなかった。混沌とした出土品や遺跡に歴史資料としての意味などなかった。

歴史資料としてよく参照された聖書も、なんの役にも立たなかった。はるか遠い過去の枠組みをどうやったらつくれるのか。石器を使ったのと金属製の剣をつくったのは別種の人々なのか。彼らはどんな人たちだったのだろう？ジョン・オーブリーが示唆したように（1章）、アメリカ先住民に似た人たちがイギリスやヨーロッパ大陸で暮らしていたのだろうか。ローマ以前のヨーロッパにどのような人間社会が存在したのか、知る者はいなかった。

ヨーロッパにおいてデンマーク人ほど真剣に考古学に取り組んだ国民もなかなかいない。デンマークはローマ人に征服されたことがいちどもないため、国民はいにしえの住人たちとの強いきずなを感じていた。昔の人々を研究する唯一の道である考古学が、キリスト教以前の遺物への強烈な愛国的関心とともに発達した。だが、デンマーク人発掘者たちもやはり、イギリスやフランスの同業者たちと同じように、出土した遺物を取りまく無秩序に立ちむかわなければならなかった。この混沌とした状態になんとか秩序をつくりだそうとするはじめての試みがスカンディナヴィアではじまったのは、けっして偶然ではなかった。

デンマーク政府は１８０６年、古代遺跡を保護し、国立博物館を設立するために、考古物委員会を設置した。１８１７年、この委員会はクリスチャン・ユルゲンセン・トムセン（１７８８〜１８６５）に、国立博物館のコレクションの整理と展示（当時、収蔵品は教会の屋根裏に積みあげてあった）を命じた。トムセンは裕福な商人の息子で、熱心な貨幣コレクターだった。そのまじめで几帳面《きちょうめん》な性格は、博物館に秩序をもたらすのにぴったりだった。本気で貨幣を集めていればだれでも分類魔になり、コレクションを自分なりのやり方で並べだすものだ。トムセンは人と会っておしゃべりするのも大好きだったようだ。それに加えて手紙を書くのもうまかったので、デンマーク国内外に知りあいが多く、つまりは理想的な博物館員だった。

勤勉なトムセンは、商店などと同じように収蔵品を台帳または登録簿に記入していくことからはじめた。ひとつひとつの品に番号が振られた。新たに加わった収蔵品は目録に追加され、やはり番号を振られた。これによって博物館にあるどの収蔵品も、ただちに見つけだせるようになった。数か月のうちに、トムセンは５００点の遺物を目録にまとめた。目録づくりと台帳への記帳という退屈な作業を通して、トムセンは先史時代の種類豊富な遺物にくわしくなっていった。コペンハーゲン・コレクションには初期の狩り場から見つかった数千点もの石器や、はるか昔に木工細工のために使われた石斧や手斧《ちょうな》（柄《え》に直角に刃がついた刃物の一種）がずらりと並んでいた。ほれぼれするような石刃《せきじん》や青銅の剣、無数のブローチなどもあった。

目録をつくるのも大仕事だったが、まぜこぜの石斧や小刀、青銅の手斧や盾、たまにでてくる金の装身具などを意味のある形にまとめるのには、また別の苦労があった。こういった遺物のほとんどは墓から出土したもので、死者のそばには土器や石斧、ときにブローチやピンなどが副葬されていた。供《そな》えられた副葬品の組みあわせは墓によってまちまちで、遺物にはさまざまな変遷が見られた。数えきれないほどの墓を検証したトムセンは、金属器が副葬された墓がある一方で、骨や石でつくられた副葬品しかない墓もあることに気がついた。そこで彼は、材質別に遺物を分類することにした。

１８１６年、トムセンはデンマークの歴史を３つの時代に分けた。いちばん古いのが「異教時代」で、文献史料が残っていない時代としてこんにち先史時代と呼ばれている時期と重なる。これをさらに３つに細分化したのが、石器時代、青銅器時代、鉄器時代である。ここに有名な三時代法（Three-Age System）が生まれ、先史時代のとらえ方を変えていくことになった。

三時代法は、トムセンの勤務先の博物館の収蔵品のみをもとにして考えだされたものだった。石器時代というのは、石と角《つの》、骨、木のみが道具や武器として使われた時代のことを指す。続く青銅器時代には、青銅と銅製の利器が加わり、鉄器時代には鉄製の道具も使われるようになった。トムセンはこの3つの時代を、先史時代の時間的な枠組みとしてとらえていた。攪乱《かくらん》の見られない墓や生活の跡などで見つかったさまざまな遺物のとりあわせから、慎重に考証を重ねて導きだした区分だった。

　トムセンを物にとりつかれた博物館の一学芸員と考える人もいるかもしれないが、それは違う。たしかに彼は国立博物館で三時代の遺物を別々の展示室に分けて陳列したが、それで終わりではなく、考古学で大事なのは物ではなく人だということを来館者に伝えるために別の形の努力もしていた。

　トムセンは来館者たちに、田舎に点在する古代の人々の埋葬塚のことだとか、あるときは女性たちの胸もとを飾り、あるときは久しく忘れられた古戦場で日差しにキラリと光る金や青銅の装身具のことなどを話して聞かせた。博物館の開館日は週に2日だけだったが、それはじきに増やされた。毎週木曜日の午後2時になると、トムセンは来館者をひきいて熱意あふれる館内ツアーを行い、金でできた古代の短い首飾りを少女たちの首にかけてやることもあった。彼の手にかかれば過去が息を吹きかえした。

　トムセンが残した著作は1冊だけで、『北方遺物入門（*Guidebook to Northern Antiquity*）』という薄めの本が1836年に出版され、ヨーロッパじゅうで読まれた。このなかでトムセンは、博物館の収蔵品のていねいな記録にもとづいて、すっきりと三時代法を説明している。時代を3つに分けたことによって混沌のなかに道が切り拓かれた。またたくまに、三時代法は先史時代を細分化するための枠組みとして定着した。

考古学は発掘と現地調査を基本とする学問だが、研究室にこもって行う研究も同じくらい重要だ。トムセンのことを野外調査員と呼ぶ人はいないだろう。どう見ても彼は博物館員で、その仕事場は博物館の展示室だった。実際に発掘作業にたずさわったのは1845年にいちどきりで、同僚といっしょに青銅器時代の墓を調査した。その墓の主は火葬されており、剣と精巧なつくりのブローチがひとつ、牡牛の皮の上に置かれていた。この調査は記録の正確さにおいてずば抜けており、彼の几帳面な性格と細部への情熱がはっきり見てとれた。

トムセンは小さな出土品やこまごまとした遺物相手に多くの時間を費やした。だが同時に、過去という大きなものに革命ももたらした。三時代法を編みだしたことによって、現代科学としての考古学と考古学的分類法の生みの親となった。

3つの時代が連続したものであること、そしてその具体的な年代については、まだ証明が必要だった。1838年、若き大学生イェンス・ヤコブ・ヴォルソー（1821〜1885）がトムセンに会いにきた。ヴォルソーは子供のころから考古学に興味があり、古物を大量に収集していた。頭脳明晰なヴォルソーは博物館でボランティアをはじめたが、口も文章も達者だったため、じきにトムセンを怒らせてしまった。

運よく、国王クリスチャン8世がヴォルソーの仕事ぶりを手放しで認めてくれた。国王の後援を得てヴォルソーははじめての著書『デンマークの原始遺物（*The Primeval Antiquities of Denmark*）』を1843年に出版し、1849年には英訳もでた。この本は、三時代法に対するすばらしい評論になっていた。ヴォルソーは、遺跡を発掘調査することでしかデンマーク最初期の歴史を記すことはできないし、歴史家が文献を読むように遺物を読み解かねばならないと主張した。この若者にいたく感心した国王は、ヴォルソーをイギリス諸島〔グレートブリテンとアイルランド2島、その周囲の大小の島々〕に派遣して、ヴァイキングやスカンディナヴィアの船乗りや商人たちが8世紀から11世紀にかけて残した痕跡の調査にあたらせた。ヴォルソーはそれをまとめた本をまた1冊書き、その力量を買われて国王から遺物保存調査官に任命された。

ヴォルソーは休みなく各地を訪ね歩き、遺跡の記録をとり、その多くを破壊から救った。とりわけ石器時代と青銅器時代に封じられた墓を数えきれないほど発掘し、死者と副葬品を掘りだした。副葬品には剣や盾《たて》、土器やぼろぼろになった革製の衣類などがあった。それらの出土品は、それぞれに異なる人々の姿とその時代の技術の片鱗《へんりん》、つまり3つの時代の素顔を垣間《かいま》見せてくれた。ヴォルソーの発掘調査の価値は計り知れなかった。彼の注意深い観察眼によって、トムセンのとなえた三時代の時間的な前後関係が正しいことが確認された。ヴォルソーが掘ってみるまでは、この理論を支えていたのは博物館の収蔵品のみだったが、これで発掘調査による裏付けがなされた。

調査をすすめながら、ヴォルソーは考古学研究が過去の事実を突きとめることができるということも示した。デンマーク南部の泥炭湿地から保存状態のよい女性の遺体がでてきたとき、言い伝えを信じる伝統主義者たちは中世初期の伝説に残る王妃グンヒルド〔910〜980 エイリーク1世の妃〕にちがいないと主張した。ヴォルソーはこれにおおっぴらに異をとなえ、鉄器時代に生きた女性であることを示してみせた。

ヴォルソーの調査はおもに埋葬塚に関するものだった。たしかにデンマークの過去の多くがそのような遺跡に眠っていたが、けっしてそれがすべてではなかった。デンマークの沿岸部には、牡蠣《かき》や甲殻類などの殻《から》がうずたかく積みあげられた、はるか昔の大きな貝塚が何百とあった。ただのゴミ山もあったし、その上に人が住み、家を建ててきた場所もあった。これらの貝塚をはじめて調査したのは、コペンハーゲン大学の動物学教授ヤピートゥス・スティーンストロプ（1813〜1897）だった。スティーンストロプはそのような遺跡をひっくるめて「kjokkenmoddinger《ヒューケンムッディンゲル》」つまり「貝塚」と呼んだ（英語で貝塚を意味するmidden《ミドゥン》はデンマーク語で「ゴミ山」を意味する言葉に由来する）。

貝塚のことを理解するためには、貝類を主食としている非西洋社会の人々が送っている暮らしを研究するしかなかった。スティーンストロプと研究仲間たち、なかでもイギリス人考古学者ジョン・ラボック（1834〜1913）がとくに興味をもったのが、南アメリカ大陸最南端のフエゴ島に住む先住民族だった。彼らのことはチャールズ・ダーウィンもビーグル号の航海中に記している。ダーウィン、そしてじつはラボックとスティーンストロプも、この民族の能力を低く見て、貝を採取する原始的な生活習慣を論評している。

デンマーク政府は、こんどは科学者3人からなる委員会を設置し（そのなかにはスティーンストロプもヴォルソーも入っていた）、貝塚の検証を命じた。貝殻を見分けるための動物学者をはじめ、他分野の科学者たちも加わった。ヴォルソーは貝塚をいくつも調べた。もっとも大規模な調査はマイルゴーで道路工事中に見つかった貝塚で行われた。あらわになった塚の断面には、牡蠣やムール貝の殻が何層にも厚く積み重なっていた。枝角《えだづの》を加工した槍《やり》の穂先や石器や炉など、長期にわたる居住の痕跡も見つかった。ヴォルソーはここを「ある種の食事どころ」と表現した。

スティーンストロプとヴォルソーは時代の何年も先を走っていた。遺物の調査だけでなく、貝塚から見つかった甲殻類の種類まで記録に残しており、知られているかぎり、これが史上初の生活実態調査となった。

一方、ヴォルソーの同僚たちは、泥炭湿地の堆積層とそのなかに残っている植物性遺物をもとに古代の気候変動について調べていた。氷河時代が終わると、氷床の端に近い開けた土地は寒さに強いカバノキの森になった。気候がさらに温暖になってくると、オークの林にとってかわられた。スティーンストロプは、貝塚がどの季節に使われていたかを知ろうとして渡り鳥の骨まで調べた。これぞ古代の環境に重点をおいた、まさに革命的な考古学だった。スティーンストロプはそういった取り組みが一般的になる1世紀も前に、この調査の報告書を刊行した。

ヴォルソーは、スカンディナヴィア考古学界の中心人物として何十年も活躍した。スカンディナヴィア諸国ではじめての先史学の教授として、コペンハーゲン大学で教鞭もとった。1866年に国立博物館の館長となるため大学を離れたあとも、1885年に死ぬまで教授のポストにとどまり続けた。

ヴォルソーが亡くなったころ、スカンディナヴィア諸国の考古学は世界最先端だった。三時代法を熱心に現場に適用して文化層を細かく観察したヴォルソーのおかげで、北欧の考古学は大きな枠組みを手に入れた。三時代法と先史時代の遺物の細分類法がヨーロッパに広まるにつれ、その枠組みはぐっと洗練されていった。

トムセンとヴォルソーは、ヨーロッパ先史考古学の基礎を、いや、考古学全体の基礎を固めた。三時代法は先史時代にゆるやかな秩序をあたえた。ソンムの握斧やフレアが発掘した遺物の数々、ホモ・エレクトゥスやネアンデルタール人、初期農耕社会などはすべて石器時代に属していた。青銅器時代と鉄器時代は、それより新しい過去、中東など世界の各地で文明が出現し、広まっていく時期にあたる。

この大まかな枠組みが、既知の最古の遺跡と、もっとずっと新しい時代のものとを、上手に橋渡ししてくれた。それでも、両者のあいだにはまだ大きな溝があった。そのぽっかりあいた空白の期間を、フランス南西部の渓谷とスイスの湖で見つかった華《はな》やかな狩猟社会と高度農耕社会が、じきに埋めてくれることになる。

# Chapter 10 凍《い》てつく石器時代の狩人たち

1852年、ピレネー山脈のふもと、南フランスのオーリニャックという山村で道路工事をしていた建設作業員が偶然、洞窟を見つけた。その作業員は埋もれた財宝に期待して、洞窟内のやわらかい覆土《ふくど》にシャベルを入れた。でてきたのは黄金ではなく、貝殻ビーズとマンモスの歯と17体の遺骸《いがい》だった。村の聖職者の指示で、死者たちはただちに村の墓地に改葬された。

そのニュースはやがて、地質学と化石と古代の石器をこよなく愛する田舎暮らしの弁護士エドゥアール・ラルテ（1801〜1871）のもとにも届いた。発見から約8年がすぎたころ、ラルテはオーリニャック村まで出向いて洞窟に残った土をつつきまわした。ざっと掘っただけで、炉床に残った灰と炭、ひと目で非常に古い時代のものとわかる見事なつくりの石器がいくつかでてきた。ラルテは考えこんだ。この古代の石器をつくったのはだれだろう。オーリニャックで見つかった石器類は、ブーシェ・ド・ペルトがソンム川流域で見つけた握斧《あくふ》（8章）とはまったく様子が異なっていた。

地質学の知識があったラルテは、その疑問に対する答えは、人間が生活していた洞窟や岩陰（崖に張りだした岩盤のかげ）で見つかるはずだとひらめいた。もし何世代にもわたって同じ場所が利用されていたとすれば、それなりに長い期間分の生活の跡がおそらく何層にも重なって残っているだろう。ラルテは地質学的な化石に向けていた興味を転じて考古学者になった。その過程で、北欧に見られるような埋葬塚だけでなく洞穴や岩陰遺跡を発掘するための新たな手法を確立した。

ラルテはほかにもいくつかの洞窟を掘りすすめ、獣骨と石器を見つけた。地質学者仲間のつてを使ってたどり着いたのは、フランス南西部ドルドーニュ地方のレゼジーという、当時は辺鄙《へんぴ》な場所にあった小さな村だった。このあたりは探訪に最適だ。はるか昔、たびかさなる洪水によって深くけずりとられた渓谷を、ヴェゼール川をはじめ何本もの川が流れている。ゆたかな水に育《はぐく》まれた緑の野原やこんもりとした森、川沿いの湿原が迎えてくれるこの地方の田舎を訪ねていくのはわたしも大好きだ。そびえたつ石灰岩の崖には、あちこちに奥行きのある洞窟やごつごつした岩の張りだしがあって、零度以下になる冬のあいだは風の吹きこまない住み処《か》として重宝したことだろう。

ラルテ自身には発掘資金がなく、イギリスの裕福な銀行家ヘンリー・クリスティ（1810〜1865）と手を組んだ。クリスティはさまざまな事業に手をだしていて、なかにはシルクハットの素材として伝統的なビーバー皮のかわりに絹地を使うという思いきった商売もあった。彼もまた熱心な古物コレクターで、アメリカ先住民社会に興味をもっていた。1853年にスカンディナヴィアを訪れて、コペンハーゲンとストックホルムの博物館で見た収蔵品にすっかり魅了された。アメリカに滞在していた１８５６年には人類学者（現存する非西洋社会の研究者）のエドワード・タイラー〔8章参照〕に出会い、いっしょにメキシコを旅している。

レゼジーのことを聞いたクリスティは、ラルテと連れだってドルドーニュの洞窟群をめぐり歩いた。ふたりは友人であると同時に協力者という間柄になった。クリスティが資金をだし、出土品の大半を取る。そしてラルテは発掘を行う。

いまの洞窟発掘の基準からすれば、彼らのやり方は原始的だった。ラルテは動物の化石の変化の歴史が閉じこめられた地層を検証することに慣れた地質学者で、最古の痕跡は最下層にあると知っていた。数えきれないほどの枝角や骨やフリントの加工物などが出土した。各層で見つかった特徴的な石器類やトナカイやノウマなどの動物の違いをもとに、ラルテは何層かに分かれた人の生活の跡を見分けた。いまでは考古学の代名詞とも言えるほど有名になったムスティエやフェラシー、マドレーヌなどの数々の洞窟や岩窟住居を発掘したのもラルテだった。

マドレーヌ岩陰遺跡はヴェゼール川の水ぎわにある。この遺跡でラルテは見たことのないほど見事な骨角器を発見した。枝角でつくった繊細な尖頭器《せんとうき》や、片側または両側に返《かえ》しのついた銛《もり》、針などだ。驚いたことに、細かな飾り模様を刻んだ骨のかけらまででてきた。単純な模様もあれば、より複雑な模様もあり、かわいらしい動物の形の彫像まであった。わき腹をなめるバイソンの彫像にいたっては、目頭の涙点《るいてん》までもが細かく表現されていた。

マドレーヌの芸術家は、いったいだれだったのか？　何年か発掘を続けて、ラルテとクリスティは石器時代の社会の変遷順を見つけだした。もっとも古いのはムスティエ洞窟で生活したネアンデルタール人たちだった。眼窩上隆起のあるネアンデルタール人は、現生人類とはずいぶん違った。わたしたちとは似ても似つかなかった。とすれば、わたしたちの祖先はいったいどこのだれなのか？

その答えがわかったのは1868年、レゼジーの鉄道新駅の工事で地面を掘りかえしていた建設作業員たちがクロマニョンという場所で埋もれていた岩陰遺跡を発見したときだ。ラルテが洞窟の奥のほうまで掘っていくと、5体の人骨が見つかった。大人たちと胎児のもので、ひとりの女性は頭を殴られて死んだようだった。人骨のまわりには貝殻ビーズや象牙の首飾りが散らばっていた。ここの人骨にはネアンデルタール人のような眼窩上隆起が見られず、後頭部は丸く、額も後ろに傾斜していなかった。見た目は現生人類そのものだ。ラルテは現代ヨーロッパ人の遠い祖先を見つけたと信じたし、それは正しかった。

人骨の含有層からは、トナカイなどの寒冷地を好む動物の骨も見つかった。これは寒さがとくに厳しかった時期、つまり最後の氷期（いまでは約1万8000年前と考えられている）に、現生人類がヨーロッパに住んでいたという証《あか》しだ。ラルテとクリスティは「トナカイ時代」と名付けたが、実際はどうだったのだろうか。スイスのルイ・アガシー〔1807〜1873〕という地質学者が長年、アルプス山脈の高地で氷河の動きを研究していた。氷期がくるたびに氷床は谷のほうまで伸び、暖かい間氷期には縮んだ。氷河の退行は、地球温暖化がすすむ現代と同じだ。アガシーは、有史以前に起こった急激な温度上昇によって大氷河時代が終わったとしている。氷河時代最後の氷期は、ラルテとクリスティがとなえたトナカイ時代と一致していた。

　後期氷河時代に生きていたのは、どんな人たちだったのか？　ダーウィンの『種の起源』がでるまで、過去について知りたいとき、人は古典や聖書にたよっていた。だが、この時代には新たな情報源があった。人類学だ。クロマニョン人に近い暮らしをしているわかりやすい例として当時すぐに注目されたのは、エスキモー〔原文ママ〕たちだった。彼らは極寒にうまく適応し、氷点下の環境で生き抜く術《すべ》を身につけていた。実際、両者には非常に多くの共通点が見られた。たとえば、エスキモーの狩人たちは春と秋に大移動するカリブー〔北米に生息するトナカイ〕の群れを狩る。クロマニョン人たちもやはり春と秋にトナカイを狩った。象牙や骨製の縫《ぬ》い針が出土していることから、ドルドーニュの岩窟に暮らしていた人々は、おそらくズボンやフードつきの上着など、体にあわせて縫った衣服を着ていたと見られた。北極圏で暮らすエスキモーも、よく似た服装をしていた。

　クロマニョン人は一般の人々や考古学者の頭のなかで、エスキモーの姿と重ねられるようになった。フードつきのコートなどエスキモー風の服を着た姿で描かれることが増えた。クロマニョン人といまを生きるエスキモーとのあいだには、はるかな時間が横たわっているにもかかわらず、クロマニョン人の暮らしがどんなものだったのか、エスキモーを引きあいにだすことで少なくともイメージをつかむことはできた。ダーウィンがフエゴ島の人々とごく初期の古代狩猟民たちをくらべたように、ジョン・ラボックや初期人類学者たちも現存する非西洋社会との比較を行った。そこから新たな考古学の手法が生まれた。そのような類似性、考古学の世界で「類推《アナロジー》」と呼ばれるものは、いまや考古学の基礎の一部になっている。

ラルテや当時の人々の発掘は荒っぽく、つるはしやシャベル（ときどきはもう少し小さな道具も）を使った。作業は化石探しと似たようなものだったが、彼らが探しているのは化石ではなく人間だったので、はるかに慎重にやる必要があった。みんながみんな、トナカイの角《つの》でつくられた繊細な飾り彫りの入った利器や武器、石器などを探していた。ひとつの層から次の層へ、短期間の生活跡を含む土層をどんどん掘りすすめ、炉やそのほかの一時的居住の痕跡をかきだしていった。

ひるがえって現在の洞窟発掘調査では、専門家はかつての居住者の気持ちに寄りそう。使うのはつねに移植ごてや歯科用の道具あるいはやわらかいはけで、ほんの短期間の滞在を示す薄《うす》い土層も見落とさないよう注意する。すべてを目の細かいふるいにかけ、これ以上ないほど小さな種子や魚の骨やビーズを収集する。地面に縦横にひもを渡して調査枠《グリッド》を組み、電子測量器を使って大切な出土品すべてを原《げん》位置とともに記録する。

道具類の形の移り変わりは、ネアンデルタール人とクロマニョン人の社会の発展の記録だった。骨角器や石器が、時代とともに生じた技術の変化を表していたのだ。ラルテが調査したいくつもの場所で、さまざまな道具が時の流れとともによく似た変化をとげていた。地質学者だったラルテは、古代人に関しては、ある意味で冷たい態度を取っていたが、少なくとも古代の人々が道具をつくり動物を狩っていたことは認識していた。

フランスの洞窟での発見について考えていた人はほかにもいた。１８６５年にイギリスの考古学者サー・ジョン・ラボックが、先史時代に関する網羅的な考察としては史上初の書籍となる『先史時代（*Prehistoric Times*）』を出版した。この本のなかでラボックは、石器時代を旧石器時代（英語ではPalaeolithic ——ギリシャ語palaeos〈旧《ふる》い〉とlithos〈石〉の合成）と、それより新しくヨーロッパ人が農耕をはじめた新石器時代（英語ではNeolithic ——ギリシャ語neos〈新しい〉とlithos〈石〉の合成）に分けた。この用語はいまでも使われている。

ラボックがとなえたのは非常に大まかな枠組みで、スカンディナヴィアでクリスチャン・ユルゲンセン・トムセンが編みだした三時代法のようなものだった。現存する非西洋社会に興味をもっていたラボックは、完全に人間重視型だった。ほかの学者たちはそうではなく、フランスの洞窟群で見つかった膨大な数の石器のほうに夢中で、それをつくった人々のことなど眼中になかった。時代とともに形を変えゆく遺物が人類の進化の道しるべとされた裏には、地質学者から考古学者になったフランス人、ガブリエル・ド・モルティエがいた。

ガブリエル・ド・モルティエ（１８２１〜１８９８）がいまのフランス国立考古物博物館の石器時代のコレクション責任者に就任したのは１８６３年のことだった。彼は人工遺物に惹《ひ》かれ、地質学的な考え方をもちこんだ。すなわち、人類の進化は必然であり、それは道具の形態の変化によって測れると信じこんだのだ。このようなアプローチを取るようになったのは、１８６７年、人類の進歩の祭典パリ万博で労働史の展示を担当してからだ。

ド・モルティエは地質学用語を借りて、槍《やり》の穂先や銛《もり》などの骨角器を「標準化石」と呼び、その変遷について記した。はっきりとした特徴のある「標準化石」には、石器時代の異なる時期に発展した技術が見てとれた。人類と人間社会は、どの地域でもほぼ同じような進化をとげていた。そこからド・モルティエは人類の進化には「普遍則」があると考えた。

地質学の素養があり頭の固い考古学者だったド・モルティエの考え方が、続く何世代ものあいだ石器時代考古学の世界を席捲《せっけん》した。この考え方がそれほど長続きしたのは、古代に順を追った進化が起きたという印象をつくりあげ、わかりやすかったからだ。

新しくなったレゼジー博物館で、いまでも彼の取り組みを目にすることができる。上階の展示室に行けば、角や骨や石でできた道具類が時系列で並べられている。その美しい展示を見ると気が滅入《めい》る。その人間味のなさときたら、ド・モルティエの時代と大差ないように思えるからだ。幸いにも、ほかの展示ではネアンデルタール人やクロマニョン人のことをきちんと人として扱っているが、この道具の展示法は考古学の問題点を浮き彫りにしている。ナイフや搔器《そうき》、石槍といった出土品は、発掘されると分類されて箱のなかに保管される。そして人格をうばわれた人間行動の象徴となりはてる。それがかつて生きた人々がつくった道具だということが往々にして忘れられる。人とのつながりが失われてしまうのだ。

とは言え、ド・モルティエが後世に残したものもあるにはある。異なる土層とそこからでてくる遺物を細分化し、それぞれに文化期として名前をつけたのだ。文化期は発掘場所の地名にちなんで命名された。たとえば、角の切《き》っ先《さき》が2つに分かれている骨角器を使っていたのはオーリニャック文化（オーリニャック洞窟より）。角の銛が特徴的なのはマドレーヌ文化（マドレーヌ岩陰遺跡にちなむ）。こういうやり方は非常に地質学的だった。ド・モルティエは石器が人の手でつくられたものであり、人間の行動というのは一定ではありえないということを忘れていた。そのような問題があったにもかかわらず、融通のきかないド・モルティエ流はとくにフランスで長らく支持され、20世紀に入ってからもしばらく廃《すた》れることはなかった。

フランスの洞窟での発掘調査は荒っぽいものではあったが、石器時代の考古学に新たな時代を呼びこんだ。簡素な技術をもっていたネアンデルタール人の姿や、それに続くクロマニョン人たちがはるかに洗練された狩猟用の武器でトナカイを狩っていたことを明らかにした。ラルテとクリスティが見つけた旧石器時代の遺物のおかげで、極寒に上手に適応して生きていたヨーロッパ人の社会がかつてあったことがわかった。だが同時に、氷河時代直後のヨーロッパに生きた人々に関する疑問もわいてくることになった。ずいぶん暖かくなった世界で彼らはやはり狩猟生活を続けたのだろうか、それとも農耕をはじめたのか？　次の11章でわかることだが、彼らの集落が最初に見つかったのはスイスの湖畔だった。

# Chapter 11 時をこえて

スイスの湖で魚を捕って生活している漁師たちには、積年の不満があった。釣り糸が底のほうで、なにかにひっかかっては切れ、釣り針がもっていかれてしまうのだ。魚捕り網も、どういうわけか湖底にからめとられる。破れた網と木の枝のからんだものがときどき浮いてくる。湖底には沈んだ森があるとも言われていた。

漁師たちの愚痴に注意を払う者はいなかった。１８５３年から翌年にかけて発生した大旱魃《かんばつ》で湖の水位が急激に下がるまでは。うわさの森は湖底の黒い堆《たい》積物《せきぶつ》から突きでた無数の木の柱であることがわかった。かつて湖上に建っていた小屋を支えた支柱だ。地元の古物収集家が調査を続け、１８６９年までに見つかった湖畔遺跡は２００以上にのぼった。

この発見に着目したのが、チューリヒ大学の英語学教授でチューリヒ考古協会の会長だったフェルディナンド・ケラー（１８００〜１８８１）だ。１８５４年にオーバーマイレンという小さな村の近くで、干上《ひあ》がったチューリヒ湖の底から現れた迷路のような杭《くい》の林で大規模な発掘調査をひきいた。

これはスイスではまったくはじめてとなる新しい考古学で、調査対象には通常なら絶対に残っていないはずの有機物も含まれていた。濡《ぬ》れた状態を保たなければそうした出土品はすぐに乾ききってひび割れ、ときにはぼろぼろにくだけちってしまう。湿った泥のなかには、ふつうなら消滅していたはずの驚くほど多様な品々が保存されていた。木製の柄《え》がついたままの斧や手斧《ちょうな》、木でできた車輪、魚捕りの網、かごやロープ。牛や羊やヤギの骨も大量に見つかったし、アカシカやビーバーやイノシシの死骸もでてきた。数えきれないほどのコムギやオオムギの種子、野山で採れた果物、ヘーゼルナッツ、エンドウ豆やインゲン豆も。

ケラーの発掘は乱暴だった。柱のまわりを掘りさげ、できるかぎり多くの品を回収した。だが、彼には遺跡や遺物の年代を測定する術《すべ》はなかった。

この湖上住居の発見は、ガブリエル・ド・モルティィエらが「人類の進化は旧石器時代に階段をのぼるように順を追って起きた」とする説をとなえた時期と重なっていた。だが昔のことに興味がある人の多くは、先史時代と言っても、もっと新しい時代の社会のことを知りたがった。氷河時代が終わって気温が上がったとき、ヨーロッパではなにが起きたのか。ヨーロッパで農耕がはじまったのはいつだったのか。初期の農耕民たちはどんな作物を育てていたのか。謎につつまれていたヨーロッパの初期農耕民の姿が、オーバーマイレンでのケラーの発見によって垣間《かいま》見えることになった。

ケラーは出土品から、湖上住居が数千年以上にわたって使われていたことを突きとめた。だが、なぜ湖の上に家を建てたのだろう？　クロマニョン人を研究したラルテとクリスティと同じように、ケラーもまた人類学に目を向けた。すぐに思いだしたのは、フランス人探検家たちがニューギニアで見た村について書いた記録で、浅瀬の上に高床式の住居が集まっているというものだった。そこでケラーは、木の柱（や杭）はそれに似た先史時代の高床式住居のもので、住人たちが生活用具や食べ残しを床下の水のなかに落としていたと考えた。ケラーはこの湖上住居を「杭上住居《こうじょう》」と呼んだ。

ずっとあとになってもっとていねいな調査が行われると、ケラーの推論はまちがっていたことが判明した。スイスの湖上住居の一部は、湖の水位があがった時期に何度となく水をかぶった過去をもつ当時の湿地に建てられていたのだ。最初から湖上に建てられ、建物を安定させるために柱を水中深くまで打ちこんである住居もあった。水位上昇とともにこうした住居の床や、柱のあいだにつくられた炉端《ろばた》は細かい沈澱物に覆《おお》われ、初期農耕生活の名残《なごり》が消滅することなく保存されたのだった。

フェルディナンド・ケラーの発見は大ニュースになった。村の復元予想図がいくつも描かれた。そこには、（誤解の産物の）ウッドデッキの上にいくつもの住居が並び、乾いた地面と桟橋でつながった木製の人工島のような集落が描かれていた。ひっきりなしに移動していたクロマニョン人と違って、この村の住民は長期にわたって同じ場所に住んだ。畑から離れられない農耕民だったのだ。彼らが育てた穀物も時をこえて残っていた。

こうした湖畔の住居の大半は、紀元前４０００年ごろから前１０００年すぎまでにつくられたものであることがわかっている。同じような村がフランス、ドイツ、イタリア、スロヴェニアの高山湖のほとりにもあった。19世紀後半になると、オーバーマイレンや同種の遺跡が初期ヨーロッパ農耕民研究の基準とされるようになった。スイスの湖畔からかなり離れた地域を研究する場合でも、ここに残る道具や食料などのゆたかな考古資料が、初期ヨーロッパ農耕民を理解するうえで一種の辞書のような役割を果たした。

農民が欲しがるものと言えば、塩だ。主食である穀物の味付けに、そして魚や肉を長期保存してあとで食べるためにも。偶然にも岩塩鉱床の近くに住み、交易品に不便しなかったひとにぎりの幸運な人々にとって、塩はさながら金粉だった。オーストリアのザルツカンマーグート山地〔「塩の御料地（ごりょうち）」の意のこの山地は「塩のとりで」を意味するザルツブルクの東に位置する〕には膨大な量の岩塩が眠っている。ザルツブルクにほど近い湖畔の町ハルシュタットから山をのぼったところにある山村ザルツベルクタールのあたりでは、少なくとも紀元前1000年ごろまでには、そしておそらくはもっと前から、岩塩の採掘が行われていた。ザルツカンマーグート山中の塩鉱で代々働いてきた人々のなかに、ヨハン・ゲオルク・ラムザウアー（1795~1874）という人がいた。ラムザウアーは13歳のときに見習いとして塩鉱山に入ると、とんとん拍子に熟練作業員になり、やがて塩鉱の全活動を監督する「ベルクマイスター」の地位まで上りつめた。

このラムザウアーはなかなかの人物だった。塩鉱のそばのルドルフシュトルムという中世の砦《とりで》に居を構え、たいへん家族思いで、22人もの子供を育てあげた。彼がその情熱の一端をかたむけていたのが考古学の発掘調査だった。ひまさえあればルドルフシュトルムと塩鉱のあいだの工事現場で見つかった鉄器時代の広大な墓地を発掘し、約１０００基もの墓を掘りかえしていた。墓に眠っていたのはハルシュタットの人々で、ラムザウアーは町の名前をとってハルシュタット文化と呼んでいた。埋葬されていたのもまた岩塩鉱業員で、松明《たいまつ》の明かりをたよりに山腹を奥へ奥へと掘りすすんだ人たちだった。塩の力で〔塩づけにすることで腐敗しにくくなる〕革製のリュックや手袋や帽子もしっかりと残っていた。

ラムザウアーが墓地の発掘を行ったのは１８４６年から１８６３年にかけてで、これはネアンデルタール人やスイス湖上住居集落の発見と同じ時期にあたる。ラムザウアーは助手として画家を雇《やと》い、何年にもわたり出土品や墓のスケッチと記録をまかせた。その水彩画を見れば、人骨や火葬された遺体に対してどの位置に容器や金属製品などの副葬品が置かれていたかがわかる。

墓から遺物を取りあげるときには、スケッチと言葉による描写の形でメモが残された。ほぼ半数が火葬で、残り半数が土葬だった。埋葬されていたのは、首長や重要な地位にあった人たちではなかった。塩鉱作業員や金属細工師ばかりが、装身具や生前に使った道具や武器といっしょに埋められていた。彼らは交易に長《た》け、つくった金属製品や塩はヨーロッパの広域に届いていた。長距離交易網との接点があったことは明白で、遠くアフリカ産の象牙の装身具をつけた人もいれば、バルト海の琥珀《こはく》（化石化した植物の樹脂）でできたビーズを身につけている人もいた。

残念ながらラムザウアーは、発掘報告書を出すことなく１８７４年に死んだ。墓にあった人骨や副葬品についての詳細な記録も取っていなかった。手書きのメモは行方《ゆくえ》がわからなくなり、１９３２年になってウィーンの古本屋で見つかった。それが発掘記録としてどれほど信頼できるものか定かでないが、１９５９年に出版された。とにかく、あの大規模発掘から得られたこれほど貴重な情報が残っていたのは奇跡といえよう。ただ、いまその墓地から得られたはずの情報量にくらべればほんのささやかなものであることが残念でならない。

さて、湖上集落とハルシュタット墓地はどれくらい昔のものだったのか？　いまでは、ハルシュタット文化が栄えたのは紀元前8世紀から前6世紀とわかっている。だが、19世紀のなかごろから後半には、そう推測できるような手がかりはなにひとつなかった。地質学の発展と進化論、そしてネアンデルタール人発見があいまって、知られざるはるかな過去まですでに視野は開けていた。ヴォルソーの発掘と三時代法のおかげで大枠はできていたが、ローマ以前のヨーロッパ社会の実年代はまだわかっていなかった。運よく、スウェーデン人考古学者オスカル・モンテリウス（１８４３～１９２１）が、イェンス・ヤコプ・ヴォルソーたちがやり残した仕事を引き継いだ。モンテリウスはヨーロッパ全体に編年（すなわち年代順の枠組み）を確立することに心血を注いだ。

人工遺物の専門家になるためには、しかもほとんどなにもわかっていない時代にそうなるためには、ある種特殊な性格でなければならない。果てしない忍耐と、ほんの小さなめだたない細部への情熱と、過去への愛情が求められる仕事だ。モンテリウスはそのすべてを十二分にそなえていた。知性あふれる語学の達人で、気長で愛嬌があった。講師としても人気で、考古学を一般の人たちに知ってもらうという点でも大いに貢献した。

モンテリウスはストックホルムに生まれ、スウェーデン国立歴史博物館でひとすじに勤めあげ、最後には館長の座についた。博物館考古学者のはしりのひとりだ。つまり、ただひたすら収蔵品や遺物に埋もれてキャリアを築いた学者ということだ。

モンテリウスが情熱をかたむけたのは、遺物とその出土位置にもとづいて正確な編年、いわば年表（timeline）をつくることだった。そしてそのためには、ヨーロッパはもちろん、地中海や中東を広く旅してまわるほかないと最初から気づいていた。旅をすれば、栄えた時代がわかっている遺跡から出土したり、文献史料によって年代が判明したりしている遺物に出会うことができる。そういった遺物が、はるか遠くヨーロッパの先史時代の遺跡から出土した類似の遺物を年代につなぎとめる編年の錨《いかり》となる。

というわけで、モンテリウスは旅した。訪れた博物館は数百を下らず、多くは大都市から離れた小さな町の博物館だった。当時まだ自動車はなかったので鉄道を使い、馬車あるいはじかに馬の背にまたがって、終わりなき旅路をたどった。タイプライターやパソコンはおろか、電灯もない時代だ。すべてを手書きで記録しなければならなかった。自分の足でかせぐだけでなく、旅先で出会ったり手紙を送ったりして築きあげた博物館員たちの一大ネットワークも利用して情報を集めた。

何年も研究を続けるうちに、モンテリウスは「交差年代決定」の手法を編みだした。すでに年代がわかっている古代エジプトや地中海文明の遺物を使って、ヨーロッパじゅうの遺物の細部や型式の特徴などをひとつひとつ比較して結びつけていったのだ。紀年銘入りの出土品との比較も行った。ブレスレット、ブローチ、短刀、ピン、土器、剣……それらすべてがモンテリウスの編年体系の一部となった。年代が判明したあらゆる種類の遺物がつながりあって織りなす網が、最後にはヨーロッパの端《はし》から端までカバーすることになった。

1885年、モンテリウスは代表作となる『青銅器時代の年代測定について（*On Dating in the Bronze Age*）』を出版した。何千点にもおよぶ人工遺物とその出土地の調査にもとづくこの傑作が、古代ヨーロッパの年表を史上はじめて世に示した。斧やブローチや剣やそのほかの遺物を使って、モンテリウスはヨーロッパの青銅器時代を6つの時期に分けた。膨大な出土品に裏付けられたこの区分は非常に説得力があったので、あっというまに広く定着することになった。その少しあと、モンテリウスは青銅器時代のはじまりを紀元前1800年ととなえた。同業者の多くはそれでは早すぎると考えていた。だが、それから75年以上がすぎた1970年代初頭、モンテリウスの時代にはなかった放射性炭素年代測定法によって、その説の正しさが証明された（27章）。

モンテリウスは、考古学者は自分たちの発見を一般市民と分かちあうべきだという信念ももっていた。そのため、博物館で講演やガイドツアーを行い、門戸を広く開いて聴衆に語りかけた。英語、フランス語、ドイツ語、イタリア語に堪能で、どの言語でもメモも見ずによどみなくしゃべった。彼のペン先から、大人気の記事や本が流れでるように生まれた。妻の影響で、女性の権利のためにも戦った。いろいろな意味で当時ヨーロッパ一の考古学者だったモンテリウスは、時代のはるか先を突っ走っていた。

モンテリウスがスウェーデン国立歴史博物館の館長になるころまでには、考古学も長い歴史を積み重ねていた。彼の徹底的な調査と北欧の先人たちの努力の甲斐《かい》あって、ヨーロッパでは先史時代の重要性が多くの人に認識されるようになっていた。しかし、発掘自体は（いくつかのきわだった例外をのぞいては）依然として手間ひまかけないやり方が、とくに地中海沿岸でまかり通っていた。博物館用の標本や大発見を追い求める熱狂がいまだ冷めていなかった。だが、こうして史上はじめてローマ以前のヨーロッパに時間軸が示されたのは、限られた大発見にたよるばかりではなく、遺物とその出土状況による裏付けあってのことだった。

19世紀後半、職業的な考古学者は少なかった。考古学関係者の大多数は、気まぐれな収集の域をかろうじてでたばかりというありさまだった。そして調査の大半は依然としてギリシャかイタリア、中東かヨーロッパで行われていた。しかし、そのほかの地域、とくにアメリカ大陸でも考古学は動きはじめていた。かの地では、ジョン・ロイド・スティーヴンズとフレデリック・キャザウッドによる衝撃的な大発見に触発された考古学者たちが、3つの基本的な疑問に目を向けるようになっていた。アメリカ先住民の祖先はなにものか。彼らはどこからやってきたのか。そして、彼らはどうやってアメリカ大陸に渡ったのか。

Chapter
12

# 土塁《マウンド》の建設者《ビルダー》たちの神話

1492年10月12日、イタリア生まれの探検家にしてスペイン軍の「大洋の提督」クリストファー・コロンブス〔1451〜1506〕が、バハマ諸島に上陸した。コロンブスは現地の人々に目をとめ、召使いにうってつけだと考えた。だが、それからわずか何世代かのうちに、スペイン人がもちこんだなじみのない病気と虐待行為によって、このカリブ海の島々の人口は激減してしまった。島の先住民がどこからきたのか、どうやってここまでたどり着いたのか、ふと立ち止まって考えてみる者はいなかった。

アメリカ先住民をめぐる議論がはじまったのは、コロンブスが捕らえた人々をスペイン国王の前に引きだしたときだった。この奇妙な者たちはなにものだ？　人間なのか？　当初は単純で扱いやすい人々とされていたが、それもスペイン人征服者エルナン・コルテス〔1485〜1547〕が1519年に軍隊をひきいてアステカ王国の目もくらむような高度文明社会を発見するまでのことだった。いまのメキシコシティと同じ場所にあったアステカの首都テノチティトラン

（「ウチワサボテンの地」という意味）の人口は当時20万人を超えており、コンスタンティノープルやセビリアに引けを取らない巨大市場まであった。

取るに足らない狩猟集団から財力ゆたかな文明まで、驚くほど幅のあるアメリカ先住民たちの社会の存在は、中東を舞台とした聖書の創造神話に拠《よ》って立つヨーロッパに難問を突きつけた。彼らはどうやってアメリカ大陸にたどり着いたのか。陸づたいに行ったのか、それともアジアから？　あるいはコロンブスよりずっと早く、だれかが大西洋を渡ったのか。アメリカの考古学者たちは、いまなおこういった問いに向きあっている。

北アメリカ大陸に最初にたどり着き定住したのは、「短い航海を何度か経た」アジア人の集団だったという説が、1589年にスペインのカトリック宣教師ホセ・デ・アコスタ〔1539～1600〕によってとなえられた。いまではその説が正しく、アメリカ先住民はたしかにアジアに起源をもつことがわかっている。

それからほぼ3世紀がすぎた1856年、デ・アコスタの説にふたたび注目が集まった。サミュエル・ヘイヴン〔1806～1881〕という学者が、アメリカ先住民が古代にベーリング海峡を渡ってきたのはまちがいないと主張したのだ。何千人もの入植者がアレゲーニー山脈を越えてまだ見ぬ西部へと押しよせていた当時、そのような声をあげたのはヘイヴンただひとりだった。入植者の大半は肥えた土地を探し求める農民で、オハイオ渓谷や五大湖、ネブラスカからフロリダまで、とにかく行く先々で何百個もの大きな塚《マウンド》や土囲い、土まんじゅうを見つけては驚いていた。埋もれた金銀財宝を夢見て多くの農民が宝探しに手を染めた。人骨や貝製の装身具や武器のたぐいは大量に見つかったが、黄金はでてこなかった。

謎の土塁（人工的に土を盛りあげたもの）は、農民たちが鬱蒼《うっそう》とした森の開墾に精をだしているときに忽然《こつぜん》と姿を現すのだ。ひとつきりのこともあれば、いくつもきちんと並んでいることもあり、大きな土囲いのなかにまとまっていることもあった。当時の先住民にはその種のものをつくる習わしはなかったので、謎の土塁はまちがいなく古代のものと考えられた。明らかに墳墓と見られるものもあって、はっきりと何層にも重なった骨や、丸太をきれいに組みあげた墓室などが埋まっていた。そういう場所を掘ってみると、石製の喫煙具やていねいに叩いてつくられた銅の斧や装身具、見事な土器、見るからに熟練の職人がつくったとわかる副葬品がでてきた。出土品を見た専門家によれば、エジプトほか、どこの土地の手工芸品とも似ていないということだった。土塁のつくり手（マウンドビルダー）たちは、謎につつまれた正体不明の人々ということになった。

マウンドビルダーとはどういう人たちだったのだろう。アメリカ先住民のはずはない、彼らはあまりに原始的すぎるという意見が多かった。そこから、黄金と勇壮な戦士たちと風変わりな文明のつくり話が野火のように広がった。見知らぬ土地に住み着いた入植者たちにとって、それは胸おどる夢物語だった。長い冬の夜には荒唐《こうとう》無稽《むけい》のつくり話で農民たちは盛りあがった。1830年代初頭に、人気作家のジョサイア・プリースト〔1788～1851〕が、白人戦士のマウンドビルダーからなる大部隊や、野を突きすすむ戦闘用のゾウ軍団、超人的な英雄たちの物語をつむぎだした。プリーストはのちに「マウンドビルダーの神話」として知られるようになる完全につくりものの英雄的な過去をこしらえて北アメリカ人にあたえたのだった。

　宝探しはそこらじゅうで行われたが、そのわりには目の覚めるような大発見は少なかった。発掘は迅速かつ破壊的だった。塚は平らに均《なら》され、土塁や塚を体系的に検証しようとする入植者などまずいなかった。ただひとりかふたりの例外を除いては。

　ケイレブ・アトウォーター〔1778〜1867〕はオハイオ州サークルヴィルの郵便局長で、19世紀初期に多くの塚を調査、発掘した。何百もの墓を探りあて、雲母《うんも》（透明な鉱物）でできた精巧な装身具も多数発見した。なかには鳥のかぎ爪《づめ》や人の形をしたものもあった。ひときわ信仰心が強かったアトウォーターは、塚をつくったのは聖書の大洪水の直後にベーリング海峡を渡ってアジアからやってきた羊飼いや農民たちだったにちがいないと主張した。アメリカ先住民については、土塁がうちすてられたずっとあとに移住してきたと考えた。

　古代移住説をとなえたサミュエル・ヘイヴンが参考にしたのは、アメリカ人研究者イーフリイム・スクワイヤ（1821〜1888）の研究だった。スクワイヤは聡明なうえに教育もあり、過去に興味津々《しんしん》だった。最初はニューヨーク州でジャーナリストとして働き、のちにオハイオ州チリコシーという小さな町で地方紙の記者になった。やがて旅行家を経て外交官として身を立て、1868年にペルーに赴任すると、よそものとしてはじめてアンデス山中に残る荘厳なインカ遺跡群の記録を残すことになった。だが、その南米赴任のずっと前、彼はまずチリコシー在住の医師エドウィン・デイヴィス〔1811〜1888〕と手を組んだ。1845年から１８４７年にかけて、ふたりはオハイオ渓谷に残る不可思議な土塁や埋葬塚群を発掘、測量し、頭を悩ませた。

この協力関係を引っぱっていたのはスクワイヤのほうで、主要な土塁多数を正確に図化するようにデイヴィスに指示した。その実測はあまりにも正確だったため、いまなお使われ、ガイドブックにものっている。アメリカ民族学会の後援を受けて、ふたりは２００以上の塚に次から次へとトンネルを掘り、土塁や土囲いを調べ、膨大な数の遺物を収集した。なかでも重要な遺跡は「グレート・サーペント・マウンド（大蛇塚）」と呼ばれるものだ。尾根筋につくられた長く曲がりくねったこの塚は、まるで１匹のヘビが身をくねらせながら口を大きく開けて小さな楕円形の塚をのみこもうとしているように見える〔108ページのイラスト参照〕。

こうした研究のすべてが、スクワイヤとデイヴィスが１８４８年に出版した本『ミシシッピ渓谷の古代遺跡記念物群（*Ancient Monuments of the Mississippi Valley*）』にまとめられている。事実を示すことで突拍子《とっぴょうし》もない諸説を一掃したいというスクワイヤの考えもあって、堂々３００ページにおよぶこの本には挿絵も豊富にのせられた。続く何世代ものあいだ、マウンドビルダーについて書かれた本といえば、この１冊だけだった。ふたりは土塁や埋葬塚を分類するにあたって、想像にまかせて「生《い》け贄《にえ》塚」とか「祭壇塚」などのカテゴリーをつくった。彼らがつくった塚ごとの遺物リストや詳細な図面は、いま見てもおもしろく、現在の地図に重ねてみることもできる。多くの場合、いまはもう消えてしまった特徴が記録されているのが確認できるだろう。

スクワイヤは時間のとれない発掘作業のなかでも、出土した小さな遺物の特徴を注意深く記録していた。銅鉱石を叩いてつくった簡素な斧や手斧を見て、はるか北のスペリオル湖沿岸産の銅と見ぬいたこともあった。彫刻がほどこされたソープストーン〔滑石（かっせき）の一種〕製の喫煙具や動物の像もあり、とくに動物像は近くで暮らしている先住民たちがつくるものよりはるかに洗練されていて、スクワイヤを驚かせた。

スクワイヤとデイヴィスはマウンドビルダーについてはあいまいな言葉で表現し、塚をつくったのは防塁づくりの専門家だったと述べている。ふたりの考え方にも、過去に流行した大軍団や合戦のつくり話の影響が見られた。初期のマウンドビルダーは平和を愛する人々だったとし、「敵意のある野蛮人集団」に襲《おそ》われたときに身を守るため、死にものぐるいで防衛線を築いたと推測した。だが、その努力もすべて無駄に終わり、侵略者たちに征服されてマウンドビルダーは消えていったのだと。スクワイヤとデイヴィスは、ヨーロッパ人が出会ったアメリカ先住民こそがその好戦的で敵意に満ちた新参者であると考え、したがってオハイオに住む権利という点では彼らもヨーロッパ人も大差ないとしている。

スクワイヤとデイヴィスはたしかに偏見にこりかたまっていたかもしれないが、彼らのリストと実測のおかげで、マウンドビルダーをめぐる論争にまったく新しい足がかりができた。にもかかわらず、突飛《とっぴ》な推測はなくならなかった。先住民たちと長いつきあいがある西部の交易商を自称するウィリアム・ピジョンは１８５８年、アメリカに最古の塚をつくったのは聖書にでてくるアダムだったという説を発表した。続いてアレクサンドロス大王やエジプト人やフェニキア人が次々候補にあがった。ピジョンはディクーダーという名の先住民の男性から聞いた話をまとめたとする本をだして大もうけした。情報提供者本人は、ピジョンに秘密を託したあと、なんともうまいぐあいに死んだことになっていた。

こうして神話が量産されていた時代にも、変化は生まれていた。ダーウィンの『種の起源』の出版やネアンデルタール人の発見（8章）によって、考古学研究は飛躍的に前進した。研究は新世代に移行し、ハーヴァード大学やスミソニアン協会などの研究機関がその中心となった。しかし、発見したという主張だけはたくさんあったものの、実際にはソンムの握斧《あくふ》のたぐいも、ネアンデルタール人の化石も、いまだ北アメリカのどこからも出土していなかった。いちばんの話題は、やはりまだ中西部と南部のマウンドビルダーのことだった。

マウンドビルダーにまつわる憶測があまりにも過熱したため、1881年に考古学者のグループが議会を説得し、マウンドビルダー研究費を確保した。スミソニアン研究所の民族学局につくられたマウンド調査部が、サイラス・トマス教授（1825〜1910）のもとで調査を開始した。トマスについては、専門教育を受けた地質学者という以外に情報がない。ただひとつわかっているのは、彼はもともと塚をつくったのはマウンドビルダーという種族、つまりアメリカ先住民とは別の集団と考えていたということだ。

トマスと助手8人は、塚の点在する地域、とくにミシシッピ渓谷一帯に散らばった。現地では農民たちが宝を求めて塚を掘りかえし、遺物を取引する市場が大繁盛していた。クラレンス・ムーア〔1852〜1936〕という紙商人〔正確には製紙会社の御曹司〕は、夏になると住居つきのボートでミシシッピ川とオハイオ川をたゆたいながら暮らした。ムーアが船をとめると、配下の作業員たちが地面を掘りかえし、何千点もの遺物が彼のボートのなかへ消えていくのだった。それはのちに売り飛ばされるか、ムーアの個人コレクションに加えられた。

トマスの調査地は、オハイオ州からウィスコンシン州にかけての地域に集中していた。助手たちを各地に配置し、破壊が最低限ですむようにしながら年間を通して調査と発掘を続けた。そうやって7年以上もせっせと働いた。それは精度の高いデータを大規模に収集する計画的な考古学調査だった。トマスと助手たちは大きさや形状もさまざまな塚や土塁2000か所以上から標本を採取した。発掘や寄付によって、トマスのもとにはおよそ3万8000点の遺物が集まった。

1894年、トマスは700ページにおよぶ発掘報告書を発表し、数百もの土塁や塚について細部までくわしく説明した。読みやすいものではないが、非常にしっかりとしたデータにもとづいた報告書だ。

土塁や出土品について書き記すうちに、マウンドビルダーについてのトマスの信念はひっくりかえった。几帳面《きちょうめん》なトマスは、いろんな人の個人コレクションにあったり現場から出土したりした遺物や工芸品を、現存する先住民たちがつくるものとくらべてみたのだ。古代と現代の道具や武器類は酷似していた。さらには、あまり遠くない昔、18世紀ごろまで実際に使われていた塚についてヨーロッパからきた旅行家たちが書き残した記述も読みあさった。

トマスはもはや、ミシシッピ渓谷に消えたマウンドビルダー文明の存在を信じていなかった。そのかわり、自分が調査したすべての塚は「はじめてヨーロッパ人が訪れたときに、それぞれの地域に住んでいたアメリカ先住民の各部族」がつくったものだと断定した。

データにもとづくトマスの本が考古学の流れを変え、科学が推論にとってかわった。それでもアメリカ先住民に対する偏見は消えず、彼らの土地はときに取るに足らない法律をたてに奪われた。素人《しろうと》による無計画な掘り返しは徐々に、専門の研究者による体系的なフィールドワークに道をゆずっていった。

充分な訓練を積んだ考古学者たちが誕生するまでにはまだまだ年月が必要だったが、難所は越えた。悲しいことだが、公立公園内にある数少ない遺跡をのぞいて、トマスの専攻論文で取りあげられたほとんどすべての場所が、いまでは少なくとも部分的に損壊してしまっている。

トマスの報告書は、現代の考古学者にとっても基礎資料となっている。だが、この勤勉な発掘調査員が残してくれたのはそれだけではない。彼は古代、マウンドビルダーたちの土地では非常に多様な人々が暮らしていたという言葉を残した。後世の考古学者に託されたのは、その多様な社会の姿をつきとめ、彼らが過去と未来の文化にどのような形で連なっているのかを明らかにすることだ。

サイラス・トマスがついにマウンドビルダー神話のうそをあばいてから1世紀以上がたち、彼らの社会の驚くべき多様性の一部が解き明かされつつある。土塁をつくったいわゆるアデナ文化、ホープウェル文化、ミシシッピ文化と呼ばれる社会や、複雑な祭祀《さいし》をともなう彼らの信仰について、さまざまなことがわかってきた。北アメリカ大陸にすばらしい土塁を築いた人々の祭祀や信仰の多くが、有史時代にまで受けつがれていたこともわかっている。

トマスの調査は破壊の大波を押しとどめることはできなかったが、ボストンのご婦人たちから寄せられた6000ドルの寄付金によってグレート・サーペント・マウンドは買い上げられ復元されて、1887年に公立の公園として一般公開されることになった。この大蛇塚はいまではオハイオ州指定記念物であり、国定歴史建築物にもなっている。

Chapter

13

# 「未知の世界への一歩」

1883年4月、アリゾナのアパッチ砦《とりで》の戦士たちは、ラバの背に乗った旅行者がたったひとりで砦にのりつけたのを見て仰天した。アパッチ族と入植者の戦争のまっただなかを旅するなどとんでもないことだった。

この旅人はスイス生まれのアドルフ・フランシス・アルフォンス・バンデリア（1840〜1914）。砂漠の辺鄙《へんぴ》な場所にある先住民の土地をひとりで訪ね歩き、コロンブスのはるか昔にこの地に生きた人々が築いた「滅びた都市」を調査していた。

バンデリアが旅していたのは、アメリカ南西部のまさに未知の大地だった。それまでにもスペインの探検隊が何度かメキシコからやってきて、ホピ族やズニ族といったプエブロ・インディアンの村で黄金探しをしたことはあったが、手ぶらで帰っていった。「プエブロ」と呼ばれる多層構造の先住民の集合住宅があることは知られていたが、くわしいことはわかっていなかった。

古代のプエブロについてまとまった記述がはじめて世にでたのは1849年

のことだった。この年、アメリカ陸軍のジェームズ・ヘンリー・シンプソン中尉〔1813〜1883〕と画家のリチャード・カーンが、ニューメキシコのチャコ・キャニオン（ここではプエブロ・ボニート〔1987年にアステカ遺跡とともに世界文化遺産に登録〕の大遺構を含む10か所の古代プエブロ集落について書き記している）と、アリゾナ北東部のキャニオン・ド・シェイでナヴァホ族のプエブロ集落を訪れたのだ。

1869年に大陸横断鉄道が開通すると、西へ向かう入植者がそれまでになく増え、この地を訪れるよそものの数も急増した。言うなれば広大な環境演習室であるこの地域の地図作成と探査のため、アメリカ政府は公式調査隊を何度も派遣した。彼らの仕事は、地質調査とプエブロ・インディアン諸部族やその集落についての情報収集だった。

政府調査隊はたいてい、先住民族の集合住宅より地質や鉱脈を探ることに力を入れた。みすぼらしいラバに乗ったアドルフ・バンデリアの関心は、それとはまったく別のところにあった。ニューヨーク北部の小さな町の銀行家から炭鉱の責任者になった彼は物静かな学者肌の人物で、世間が西部に心を奪われているこの時代に、ひまさえあればスペイン人が残したメキシコやアメリカ南西部に関する記録を研究していた。

外国語の達人だったバンデリアは、埋もれていた各種資料を読みあさったが、それでもプエブロ・インディアンの歴史についてはほとんどわからずじまいだった。趣味の範囲を超えてのめりこみ、じきに図書館での調査だけでなく、実際に南西部に行ってみる必要があると考えるようになった。バンデリアはわずかばかりの助成金を得て、なにはさておきニューメキシコのサンタフェに向かった。お伴《とも》のラバ以外には大した持ち物もなく無一文《むいちもん》に近かったが、少なくともこれでプエブロ・インディアンの遺物と歴史を現地で研究できることになった。

バンデリアは、昔のことを調査するなら、まずは現存するプエブロ・インディアンの共同体からと考えていた。そこでまず、廃絶されたばかりのニューメキシコのペコス・プエブロを訪れた。ペコスは17世紀に入っても２０００人もの人々が暮らしていた集落だ。１８３０年代になると最後のひとりもいなくなり、バンデリアが訪れたときには無人になってから半世紀がたっていた。

現地の言葉をなんとわずか10日で習得すると、バンデリアは高齢の住民たちからきわめて重要な歴史情報を聞きとった。大規模なプエブロについては記録を取ったり詳細な調査を行ったりもしたが、発掘はしなかった。そのための知識も資金もなかったのだ。ペコスでの調査でバンデリアはひとつの結論に達した。もっと初期のプエブロの歴史を知るには、現存する社会からはるか遠い過去へさかのぼっていくしかなく、そのためには考古学にたよる必要があると。バンデリアはペコスの調査結果をくわしい報告書にまとめたが、ほとんど注目されることはなかった。

バンデリアは、次なる有望な遺跡を探し求めた。１８８０年の後半にはコチーティ・プエブロの住民たちと3か月の共同生活を送った。先住民の情報提供者たちとの連絡にはニューメキシコのカトリック司祭たちが大きな助けとなり、バンデリアがカトリックに転会すると、なお熱心に協力してくれるようになった。

バンデリアが調査に訪れたプエブロ集落はどこも、アドーベ（泥れんが）づくりの部屋がぎゅうぎゅうに密集し、せまい通路と無数の入口が迷路のように続いていた。大きなプエブロのなかには2階建てやもっと階数の多いものもあり、そのひとつチャコ・キャニオンのプエブロ・ボニートは大きな半円形の構造になっていた。半円形の中央にぽっかりあいた屋根のない部分には、大きな円形に掘りさげられた地下室がいくつもある。秘密の儀式を行うための場所「キーヴァ」だ。プエブロはある意味、いい加減で雑然として見えるのだが、その実体は高度に組織化された共同体であり、拡大家族が何世代にもわたって生活した場だった。

1881年から1892年まで、バンデリアはアリゾナとニューメキシコを股《また》にかけて放浪を続けた。旅のあいだに大量のメモを残しているが、出版を待たずしてバンデリアは世を去った（彼のメモがようやく出版されたのは1960年代と1970年代だった）。そこには、考古学的にも歴史学的にもたいへん重要な情報が記されていた。

厳密に言えばバンデリアは考古学者ではなかったが、やっていることは考古学者そのものだった。遺跡にシャベルを入れたことはいちどもなかったが、かわりに遺跡の図面と描写を残すことで、後世の研究者たちのために発掘の基盤を築いた。

バンデリアは、文献史料と民間伝承、そしてみずからの観察という手法をもちいてプエブロ・インディアンの歴史にせまった。同時代の先住民族を観察することで得たものを過去の解明のために利用したのは、アメリカ考古学界では彼がはじめてだった。バンデリアは、考古学とは遺物の研究ではなく、出土品が教えてくれる歴史や情報を研究する学問だと考えていた。現代から古代へと時代をさかのぼるために、先住民の土器の文様や、代々語り継がれてきた各地の歴史など、ありとあらゆるものを利用した。本人の言葉を借りれば「既知のものから未知のものへ一歩一歩」探っていった。その非凡なフィールドワークが、一世代あとに現れることになる先駆的な考古学調査の土台を整えた。彼のあとに続いた研究者は全員、現在から過去へと調査をすすめたし、北アメリカにおける南西部考古学ではいまもそのアプローチが生きている。

　バンデリアは生活の足《た》しになればとカトリック史や雑誌の記事を執筆し、先史時代を舞台とした『デライト・メーカーズ（*The Delight Makers*）』という小説まで出版した。そこまでしたのには、金もうけ以上の目的があった（もちろん金も大歓迎だっただろうが）。彼は、南西部のアメリカ先住民の歴史を広く世間に知ってもらいたかったのだ。売れ行きはいまひとつだったが、先住民社会に対する深い洞察が印象に残る小説だ。バンデリアは１８９２年に南西部を離れ、残る生涯をメキシコや南アメリカやスペインで送った。

　かくして、大規模な発掘からはじまった世界各地の考古学とは異なり、北アメリカ南西部では現存する社会と歴史あるプエブロを注意深く研究したバンデリアから過去への旅がはじまった。バンデリアとしても、研究を成功させるためには、何千もの割れた土器片が眠るプエブロのゴミ山を掘りおこし、何世紀分もの歴史をさかのぼっていくしかないことはわかっていた。ただし、それは自分にはできないことだったので、地図をつくったり調査をしたり、プエブロ・インディアンたちに話を聞くことでよしとした。おまけに問題はもうひとつあった。考古学的にもっとも有望そうなプエブロの多くには当時まだ人が住んでおり、発掘は不可能だったのだ。

発掘調査の基礎を築いた功労者として、バンデリアのほかにもうひとり、忘れてはならない客人がいる。ズニ族にまじって暮らし、身内として彼らの社会に関する知識を身につけた並はずれた人類学者がいたのだ。

フランク・ハミルトン・クッシング（1857〜1900）は医師の息子として生まれた。芝居好きの弁舌さわやかな学者であり、自分の評判に傷がつかないよう慎重に行動するくちだった。1875年にスミソニアン研究所の民族学（西洋圏以外の人々を研究する学問）担当の助手に任命され、その仕事を通じてニューメキシコのプエブロ・インディアン諸部族の存在を知った。

1879年後半、クッシングはアメリカ陸軍ジェームズ・スティーヴンソン大佐（1840〜1888）がひきいるスミソニアンの南西部調査隊に加わった。彼らがズニ・プエブロについたのは、9月の太陽が集落の向こう側に沈もうとしているときだった。人口が密集したこのプエブロのことをクッシングは「メサ（頂部が平らな岩山）が重なりあった小島」と表現している。滞在は3か月だけの予定だった。だが、クッシングは現地に4年半とどまったのちにようやく、ワシントンでほったらかしにしていた仕事に復帰することになる。

スティーヴンソンと調査隊が先へすすむなか、クッシングはズニ・プエブロに残った。何日かたっても自分の仕事はまだはじまってもいないということにクッシングは気づいていた。バンデリアは南西部を自由気ままに渡り歩いて情報を集め、無人化したプエブロを見つけていった。一方のクッシングはまったく違うやり方を選んだ。ズニ族のことを真に理解するためには、彼らのなかで実際に暮らし、彼らの言葉をマスターし、生活の様子を細かく記録するしかないと考えたのだ。このようなアプローチをいまの人類学では「参与観察（participant observation）」と呼ぶが、当時は斬新なアイデアだった。クッシングは考古学者ではなかったが、ズニ族の文化にずいぶん長い歴史があることに気がついていた。そして自分の調査が、もっと初期の歴史を研究する際の指針になるとさとっていた。

　最初にズニ族の踊りを記録しようとしたときは、殺すぞとおどされた。だが、その脅迫に落ち着いて対応するクッシングの姿にズニ族の人々は深く感銘を受け、それ以降は二度といやがらせをしなかった。社会構造の研究を許可したばかりか、「弓の祭司」の秘儀まで授けた。クッシングは耳に穴を開けて耳飾りをつけ、ズニ族の民族衣装を身にまとった。やがて充分な信用を得たクッシングは戦いの首長に任命された。ズニ族の民話や神話を書き起こした大量の資料には、「ズニ第一戦闘首長《ファースト・ウォー・チーフ》・合衆国《US》民族学助手《アシスタント・エスノロジスト》」という肩書きがそえられている。

　クッシングはズニ族の後ろ盾となり、ヨーロッパ出身の入植者たちから部族の土地を守ることに力を傾けた。だが、その行動が、ズニ族が住む土地に目をつけていたワシントンのお偉方《えらがた》〔あわよくば土地を奪わんとしていた合衆国政府の要人たち〕を怒らせ、帰任を命じられた。体調を崩《くず》しながらも、クッシングは広く一般に向けて自分の体験を語り、ズニ族に関する本を書いた。ぐっと人を引きつける力と、たくみな話術を武器に、南西部への世間の関心を高めることに大いに貢献した。本や講演の内容は、プエブロでの暮らしを夢見がちに語ったもので、現実とはかけはなれていることも多々あったが、ズニ族の民間伝承や儀式についての報告には、いまなお色あせない価値がある。
クッシングを考古学者と呼ぶのはまちがっていると、まっさきに主張するのは本人だろう。彼は考古学を、現存する人々に関する自分の研究をそのまま過去に応用するためのひとつの手段と考えていた。発掘は現代に身をおいたまま過去を探る手段だということも理解していた。のちに短期間の調査で南西部を訪れたとき、彼はアリゾナのソルトリバー渓谷で墓地の発掘を行った。近くには地震で倒壊したプエブロがあったので、そこも調査した。だが、南西部での彼の調査は１８９０年には終わっていた。

バンデリアとクッシングによって、本格的な発掘に見込みがあることが示された。洞窟やプエブロのなかの乾燥した空気のおかげで、古代のかごや彩文土器や寝床に敷く織物や、乾ききった墓までもが残っていた。このような出土品の多くは徐々に東海岸へ流出し、高額で取引された。

その結果、当然のこととして素人《しろうと》の古物収集家や古物業者などがプエブロに押しかけた。コロラドの牧場主から交易商をかねた古物収集家に鞍替《くらが》えしたリチャード・ウェザリル〔1858～1910〕もその宝探しに加わったひとりで、10を超える遺跡から彩文土器などの遺物を手に入れた。

１８８８年、ウェザリルと牧場主仲間のチャーリー・メイソン〔1859～1936〕は、コロラド南部メサ・ヴェルデで、迷い牛を探しているうちに、洞窟につくられた大きなプエブロに行きあたった。それが北アメリカ最大の岩窟住居で、「クリフ・パレス」として知られる場所だ。この集合住宅は砂岩のれんがを積みあげてつくられており、それを土と水と灰を混ぜてつくった漆喰《しっくい》で固定してあった。クリフ・パレスには１１９０年から1260年にかけておよそ100人が暮らしていたが、おそらく長い旱魃《かんばつ》のせいで見捨てられた。ここは行政と祭祀《さいし》の重要拠点で、掘りさげられた儀式用の部屋（キーヴァ）は23室もあった。

メサ・ヴェルデをはじめ、このあたりの遺跡がウェザリル一族の金脈となった。晩年のリチャードは、チャコ・キャニオンのプエブロ・ボニートにいた。1897年には近くに店を開き、遺物や食料品を売った。1900年までにウェザリルがあさった部屋は190室に達し（プエブロの半分以上だ）、出土品も売りとばしてしまった。その「発掘」には複数の個人から総額にして少なくとも2万5000ドルにおよぶ援助があり、支援者たちはニューヨークのアメリカ自然史博物館に出土品を寄付した。大もうけのうわさがワシントンにまで届くと、発掘は政府命令によって差し止められた。1907年、ウェザリルは土地の所有権を政府に引き渡す書類にサインした。

同じころ、南西部の数少ない職業考古学者たちが、アドルフ・バンデリアの門下生、エドガー・ヒューイット（1865〜1946）の呼びかけのもと、公共の土地にある遺跡保護のための法整備を政府に働きかけ、関連法を制定することに成功した。1906年にできた合衆国の遺跡保存法（Antiquities Act）は、チャコ・キャニオンやメサ・ヴェルデを含む主要地域に限定的な保護をあたえる法律だ。ヒューイットは実習学校を開き、若手の考古学者たちを相手に、素人古物収集家のやり方とは違う、正しい発掘手法を教えた。そのなかには、略奪者たちに荒らされた遺跡のあとしまつの仕方も少なからず含まれていた。

バンデリアやクッシングやそのほかの関係者たちが北米南西部での基本原則を確立した。それは、現在を起点に過去へさかのぼっていくというものだ。考古学者たちは以後、その原則を守っている。

## Chapter 14 牛だよ《トロース》！ 牛《トロス》！

1868年、キツネ狩りにでていたスペイン人猟師モデスト・クビヤスは、岩山で猟犬を見失ってしまった。すると、地面の下から犬が吠える声が聞こえてきた。犬がもぐりこんだ穴を見つけて掘り広げると、長く人目にふれることのなかった洞窟が姿を現した。内部の探検まではしなかったが、洞窟があることは領主に知らせておいた。その領主がスペイン北部にいくつか領地をもっていた弁護士のサウトゥオラ侯爵（1831〜1888）だ。この侯爵は多趣味で、読書や庭いじりのかたわら考古学もたしなんだ。

多忙な領主にとって過去を調べるのはあまり重要度の高いことではなく、クビヤスが見つけた洞窟（いまは「高い見晴台」という意味のアルタミラという名で知られている）に侯爵が実際に足を運んだのは、その11年後のことだった。洞窟内を探索中に、壁のあちこちに黒い印がついているのには気がついたが、なんとも思わなかった。だが、そのすぐあとに訪れたパリで、美しい彫りがほどこされた角や骨のかけらの展示を目にした。フランス南西部で見つかった古代クロマニョン人の遺物だった。それを見たサウトゥオラ侯爵の心はアルタミラに飛び、もしかして洞窟内に同じようなものが埋まっているかもしれないと考えた。

帰国した侯爵は発掘を決断した。9歳になる娘のマリアがいっしょに行きたいとねだった。父と娘が見守る前で、作業員たちがつるはしやシャベルを使って洞窟内の地面を掘りかえし、彫り細工の遺物をざっと探してまわった。そのどろんこ遊びを見物していたマリアはすぐに退屈し、洞窟の奥のほうへ遊びに行ってしまった。突然、天井の低い支洞《しどう》〔本洞に対し、そこから枝分かれした脇道のほら穴〕のほうから叫び声が響いた。「トロース！　トロス！（牛だよ！　牛！）」

サウトゥオラ侯爵が急いで駆けつけると、マリアはカラフルな（多色彩色の）バイソン〔大型の野牛〕を指さしており、その岩にはほかの動物の絵も無数に描かれていたのだった。バイソン、ヨーロッパイノシシ、シカなどが岩天井をごちゃごちゃと飾っていた。その鮮やかな色あいは、まるでつい昨日描かれたばかりのように見えた。マリアは19世紀考古学屈指の発見をしたのだ。

壁画に覆《おお》われたアルタミラの洞窟は、低い天井とあいまって、あたかも氷河時代の大型獣を集めた動物園のようだ。絶滅種のバイソンの立ち姿が黒や赤で描きだされ、その毛は逆立ち、よく見れば頭を低く下げたのや、うずくまっているのもいる。ノブタの姿が岩の上に踊っている。立派な角を生やしたシカもいる。天井を埋めつくす動物たちの体を岩のふくらみがうまいぐあいに立体的に見せて、より一層いきいきとして見える。動物だけでなく、赤い手形もある。一部は手の上から赤い粉を吹きかけて型抜きしたもの、ほかはていねいに描かれた絵だ。

　サウトゥオラ侯爵は、アルタミラ洞窟の壁画の動物たちが、パリで見た彫像とよく似ていることにすぐ気がついた。そこで洞窟に関する小冊子を出版して、壁画はフランスで展示されていた遺物と同時代のものではないかという見解を紹介した。その努力もむなしく、侯爵の見解はフランスの考古学者たちにすぐさま却下された。鮮やかな色あいの壁画は、先史時代の未開人たちが描いたにしてはあまりに現代的で洗練されすぎているというのだ。なかには壁画は捏造《ねつぞう》で、現代の芸術家がおそらく侯爵と手を組んで描いたのだろうとまで言う人もいた。失意と悲しみのうちに侯爵は地所に隠遁《いんとん》し、捏造の疑いをいだかれたまま１８８８年に帰らぬ人となった。その後、何年もたってから、その疑いは晴れた。

　フランス南西部の洞窟群でも壁画や彫刻は何点か見つかっていた。だが専門家たちは、それもまた現代のものと考えていた。それも無理はない話で、当時は原始的な古代の猟師たちが芸術家になれるはずがないと広く信じられていたのだ。ほどなく、先史時代の絵画に光が当たることになった。１８９５年、ドルドーニュ（ラルテとクリスティの活動地域）のレゼジー近郊で、ムート洞窟の所有者が洞窟内の土を少しかきだした。すると、それまで封印されていた「美術館」が姿を現し、岩壁に彫られたバイソンなどの動物たちがあちこちの壁から見返してきた。一見して古代のものであることは明らかだった。そのころに続々と発見された壁画のある洞窟は、いまや人気の観光スポットだ。たとえばコンバレル（線刻画で有名）や、レゼジーにほど近いフォン・ド・ゴーム洞窟（毛むくじゃらのマンモスの絵が残る）などだ。氷河時代にもアートが存在したことを示す証拠はどんどん増えていった。

　1898年、いく人かの考古学者が連れだってコンバレルを訪れた。そのなかには著名なフランス人考古学者エミール・カルタイヤック（1845〜1921）と、まだ若いカトリック聖職者アンリ・ブルイユ（1877〜1961）がいた。

　地下深くに刻まれた絵に、カルタイヤックはいたく感銘を受けた。4年後、ふたりはアルタミラを訪れた。ブルイユはこの洞窟の壁画は氷河時代のものだと強く信じていたが、カルタイヤックは現代のものにちがいないと言い続けていた。だが、実物を見たカルタイヤックは意見を変え、壁画は古代のものと認めた。それどころか、あまりにも文句のつけようがない証拠を目にして、自分の主張がまちがっていたことを謝罪する論文まで発表して話題をさらった。カルタイヤックは、アルタミラは先史時代の画廊であると宣言した。サウトゥオラ侯爵親子が正しかったことがついに証明されたのだ。

　カルタイヤックの心変わりをお膳立てしたアンリ・ブルイユは、のちに岩壁画研究の大御所になる。フランス北部ノルマンディー地方出身のブルイユは弁護士の家に生まれ、1900年にカトリックの聖職についた。根っからの聖職者であると同時に、傑出した科学者でもあった。その信仰心があまりにも篤《あつ》いので、教会も氷河時代に関する彼の研究に目をつぶり（なにしろそれは教会の教えに反するものだった）、聖職者の立場でなく独立した学者の立場で研究を続ける許可をあたえたほどだった。

　聖職者になってまもないころ、ブルイユはフランスの先史学者、ルイ・カピタン（1854〜1929）とエドゥアール・ピエット〔1827〜1906〕のふたりに出会った。このふたりはブルイユに、フランスの洞窟から出土した骨角器や石器の基礎知識をあますところなくあたえた。ブルイユには一徹なところがあり、ばかなことを黙認できないたちだった。もの申すならそれなりの覚悟が必要な相手だ。だが、ブルイユはまた、地下空間に安定した明かりをもちこむことも高画質の写真撮影をすることもほぼ望めなかった時代に、類を見ない画家でもあった。岩肌に描かれた繊細な壁画を写し取るためには、ラフスケッチを描いてからもとの絵のサイズを計測する必要があった。そのためブルイユは、シダの葉とわらを詰めた袋をしきつめた上に寝そべり、ろうそくか、ちらつくランプの明かりだけをたよりに作業した。何日ものあいだ、せまい通路に体をねじこんで、ほぼ真っ暗闇のなかで線刻やかすかに見える絵を紙に写し取った。あるとき計算してみると、絵や線刻画を複写するために地下にこもった日数は７００日以上になっていた。

　ブルイユはラフスケッチに水彩絵の具で色をつけて完成させ、白黒写真がある場合には必ず見くらべて確認した。これは仕方のないことだが、一部のスケッチにはある程度、想像力で補われた部分もあった。それでもブルイユの水彩画には、カラー画像が入手できるようになったいまもまだ、壁画美術資料として大きな価値がある。残念ながらブルイユが記録した壁画の多くは、頻繁《ひんぱん》な人の出入りによって洞窟内の空気成分が変わってしまったために、いまでは消えてなくなってしまった。

　次なる大発見は１９４０年、モンティニャックの町の近くでウサギ狩りをしていた少年たちが連れていた犬がウサギの巣穴の奥へ消えていったときのことだった。地中で吠《ほ》える犬の声を聞いた少年たちは、穴を掘り広げてなかへはいおりた。そこは大きく開けた空間になっていて、原牛〔オーロックス〕やバイソンやそのほかの動物を描いた堂々たる絵が壁を埋めつくしていた。ブルイユは、いまはラスコー洞窟として知られるその現場へ大至急駆けつけた。体の大きな牡牛や獰猛《どうもう》なバイソン、描かれたその日と変わらないのではと思われるほど鮮やかな色づかいに度肝を抜かれた。放射性炭素年代測定（27章）のおかげで、これらの壁画や線刻画は少なくとも1万5000年間、地下で眠っていたことがわかっている。

アルタミラの壁画を複写したあと、ブルイユは上部（後期）旧石器時代の芸術様式には2つの流れがあり、ともに単純なものからより複雑なものに進化したという仮説を立てた。そして、当時の人々にとって芸術作品とは「狩りのおまじない」の一形態であると確信した。絵を描くのは、それぞれの動物の精霊とつながって狩りを成功に導くためと考えたのだ。絵や彫り物の一部、とくに持ち運びできるものにほどこされた装飾については、趣味のものとしてつくられた芸術作品で、クロマニョン人芸術家たちの創造性を示す証拠だとも考えていた。

カラー写真や赤外線写真の誕生、そしてラスコー洞窟をはじめとするのちの大発見によって、この仮説は単純すぎたことが明らかになる。1994年に見つかったショーヴェ洞窟〔フランス南部。2014年に世界文化遺産に登録〕の岩壁には、サイやそのほかの絶滅動物などを描いた氷河時代のすばらしい絵が残されており、約3万年前のものとされている。ショーヴェの壁画はラスコーのものより精巧ですらあるが、もっと古い時代のものなのだ。

あきらかに複雑にからみあっている古代からの芸術の伝統をめぐって、広く受け入れられる先後関係を打ちだした人はまだいない。それに加え、当時、芸術にどのような意味があったのかについても、いまだに専門家のあいだで意見が分かれている。ラスコー洞窟発見の直後、ブルイユは南アフリカに渡り、サン族（かつてブッシュマンとして知られた先住民族）の岩絵について研究しながら1952年まで滞在した。

ブルイユがはじめてサン族の岩絵を目にしたのは、1929年、会議に出席するため南アフリカを訪れたときだった。サン族の岩絵は、初期の旅行家や人類学者たちによってアルタミラの洞窟よりもずっと前に発見されていた。古くは1874年に、南アフリカの人類学者ジョージ・ストウ〔1822〜1882〕が、自分たちは絵を描かないが絵を描く人たちのことは知っているというサン族の猟師たちに会ったという話を残している。

サン族の岩絵はフランスの洞窟壁画とはかなり様相が異なる。アフリカ南部では、狩りの最中に動物を追いこんだり、蜂蜜を集めたり踊ったり儀式を行ったりする人々や、野営地での暮らしを描いた光景などのほかに、印や記号なども残されている。ブルイユはこれもまた狩りのためのまじないだと考えたが、いまでは彼らの絵にはそれだけではない複雑な意味がこめられていたことがわかっている。

サン族の岩絵を研究した学者はブルイユがはじめてというわけではなかった。奇遇にも、アルタミラ洞窟が見つかる少し前、ケープタウンに住んでいたドイツ人言語学者ヴィルヘルム・ブレーク〔1827〜1875〕がサン族の言葉を学習していた。ブレークは教師を確保するため、ケープタウン湾の防波堤工事に駆りだされていたサン族の受刑者28人を釈放するよう当局に掛けあった。彼らを自宅に住みこませると、ブレークと義姉ルーシー・ロイド〔1834〜1914〕は単語や文法をまとめるだけでなく、サン族に伝わる神話や民話の貴重な集大成もつくりあげた。ふたりはサン族の芸術のことも当然知っていたが、人に見せられるようなスケッチ画は手もとに数枚しかなかった。

1873年、また別の研究者、J・M・オーペン行政官〔1828〜1923〕はドラケンスバーグ山脈にほど近いレソト〔周囲を南アフリカ共和国に囲まれた内陸の王国。1966年に独立〕のマルチ山地を旅した。そのときサン族のガイドが暗唱した口伝えの伝承の数々を記録に残しているが、その内容はブレークとロイドがまとめた神話集に驚くほどよく似ていた。どちらも、サン族が好んで狩るエランドという種類の大型のレイヨウに重きをおいていた。

ブレークは、サン族の岩絵は神話を描いたものだという確信を強めていった。だが、後進の研究者たちは彼がていねいに採集した話を、ただ無視するか、大して価値のないものとして取りあわなかった。彼らの関心は、いかにしてサン族の芸術を体系的に記録するかということのほうに向けられていた。

ブルイユ自身は1947年から1950年にかけて、いまのナミビアとジンバブエにあたる地域で絵の複写を続けた。カメラよりも鉛筆と厚い画用紙を好んだため、多くのまちがいが生じた。ナミビアでは、有名な「ブランドバーグの白い貴婦人《ホワイト・レディ》」を模写した。2000年前に描かれたこの絵は、顔と両足を部分的に白く塗《ぬ》った人間が、片手に弓矢、片手に花をもって大股《おおまた》で歩いているものだ。ブルイユはこの絵に描かれているのは女性だと考えた。外国ふうの絵だったこともあり、サン族を描いたものではなく、おそらくは古代から女性像が多くつくられていたクレタ島などの地中海地方からやってきた外国人を描いたものと主張したのだ。どうやらブルイユにはサン族に対する敬意が足りなかったようで、その主張は大まちがいだった。

1961年にブルイユが死んだのち、カラー写真を使った調査によって、この絵に描かれているのは男性で、おそらくは体を白く塗ったシャーマンだろうということになった。

ブレークとロイドが19世紀に行った調査は、ヨーロッパとアフリカの岩壁画の謎を一部解き明かす助けとなった。だが、根本的な疑問に対する答えは見つかっていなかった。なぜクロマニョン人の芸術家たちは暗い洞窟に動物の姿や複雑な模様を描いたり刻んだりしたのか。真っ暗闇のなかにたったひとりでいるときに鮮烈な幻《まぼろし》を見て、忘れないように絵に残したのだろうか。なぜ日の光の差しこまない、動物の脂《あぶら》を燃やしたランプの明かりだけがたよりの場所を選んだのだろう?

サン族の絵はほとんどが屋外の岩陰の窪地《くぼち》にあって、たいていはひょろ長い人間が登場し、ときに彼らは死にゆくエランドのまわりで踊っている。サン族の絵にもやはり超自然的な意味があったのはまちがいない。専門家のなかには、サン族の絵は超自然的な存在とのコミュニケーション手段であり、洞窟の壁の手形を通してその不思議な力を人間が受け取っていたのだと考える人もいる。彼らのアートにどういう意味があったのか、完全に理解できる日はけっしてこないが、いまも調査は続いている。

# Chapter 15 ホメーロスの英雄たちを探して

ハインリヒ・シュリーマン（1822〜1890）は、初期の考古学者としてはもっとも有名かつ、もっとも物議を醸《かも》してきた人物だ。ドイツ北部のプロテスタント牧師の家に5人目の子供として生まれた。貧しかったため学校には14歳までしか通えなかったが、10代で出会ったホメーロスの詩にすっかり恋に落ちた。

紀元前8世紀の詩人ホメーロスは、ギリシャの英雄たちを描いた二大叙事詩『イーリアス』と『オデュッセイア』を残した。この二大詩はおそらく、何世紀ものあいだギリシャの吟遊詩人たちが歌い継いできた物語を下敷きにしている。『イーリアス』は、トロイアという町を包囲したギリシャ軍の戦いの詩。『オデュッセイア』には、そのトロイア戦争の英雄のひとりオデュッセウスが故郷に帰還するまでの冒険の数々が綴《つづ》られている。ともに冒険譚《たん》の大傑作として知られている。

シュリーマンの言葉を信じるなら、彼の父親は夜《よ》な夜なホメーロスの叙事詩の一節を暗唱してくれたという。その二大詩が実際に起きたことを忠実に語っていると信じこんだシュリーマンは、なんとしてもトロイアを見つけだしてみせると子供心に誓《ちか》った。

トロイアという町は本当にあったのか、あったとすればどこか？　トロイア戦争は実際にあったのか？　それを突きとめるためにシュリーマンは人生の大半をささげた。そのトロイアへの強いこだわりは、科学的なものというよりホメーロス作品への愛からきていた。学者たちはトロイアという町が実在したことすら信じていなかった。叙事詩の専門家たちは、ホメーロスの想像が生んだ架空の出来事が詠《うた》われているという見解だった。好意的に見ても、シュリーマンのトロイア好きは常軌を逸していた。そもそもシュリーマンには、専門家たちがまちがっていると証明するチャンスがくることすら望めなかった。なにしろ極貧で、教育もなく、食料雑貨店で年季奉公をしている身だったのだから。

1841年、シュリーマンは食料雑貨店の仕事を辞め、アムステルダムに流れ着いた。商売と語学の才能をいかして、ロシアのサンクトペテルブルクで染料貿易の仕事をしたり、カリフォルニアで金融業に足をつっこんだり、クリミア戦争中には軍需物資を売ったりして巨万の富を築いた。億万長者となったシュリーマンは、1864年に事業から引退し、残りの生涯を考古学とホメーロスにささげた。

1869年、シュリーマンはイタリアとギリシャを旅した。現代と古代のギリシャ語を学び、古典ギリシャ語を2年で習得した。旅行ではオデュッセウスの故郷イタケーやギリシャの島々をまわり、最後はトルコのダーダネルス海峡に向かった。そこで出会ったイギリス人外交官フランク・カルヴァート〔1828～1908〕

は、海峡の入口近くに面したヒサルリクという大きな丘の半分を所有していた。カルヴァートもまた、考古学やホメーロスやトロイアに興味をもっていた。すでにヒサルリクに浅くシャベルを入れてはいたものの、ほとんどなにも発見できないでいた。それでもやはり、ここがトロイアだと信じて疑っていなかった。

カルヴァートの客となったシュリーマンは、『イーリアス』を手に、砂ぼこり舞うヒサルリクの丘や周辺地域を見てまわり、本のなかの戦いの光景を思い浮かべようとした。シュリーマンは、ヒサルリクこそホメーロスの描いたトロイアだという確信をカルヴァートと分かちあうようになった。豊富な資金と燃えたぎる野望を武器に、ハインリヒ・シュリーマンはトロイア戦争の痕跡を掘りだす決意を固めた。

シュリーマンには発掘の経験と呼べるものはまったくなかった。発掘現場にもちこんだのは、ホメーロスが歴史的事実を記録したという信念だけだった。手はじめに1870年4月、何か所か浅く試掘溝《トレンチ》を入れてみると、大きな石壁が出土した。だが、ホメーロスが詠った町は丘の地表近くにあるのだろうか、それとも地中深く埋もれているのか？　壁が出ても、もっと大規模に発掘したいという思いが募《つの》るばかりだった。

シュリーマンはオスマン帝国の皇帝に発掘許可を申請し、1871年に許可が下りた。そのころ、ギリシャ人女性を妻に迎えるべく候補者何人かと見合いをして、若く美しいソフィア・エンカストロメヌ〔1852～1932〕と結婚した。商店主の娘ソフィアは17歳、片やシュリーマンは47歳だった。この結婚はうまくいき、ソフィアは仕事のうえでもシュリーマンのよきパートナーとなった。

1871年10月、ハインリヒ・シュリーマンはヒサルリクの発掘を開始した。作業員を80人雇い、丘の北側を掘らせてホメーロスが描いた町を探させた。このころまでにはシュリーマンは、目当ての町は丘のいちばん下に埋もれていると確信していた。つるはしと木製のシャベルを手に、男たちは6週間かけて深さ10メートルの大きな溝を掘った。それは考古学の発掘などではなかった。シュリーマンは、石積みの壁と基礎部分を情け容赦なく切りくずしていった。するとその下から、かつての大都市の城壁の名残《なごり》と見られる切り石がゴロゴロと出てきた。

シュリーマンは、しっかりとした計画を立ててヒサルリクの発掘にのぞんだわけではなかった。愛読書『イーリアス』と壺《つぼ》のかけらと部分的に掘りだされた石壁だけが、丘の下にゆたかな遺跡が眠っている可能性をにおわせていた。発掘手法は直接的で単純明快。おおぜいの作業員で大量の土を掘りだす、ただそれだけだった。シュリーマンはこの規模の作業には少なくとも作業員が120人必要だと述べている。のちにこのときの発掘をふりかえって、ホメーロスの町を見つけるというただひとつの目的のため、神殿や城壁や墓の遺構すらも破壊せざるを得なかったと悪びれもせず認めている。

翌1872年、シュリーマン夫妻は大量のつるはし、シャベル、手押し車とともに現場に舞いもどった。ふたりは丘のてっぺんに自分たちの家を建てた。生活環境は厳しかった。うすっぺらい板壁のあいだからは隙間《すきま》風がビュウビュウと吹きこみ、小火《ぼや》をだしたこともあった。

シュリーマンはトロイア攻略に大々的に取りかかった。現場監督3人と測量士ひとりに、多いときで150人の作業員の差配をまかせた。いくつかのチームに分かれて、丘の土層をまるでケーキの層をめくるようにはがしていくと、ついに深さ14メートルの丘の最下層に到達した。

そこでシュリーマンはまたも無謀な攻撃をしかけ、丘を南北につらぬく巨大な溝《みぞ》を掘った。その年の発掘シーズンが終わるころには、掘りだした土や遺物含有層は２５０平方メートルにおよぼうとしていた。現代の重機を使ったとしてもとてつもない大仕事だが、当時はそれをすべて手作業でやったのだ。彼が雇った現場監督のなかに、地中海から紅海へエジプトをつらぬく形で建設されたスエズ運河の工事経験者たちがいたのも、けっして偶然ではなかった。

発掘結果はあっと驚くものだった。ヒサルリクでは、次から次に新しい都市が栄えていたことが明らかになったのだ。どの都市も、前の時代の居住跡に重なる形で建設されていた。１８７３年の発掘シーズン終了までには、トロイアが7つも見つかっていた（１８９０年までにさらに2つ見つかった）。いちばん古い町は規模が小さすぎ、シュリーマンは下から3つめの層の都市がホメーロスのトロイアだと発表した。金銀銅など「多くの財宝」が含まれていたその土層には、すすけた石積みや灰が分厚く重なっていた。この都市が焼け落ちたという証拠だ。ということは、当然これがギリシャ人に滅ぼされた都市にちがいないとシュリーマンは言うのだった。そこより上層に埋もれている都市はどれも、のちの時代のものだと考えた。

１８７５年5月から、発掘作業はこの第3層の都市に集中して行われた。ある暑い朝のこと、シュリーマンは地表から8・5メートル下の土のなかに黄金のきらめきをとらえた。まず人ばらいをしてから、みずからの手でやわらかい土を切りくずし、値段のつけられないほど貴重な品々を掘りだした。とシュリーマン本人は書いているが、なんといってもこの大発見を目撃した者がいないので、真相はわからない。

ベースキャンプに戻ると、シュリーマンは黄金のペンダントやイヤリング、鎖《くさり》、ブローチ、その他めずらしい装身具などの「宝」を広げて見せた。そして、その場でこれらの出土品を「プリアモスの宝」と名付けた。プリアモスというのはホメーロスの本にでてくるトロイアの伝説の王で、シュリーマンはこの財宝はプリアモス王のものだと宣言したわけだ。

この発見に世間は大騒ぎになったが、この宝が本当にすべて一括で出土したのかについては疑問が残る。発掘中あちこちで見つかった黄金の遺物をシュリーマンがひとまとめにしたと考える専門家も、おおぜいいる。真相はどうあれ、シュリーマンは金製の出土品をすべてトルコからひそかに運びだし、アテネの自宅の庭の物置小屋に隠した。彼はのちにこの宝で妻ソフィアをトロイアの姫君のように飾りたてたりもしている。ドイツの新聞の記事を見てはじめて出土品のことを知ったトルコ側は激怒した。宝を無断で国外にもちだしたことで起きた争いは、オスマン政府への巨額の支払いによってようやく決着をみた。

トロイアと「プリアモスの宝」によって、シュリーマンは世界的な有名人になった。ただし、学者のなかには彼をまったく信じていない人も多く、宝とされる装身具の数々も、どうせコンスタンティノープルの市場で買い集めたのだろうと言う人までいた。

ここまでくれば、あとはのんびりやろうと考える考古学者も多いだろうが、ハインリヒ・シュリーマンにかぎってそれはなかった。しばらく前から、ギリシャ南部に広がる肥沃なアルゴス平野の北端にある城壁に囲まれた要塞都市ミケーネに目をつけていたのだ。そこには、トロイア戦争でギリシャ軍をひきいた伝説の王アガメムノンの宮殿と墓所があるとされていた。シュリーマンもそう信じて疑わず、ギリシャ政府は1876年にしぶしぶながら発掘許可をあたえた。

ここでもシュリーマンは大がかりな発掘を行った。獅子像に守られた有名な城塞の門を掘りだすのは63人がかりで、残りの作業員は、石板（シュリーマンは「墓石」と呼んだ）に囲まれた円形の区画の発掘にいそしんだ。掘りさげてもいないうちから、シュリーマンはアガメムノンの王墓を発見したと発表した。それから4か月後、シュリーマン夫妻は5つの墓から黄金の副葬品に埋もれた15体の遺骸《いがい》を掘りだし終えていた。1922年にエジプトのファラオ、ツタンカーメン王の墓が発見されるまで、ミケーネの埋葬品は考古学史上最高の宝だった。顎《あご》ひげときちんと刈りこまれた口ひげが再現された黄金のデスマスクがいくつもあった。円形墳墓からは、たたき延ばして模様を打ちだした金の皿や、繊細なつくりの王冠や容器、小さな装飾品が何十点もでてきた。

シュリーマンの名は世にとどろき、世界じゅうが発掘作業の行方《ゆくえ》を見守った。君主ふたりと現職の首相ひとりが発掘現場を視察した。シュリーマンは、ホメーロスが伝えた英雄たちの遺体を発見したと豪語したが、ドイツの学者たちがただちにその主張を退けた。1900年までには、アーサー・エヴァンズ（18章）をはじめとする考古学者たちが、シュリーマンが発掘したのは紀元前1300年ごろの青銅器時代に栄えた壮麗なミケーネ文明の都市であることを突きとめた。

ハインリヒ・シュリーマンという人はいまだに謎が多い。みずからを神の使いと考えていたふしがあり、ホメーロスの真実を世界に伝えるために送りこまれたと思っていたようだ。熱心な支援者たちからは天才と呼ばれた。一方で、敵からは利己的な異常者とのレッテルを貼られた。富とホメーロスのことしか頭になくて突っ走った面はあったかもしれないが、シュリーマン夫妻はどちらも根は優しくて親切な人たちだった。

ミケーネでの発見によって、シュリーマンは考古学界の巨頭として仰《あお》ぎ見られるようになった。１８７８年にふたたびヒサルリクに戻ったときには、著名なドイツ人学者ルドルフ・ウィルヒョー〔8章参照〕も同行し、トロイ平野と丘の地質調査を行った。シュリーマンには、自分のやり方が時代遅れであることを認めるだけの賢さがあった。オリンピック発祥の地オリンピアで、ドイツ人考古学者たちが科学的発掘の革命を起こしつつあった（16章）。１８８２年から１８９０年にかけては、そのオリンピアで訓練を積んだ考古学者で建築家のヴィルヘルム・デルプフェルト〔1853〜1940〕がシュリーマンの発掘に加わった。ふたりはなにかと協力しあい、第3層ではなく第6層に埋もれた都市が、（実在したとすれば）ホメーロスのトロイアにもっとも近いと結論づけた。

さらにシュリーマンはよそでも発掘を続け、アルゴス平野にあるティリンス山の山頂でミケーネ文明の別の宮殿跡を掘りだした。この宮殿は、途方もない巨石を積みあげた城壁で有名だった。だが、このころシュリーマンが注目していたのは、陶片（陶器のかけら）などの小さな出土品だった。その表面には、クレタ島で見つかるものとよく似た幾何学的な彩色模様が見られた。

休むことを知らないシュリーマンの好奇心がこんどはクレタ島に向けられた。クレタはホメーロスの叙事詩にもミノス王が支配する島として登場する。神話によれば、ミノスは宮殿の地下の迷宮に人身牛頭の怪物ミノタウロスを閉じこめていたという。そのミノタウロスを退治したアテナイ王の息子テーセウスは、ミノスの娘アリアドネーにもらった糸玉のおかげで〔地下迷宮に入るとき前もって糸玉の糸を入口に結んでおいた〕迷宮から無事に抜けだすことができた。テーセウスとミノタウロスの物語は、シュリーマンにしてみれば飛びつかずにはいられない歴史ミステリーだった。

ミノス王の宮殿は、首都イラクリオン近郊のクノッソスの丘にあったとされる。シュリーマンはいつものあつかましさを発揮して、クノッソスを買いあげようとした。幸いにもこの交渉はまとまらず、シュリーマンは嫌気《いやけ》がさしてアテネに戻り、この地に栄えたミノア文明の発掘は後世の――そして、もっと訓練を積んだ――考古学者にゆだねられることになった（18章）。

シュリーマンの仕事と次々に大発見を引き当てた能力に感化され、次の世代からはまったく新しいタイプの考古学者たちがでてくることになった。シュリーマンは、ホメーロスの二大叙事詩は史実を描いたものだと実証できたと信じたまま、イタリアで急死した。その点では彼はまちがっていた。だが、シュリーマンが何千何万もの人の目を考古学に向けさせたのはまちがいなかった。

# Chapter 16 「体系化された常識」

カール・リヒャルト・レプシウス（1810〜1884）は、1839年にベルリン大学でエジプト学教授の職を得た。理路整然としていて、古代エジプト学（とくにジャン＝フランソワ・シャンポリオンのヒエログリフ研究）を長年にわたって研究していたレプシウスは、ていねいなフィールドワークを企画する必要があるこの仕事にうってつけだった。なによりも、レプシウスは遺物だけでなくデータの収集も行う学者だった。

就任から3年で、レプシウスはドイツ〔正確には当時はまだプロイセン王国〕のナイル川調査隊の隊長になった。半世紀前のナポレオンのときのような大規模な調査隊だ。あれ以来エジプトは、ジョヴァンニ・ベルツォーニやベルナルディーノ・ドロヴェッティらに荒らされまくっていた（2章）。だが、レプシウスの目的は気高く、意欲的なものだった。ギリシャの書物や古代エジプトの断片的な記録にしか残っていなかったファラオたちの治世年表を、史上はじめてまとめあげようというのだ。レプシウスの登場とともに、遺物の取りあげを科学的に行い、過去に関する情報を重視する新しい考古学の時代が幕を開けた。

　レプシウスはまず1842年にナイル・デルタで、それまで知られていなかったピラミッドや墓を記録することからはじめた。そこから上流へ向かいながら、碑文を解読したり、ナイル川流域ではじめてとなる、異なる文化層に留意した発掘調査を行ったりした。ベルリンに戻るときには1万5千点もの人工遺物や、石《せっ》膏《こう》で取った碑文の型、本格的なエジプト学の基礎となる大量の情報をたずさえていた。この調査については堂々12巻の本にまとめられて、1849年から1859年にかけて刊行された。のちに消えてなくなった多くの遺跡についてはいまもこの本の情報が参照されているし、整然とした頭脳にはなにができるかを示す証《あか》しともなっている。

　ていねいな計画、責任をもって時間をかけて行う発掘調査、そして迅速かつ子細にわたる発掘報告書の発表。カール・レプシウスの報告書は、地中海考古学に大きな変革を起こすきっかけをつくった。いまとくらべると彼の発掘手法もやはりまだ粗《あら》く拙速だったが、その慎重に計画された調査は画期的だった。歴訪した遺跡の多くを測量し、遺物が出土した正確な位置まで記録した。これは当時としては、ほぼ前例のないことだった。

　レプシウスも、早急に発掘調査の水準を引きあげる必要があることは重々承知していた。キャリアの後半は、発掘だけでなく復元と保存にも心をくだく新世代の考古学者の育成に力を入れた。そのうちのひとりがアレクサンダー・コンツェ（1831〜1914）で、1869年から1877年までウィーン大学で考古学の教授を務めた人物だ。ちょうどハインリヒ・シュリーマンがトロイアを掘りかえしていたのと同じころに、エーゲ海北部に浮かぶサモトラケ島で几帳面《きちょうめん》な野外調査員として発掘にあたった。シュリーマンがまるでジャガイモでも掘りだすかのように作業していた一方で、コンツェはサモトラケに、お宝めあてでなく歴史の謎を解く答えを求めてやってきていた。

コンツェのねらいは、ギリシャ神話の火の神ヘパイストスと密接な関わりがあるとされた船乗りの守護神、神秘のベールにつつまれたカベイロイの神々の神殿だった。古代、毎年7月にカベイロイの神々をまつる大祭が開かれ、エーゲ海じゅうからおおぜいの人が集まって儀式的な結婚を含む神聖な密儀に参加した。聖域自体は山の斜面に3段にわたって広がっていた。１８６３年にここから翼のある勝利の女神像「サモトラケのニケ」が出土し、パリのルーヴル美術館の収蔵品としてすっかり有名になった。

コンツェは１８７３年と１８７６年にこの聖域を発掘している。当時まだだれも聞いたことがなかったような最先端の発掘技術を使い、いくつかの構造物を掘りだした。彼にとっていちばん大事なのは建築物だった。そのため、発掘作業中はずっと建築家が立ち会い、写真家が現場を撮影した。２冊の豪華本がその発掘調査の詳細を伝えている。

コンツェの発掘が終わりに近づいていたころ、ドイツ人研究者たちは古代オリンピックの開催地オリンピアに目をつけた。こちらでは、きちんとした専門教育を受けた考古学者エルンスト・クルツィウス（１８１４～１８９６）が綿密な計画に沿って発掘をすすめた。遺跡への大いなる敬意の証しとして、彼らは出土品の所有権を放棄し、現地に専門博物館を建てた。1875年から1881年にかけて、ドイツの調査隊はオリンピック競技場の発掘をすすめ、ランナー用のスターティング・ブロックや審判席などを見つけた。近くからは古代の地震で柱がくだけ散った神殿群や、無数の小さな聖堂やそのほかの雑多な建物跡も見つかった。建築家と写真家がつねに立ち会い、正確かつ漏《も》れのない記録が残された。そしてやはり詳細にわたる発掘報告書が刊行された。

こうしてコンツェとクルツィウスは考古学調査における発掘の新基準を打ちだすことになったわけだが、これは当時としてはずいぶんすすんだ考え方だった。さらにふたりは大きさにかかわらず、すべての出土品に注意を払った。考古学調査自体が遺構を永久に破壊する行為であることを認識し、だからこそ正確な記録を残すことが必須だと知っていたのだ。

クルツィウスとコンツェだけでなく、そこらじゅうで破壊行為が行われていることを問題視する人は増えていた。残念ながら発掘調査の資金提供者たちはひと山あてたいという思いが強く、ほんのささいなことまでも記録に残すような調査を行うことに、気を配っているとは限らなかった。考古学の大半はまだ、過去に興味があり自由にできるお金もいくらかあるが、専門の訓練は受けていないという人々の手に握《にぎ》られていたのだ。そんな折、ちょうどクルツィウスがオリンピア発掘を終えたころのこと、遺物に熱い視線を注ぐあるイギリス人将校のもとに、遺産相続で広大な地所と莫大な財産が転がりこんだ。領地内の先史時代の遺跡で長い時間を過ごすようになったこの将校が、考古学の発掘調査に革命をもたらすことになった。

オーガスタス・レーン・フォックス・ピット・リヴァーズ（1827〜1900）は、なかなかいないタイプの発掘者だ。ヴィクトリア時代のジェントルマン階級〔当時のイギリスの支配階級〕の保守的な人物で、軍人と領主を兼ねていた。1880年、まだ無名の陸軍将校レーン・フォックスだったときに、裕福なおじがイングランド南部に所有していたクランボーン・チェイスの広大な土地と巨額の財産を相続した。条件はひとつ、ピット・リヴァーズという姓を継ぐことだった。彼はこの相続によって、1万1000ヘクタール近い南部の土地と巨万の富、そして好きなことに費やせる自由な時間を手に入れた。

ピット・リヴァーズは取っつきにくい人物だった。くそがつくほど真面目で、服装はつねに正装、発掘現場でもそれは変わらなかった。軍人時代の専門が銃器だったこともあって、銃器やそのほかの遺物が時代とともにどのように変わってきたかを調べるのに何年も没頭した。

男爵の娘であるアリス・スタンリーと結婚したのちは貴族階級の仲間入りを果たし、さまざまな知識人と顔なじみになった。なによりも会議主催者として敏腕を振るったことから、すぐれた思想家たちと知りあうチャンスにめぐまれた。チャールズ・ダーウィンの理論に大いに感化され、生物有機体と同じように人間の使う道具も進化してきたという考えにとりつかれた。そのような進化によって、より効果的で使いやすい道具類が生まれてきたというのだ。

ピット・リヴァーズは、無尽蔵と言えるほどの財力をいかして世界各地の非西洋社会から膨大な量の品々をかき集めた。存命中にふたつ、博物館をつくっている。最初につくったのがオックスフォードにあるピット・リヴァーズ博物館で、いまなお人気だ。もうひとつは彼の地所にあった。どちらも本人言うところの「段階的発展のプロセス」を説明するためにつくられたものだった。

　学者肌で博識の彼のこと、発掘に手をだすのは、当然と言えば当然だった。時代とともに変化する建築物や遺物を研究することの重要性を主張していたレプシウスたちドイツ人発掘者のことも、ほぼまちがいなく耳にしていただろう。軍隊で訓練を積んだピット・リヴァーズにとって、入念な準備と論理的な計画に基づく発掘調査など苦でもなんでもなかった。

　ピット・リヴァーズは一から発掘調査の準備をはじめた。すべてを用意周到に整え、軍隊式の規律のもとで作業をすすめていった。専門知識のある発掘作業員が少人数でチームを組んで実際に土を掘り、そこに監督者が6人ついた。アシスタントもふたりいて、ひとりが製図担当者、もうひとりが模型制作者だった。各層とそこから見つかった出土品に関する情報はすべて記録された。

　ピット・リヴァーズはきびしい親方で、どんなに小さくてもすべての遺物（動物の骨や種子さえ）の正確な出土位置を確実に記録するよう指示した。彼が現場に姿を見せたときの作業員たちの緊張ときたら！　ピット・リヴァーズは監督者たちを「事務官《クラークス》」と呼び、彼らとしか話をしなかった。するどい視線を左右に走らせ、どんなささいな問題も見逃さなかった――ぐちゃっと積んである土器の山、穴の縁《へり》に近すぎる場所に置きっぱなしにされた道具類。発掘現場にやってきては、出土品をながめたり記録帳のページをめくったりしたが、そんなとき彼の縁《ふち》つきの黒い帽子は、風が吹いてもびくともせずに頭にきっちりのっていたものだった。ピット・リヴァーズは満足するまで現場にいると、たいていはものも言わずに立ち去った。

ピット・リヴァーズはまず青銅器時代の墳丘墓に手をつけ、のちにハンプシャーにある鉄器時代の砦《とりで》ウィンクルベリー宿営地へと移り、埋まっている遺物から土塁がいつつくられたかを突きとめようとして、防壁の断面の様子がわかるように掘りさげた。1884年には、ローマ軍の駐屯地跡と低い土手や盛《も》り土《ど》やくぼみなどを何ヘクタールかにわたって発掘した。ここではまず作業員たちに表土《ひょうど》を取り除かせ、その下の白いチョーク層〔白亜層あるいは石灰岩層とも〕に不規則にまじる黒い土を掘りかえして、遺構の輪郭や炉《ろ》や穴などの痕跡をたどった。それまでそんなふうに土の色の違いを利用して古代の建築物を見分けた人はいなかった。

どの発掘現場でもピット・リヴァーズは立体的に考えた。まさにいまの発掘手法の基本だ。そして、つねにいちばん底の岩盤層まで掘りさげてすべての土層を記録し、土壌に人間の手が加わった痕跡を見逃さなかった。

だが、彼はせまい溝を掘る手法を取ったので、調査しているうちに前に掘った場所はどんどん埋もれていった。そのため広範囲にわたる遺構をいちどに見渡せる状態にはならず、結果として見逃される特徴も当然あった。最近では、古代の住居跡の間取りを調査するときには、広く掘りさげて小屋の基礎部分など全体的な特徴を把握できるようにするのが基本になっている。だが、ピット・リヴァーズは古代の技術と文化の変遷に注目するあまり、そのほかのほとんどいっさいを切り捨てていた。そういうわけで、食料の残滓《ざんし》は記録したが、柱穴などの建物の痕跡は書きとめていなかった。

１８９３年には、有史以前の墳墓６つが見つかっていた鉄器時代の長形墳ウォー・バロウを調査した。墓を見つけた先人たちは、ただ適当に墳丘を掘りかえして、遺骨や副葬品を取りだしていた。ピット・リヴァーズは墳丘全体を発掘し、16体の遺骨を発見した。遺構の中心部の地面を一部柱状に残すことで手つかずの土層を保存し、正確な記録を取れるようにした。墳丘の地盤全体が顔をだすと、チョーク層に広範囲にわたって色の違う土で四角形の輪郭が浮かびあがっているのが見てとれた。これは、かつてこの６つの墓を守っていた大きな建物の木製の直立柱が建っていた跡だった。

　古代の人々がウォー・バロウをつくったとき、穴は深く掘りさげられ、その縁《へり》は急角度で落ちこんでいた。あふれんばかりの好奇心をもっていたピット・リヴァーズは、発掘時の溝をそのまま4年間、風雨にさらしてみた。それから再度発掘してみて、放置されたチョーク層の溝がどう崩れ、堆積物がどんなふうにたまったか確認した。このような実験的考古学に足を踏みいれたというのもまた、時代を先読みした行いだった。同じようなことがイギリスで次に行われたのはなんと１９６０年代で、墳丘が何世紀ものあいだにどのように崩壊していくかを調べるため、考古学者のグループが先史時代の土塁の複製をつくったときだった。

　ピット・リヴァーズには、発掘結果を堂々たる小論集にまとめあげ、いまやコレクターズ・アイテムとなった本を次々に出版するだけの財力があった。彼は、情報ではなく遺物めあてで発掘を行う考古学者たちに我慢できなかった。科学というものは、彼に言わせれば「体系化された常識《オーガナイズド・コモンセンス》」だった。同じことがその論理的な発掘手法についても言えた。当時の人々からは変人と見られ、ありあまるエネルギーや堅苦しい振る舞いや、なんでも知りたがる好奇心のせいで、うとまれていた。そんな彼は、死してなお型にはまらなかった。土葬ではなく、1900年当時ほとんどだれも聞いたことのなかった火葬を選んだのだ。

彼の仕事を引き継ごうという人がようやくでてきたのは1920年代になってからだ。ピット・リヴァーズは軍人の経歴と体系化への情熱をいかして、発掘をまったく新しい次元に引きあげた。だが彼もまた、当時はイギリスだけでなく世界じゅうがそうだったように、独学の発掘者だった。地中海で活動していたドイツ人たちをのぞけば、考古学はまだ行きあたりばったりの生業《なりわい》で、掘りながら学んでいくような状況だった。そんななかで次世代を育成しようとした考古学者はほんのひとにぎりだった。そのひとにぎりの学者たちが求めていたのは、冒険を夢みる若者ではなく、がむしゃらに働く覚悟のある人々だった。

J・P・ドループ〔1882～1963〕というあまり知られていないイギリス人考古学者が1915年に発表した発掘マニュアルによれば、発掘は男の仕事だった。そしてそれはおおむね事実で、考古学の世界に女性はほんの少数の有能な人がいるだけだった（19章）。国内で考古学者としてやっていくために必要なのは好奇心、少なくとも過去のことに多少は関心をもっていること、そして忍耐力だった。外国で現地の人たちといっしょに発掘するとなると、やはりここでも忍耐力と、おおぜいの作業員を監督する能力が求められた。

運がよければ、経験ゆたかな発掘者のもとで修業を積むことができた。師事した指導者の発掘がうまくいかなかったとしても、見て学ぶことはできたし、失敗から学ぶこともできた。とくにローマ遺跡が多かったが、より状況のよい何か所かの現場では、ピット・リヴァーズのやり方が採用されたこともあった。しかし、それでもやはり現代とくらべれば、まだまだ雑な発掘だった。

　のちにイラクのウルで王墓群を発掘して一躍有名になるイギリス人考古学者レオナード・ウーリーは、まだ若くて経験がなかったときにローマ時代の大遺跡の発掘を任されることになった（20章）。

　発掘者のほぼ全員が、実地で仕事を覚えたのだ。実地研修も考古学手法の専門課程も存在しなかった時代だ。それでも、コンツェやクルツィウス、ピット・リヴァーズたちは整然とした頭脳と組織的方法とで道を切り拓いていった。

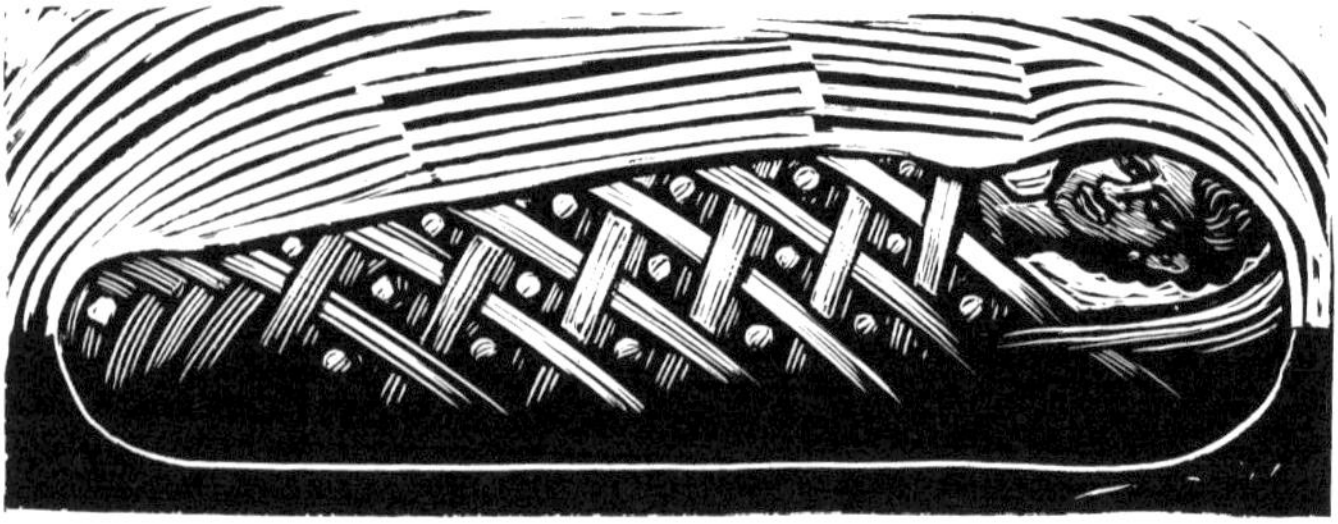

# Chapter 17 ぱっとしない小さなもの

１８８０年代、エジプトのカイロ近郊にあるギザのピラミッド群は、考古学者だけでなく変わり者たちも引き寄せた。夢見がちな天文学者たちに言わせると、ピラミッドは古代の暦《こよみ》であり、天体を使って時間を計るためのものだった。古代エジプトで使われたキュービット〔1キュービットは50センチ弱〕などの長さの単位をめぐるさまざまな理論を胸に秘めた風変わりな人たちが、巻き尺を手に手に大ピラミッドを囲んだ。なかには、自分たちの計算に現実のほうをあわせようと、大岩の縁《ふち》を打ち欠こうとした者までいた。運よく、イギリスの測量士ピートリー家のふたりがギザに興味をもった。

ピートリー一家には、昔から素人《しろうと》科学調査をたしなむ家族史があった。フリンダーズ・ピートリー（１８５３〜１９４２）はほぼ正規教育を受けたことがなく、一種の変わり者だった。父親から測量と幾何学を学び、１８７２年に親子でストーンヘンジ初となる正確な測量を行った。ふたりはいつも、当時まだだれも挑戦していなかったピラミッドの正確な実測について話しあっていた。

1880年、27歳のフリンダーズ・ピートリーはギザのピラミッド群の測量のためエジプトに向かった。ちょうどピット・リヴァーズがクランボーン・チェイスで発掘をはじめたのと同じころだ。

エジプト到着から1週間もしないうちに、ピートリーはギザの近くの岩山にうがたれた墓に身をおちつけた。調査には2年かかったが、そのあいだにピートリーは正確な測量点を設置し、ピラミッドの構造をじっくり研究した。測量作業を見にきたおおぜいの見学者のなかにはピット・リヴァーズもいた。ピートリーは質素な暮らしを送り、観光客とは交わらず、素足でピラミッドのまわりをぶらついて楽しく過ごした。

1883年に1冊目の著作『ギザのピラミッドと神殿群（*The Pyramids and Temples of Gizeh*）』が出版されると、広く評価されることとなった。ピートリーの行った測量がピラミッド研究に新たな基盤をあたえた。当時、エジプト学は混迷期にあった。精度を欠き、盗掘が横行していた。そのような破壊に嫌気がさしたピートリーは、測量から発掘へと活動の場を移した。有力学者らによるエジプト探査基金への働きかけで、ピートリーはナイル・デルタの都市遺跡群の発掘に送りだされた。

最初からピートリーの発掘には秩序と決まった手順があった。とは言え、おおぜいの作業員を投入して、現代の基準からすれば非常に手早く掘っていった。トレンチを掘る係、立て坑を掘る係、石を撤去する係がそれぞれいて、土運びの一団が作業を支えた。作業は朝5時半から夕方6時半まで、日中の暑い時間に昼休みを入れた。先達たちと違って、ピートリーはいつも現場にいた。出土品の無断もちだし対策として、作業員にはたっぷりと賃金を払い、住宅を提供することで恩を売った。

ピートリーは１８８５年には、紀元前７世紀以降にエジプトと地中海東部の交易を一手に仕切った商都ナウクラティスの発掘にたずさわっていた。現場では１０７人の作業員が働いていたが、監督はヨーロッパ人ふたりだけだった。第21王朝のファラオ、プスセンネス１世（在位紀元前１０４７〜前１００１）によって建てられた神殿と大きな敷地の一部を発掘するべく、何トンもの土を運びだした。土器類とともにかごに入ったパピルス紙も大量に出土したので、一部をガラス板にはさんで翻訳させた。これが、ピートリーが小さなものに大きな意味があると気づいた瞬間だった。彼以前の発掘者たちは、小さなものをほぼ無視していた。

ナウクラティスの発掘で、ピートリーはその後も守り続けることになる手順を確立した。どんなに小さなものでも出土品はすべてイギリスに送ること。毎冬の発掘シーズンが終わると、次のシーズンがはじまる前に速やかに発掘調査報告書を発表すること。出土品を見つけた作業員には決まった金額を支払って、重要な遺物が地元の業者の手に渡らないようにすること。

そうしてくれて、本当によかった。と言うのも、ナウクラティスの基層部分から出土した遺物のなかには、製造年が刻印された貨幣や年代の正確な特定が可能な銘入りの装飾品が多くあったが、どれも簡単に持ち去れるものだったのだ。こうした出土品のおかげで、その周囲の建築物の年代を特定することができた。このような手法がそれまでエジプトで試みられたことはなく、新しい風が吹いた。

１８８７年、ピートリーは組織から独立し、活動場所をナイル・デルタからナイル川西岸の肥沃なファイユーム低地に移した。ハワラでは第12王朝のファラオ、アメンエムハト３世のピラミッド（紀元前１８４０ごろ）を発掘した。

この発掘はうまくいかず、重要なものはなにひとつ見つからなかった。だが、その近くには西暦100年から250年ごろのローマ墓地があり、色つきの蜜蠟《みつろう》で故人の姿を木版に描いた鮮やかな肖像画がそえられたミイラが多数埋まっていた。肖像画は故人の生前はそれぞれの自宅に飾られていたもので、死後ミイラにそえられたのだ。その数があまりにも多かったため、ピートリーはテントが手狭だと文句を言うことになった——備蓄品や調理器具や、安全のためにベッドの下にしまわれたミイラのせいで。

ロンドンに戻ると、75年前にジョヴァンニ・ベルツォーニが展覧会を開いたのと同じエジプト・ホールで（2章）、ミイラ肖像画を含む出土品の大展覧会を開催した。75年前の展覧会の展示品やベルツォーニのそびえたつような巨体を覚えていた高齢の来場者もいたという。この展示は大盛況となり、エジプト学は一目置《いちもく》かれる人気の学問になった。

毎シーズン、ピートリーはナイル川に舞いもどった。1888年にはファイユーム低地のカフーンで、労働者たちの集落を調査した。ここは第12王朝時代の集落で、近くのエル・ラフーンでファラオのセンウセレト2世（在位紀元前1897〜前1878）のピラミッド建設に従事した労働者や家族が住んでいた。壁で囲まれた小さな集落がほぼ当時の姿のまま残っていた。ピートリーは無数の住居を発掘し、大量の生活用具類を見つけた。それによって、ふつうの人々が当時どのように暮らしていたのか——休みのない、ときに容赦のないきつい仕事の日々を——再現することができた。

平民たちは往々にして、畑での仕事に加えて、ほんのわずかな配給と引き替えに公共工事に駆りだされていた。遺骨には激しい肉体労働の痕跡がありありと残っていた。それが苦役に耐えた無名の人々の暮らしだった。国と支配者たちを支えていたのは彼らだが、ほとんど見えない存在だった。ピートリーは、大きな遺跡や墳墓に関心を寄せていた当時の同業者たちと違って、古代エジプト文明は何千何万ものしがない労働者たちの苦役によって成り立っていた複雑な社会だったと見ぬいていた。

次にピートリーが目を向けたのは、メンフィス近郊で紀元前1500年ごろに栄えた第18王朝時代の小さな町グラブだった。見慣れない文様入りの壺《つぼ》のかけらが転がっているのに気づいたピートリーは、神殿の近くの壁に囲まれた小さな空間を掘りすすんだ。じきに、あちこちの住居から同じような破片が見つかった。この謎めいた出土品は、ハインリヒ・シュリーマンが発掘したのと同じ、ギリシャのミケーネ文明の容器と判明した。

3年後、ピートリーはみずからミケーネを訪れ、グラブの出土品とだいたい同じ時期にエジプトから輸入されたと見られる容器を確認した。これは、何世代も前にオスカル・モンテリウスが使った交差年代決定法の典型例で、どこかで出土した年代のわかっているものを使って、別の遺跡の年代を特定するという手法だ(11章)。ピートリーは、ミケーネ文明は紀元前1500年から前1200年ごろに栄えたと断言した。

ピートリーにはヨーロッパと地中海東部の考古学に関する深い知識があった。彼の名は、的確な計画、きちんとした発掘、ていねいな発掘記録、そして報告書の迅速な刊行で高まった。当時の考古学者でこんなことをしたのは彼ひとりと言ってもよく、自分の発掘調査だけにとらわれない広い視野をもつ学識ゆたかな研究者たちの輪に加わることになった。

　グラブの次にピートリーが向かったのが上エジプトのエル・アマルナ、アクエンアテン〔在位紀元前１３５３～前１３３６　イクナートン、アメンホテプ４世のこと〕がファラオだった時代の首都だ。このアクエンアテンは大きな物議を醸《かも》した王で、強大な太陽神アメン信仰を捨て、太陽円盤をさすアテン〔アトンとも〕という別の太陽神信仰をとりいれた。紀元前１３４９年、アクエンアテンはテーベから下流のエル・アマルナに遷都した。ファラオの死とともにこの新首都は放棄されたため、ピートリーは宗教色の濃い首都をじっくり調査するたぐいまれなチャンスにめぐまれた。大規模な発掘調査によって、王宮の彩色された舗石《ほせき》や壁が顔をだした。観光客がどっと押しよせて、収穫期を迎えていた村の畑を踏み荒らした。これに激怒した農民のひとりが、きわめて貴重な彩色床を粉々に打ち砕いたほどだった。

　ピートリーの功績のなかでも最大とされる発見は、往時の外交用の文字である楔形《くさびがた》文字が刻まれた粘土板を地元の女性が見つけたことからもたらされた。ピートリーは粘土板がぎっしり詰まっていた部屋ひとつと穴ふたつを掘りすすめた。その場所はのちに「ファラオの通信文書館」として知られることになる。

　３００枚以上あるこのアマルナ粘土板文書は、紀元前１３６０年ごろからアクエンアテンの治世までのエジプトと、トルコの謎の文明ヒッタイトとの外交記録だった。贈答品交換や同盟や政略結婚に関する書簡だ。そればかりか、勢力図が刻々と変化していたオリエント諸国からの通信文もあり、そのなかで小国の為政者たちは、ファラオの前に7回ひざまずき、さらに重ねて7回ひざまずくという約束までしていた。エジプトの高官たちは、銅の輸入元であるキプロス島のアラシアなど各地の独立王国とも書簡でやりとりしていた。

　当時の中東は、いまと変わらず、ひっきりなしに騒乱が起きていた。計略につぐ計略、謀反で国を乗っ取った王、往々にして派手な政治的スタンドプレーをともなう軍事侵攻。この古文書館には貴重も貴重、たいへん大きな価値がある！

　ピートリーは若手の考古学者たちに発掘に加わるよう呼びかけ、未来をになう新世代のエジプト学者たちを育てた。そのなかにハワード・カーターというイギリス人の若者がいた。エジプト探査基金から派遣されてきた画家だ。発掘現場のキャンプにのこのこやってきたカーターは、泥れんがを積み、葦《あし》で屋根を葺《ふ》いて、自分が住む家を建てねばならなかった。寝具もなかったが、新聞紙がなかなかいい仕事をしてくれた。小さな出土品は缶詰の空き缶に保管した。新入りは1週間だけ手ほどきを受け、次の週からは訓練を積んだ作業員数人とともに現場に放りだされた。それでもカーターは大活躍し、太陽神アテンの大神殿やアマルナの町などあちこちで働いた。ピートリーのもとで過ごしたこの日々が、のちに大いに役に立つことになる（21章）。

　１８９２年、ピートリー自身には学位がなかったが、ユニヴァーシティ・カレッジ・ロンドンで初のエジプト学の教授の座に就いた。その直後には、エジプトにファラオが誕生する以前にナイル川沿いに栄えた、神聖文字（ヒエログリフ）をもたない先王朝時代の遺構を発見している。それは、上エジプトのナカダ近郊で偶然見つけた広大な墓地だった。そこには無数の人骨が埋まっており、素焼きの素朴な土器も副葬されていた。１８９４年の1年間だけで、ピートリーが発掘した墓は２０００基にもおよんだ。

例によってピートリーは、墓地発掘のシステムを構築した。まずは若者たちに砂地のなかで柔らかくなっている部分を探させ、埋葬穴の輪郭を見つけさせる。それから一般作業員が壺のまわりの土を除去する。続いて、熟練の発掘作業員たちが人骨や壺のまわりをていねいに掘りさげ、最後の仕上げとしてピートリーの下についた墓地専門家アル・モハメド・エス・スエフィが出土品を取りあげるのだった。

こうして首尾よく壺を掘りだしたまではよかったのだが、なんの銘もパピルス文書も伴《ともな》っておらず、年代のヒントがなかった。だが、近くのディオスポリス・パルヴァなどの遺跡から、似たような広口壺がいくつも見つかった。墓地の発掘をすすめるうちに、ピートリーは容器の形が少しずつ変化していっているのに気づいた。とくに持ち手の部分は、握りやすさを考えた機能的なものから単なる装飾へと時代とともに変化していたので、分類するときに役に立った。

ピートリーは副葬品類を分類するにあたって、出土品をステージ30（ＳＴ30）からはじまる連続した期に割り振った（まだＳＴ1に当てはまる最古の遺物は出土していないと考えたためだ）。そしてＳＴ80を紀元前３０００年ごろの初代ファラオの時代として、この配列全体を暦年代に結びつけた。この「仮数《かすう》年代法（ＳＤ法）」はピートリーが考古学に残した最大の貢献のひとつだ。もちろん、遺構の実際の年代を特定できるにこしたことはないが、それには放射性炭素年代測定法（27章）の誕生を待たねばならなかった。それで、ピートリーはこうして先王朝時代のエジプト史に時間的な配列をもちこんだのだった。

フリンダーズ・ピートリーの仕事の幅や偉業は群を抜いていた。だが残念なことに、彼は無神経で喧嘩《けんか》っ早《ぱや》かった。正規教育を受けていないこともあって、自分は正しい、自分だけが正しいと頑なに主張してゆずらないことがよくあった――考古学者としては、けっしてよい資質ではない。1926年、エジプト当局が新たに厳しい規則を導入したのを機に、ピートリーはパレスチナに移った。第二次世界大戦が勃発するまで発掘を続け、89歳のときにエルサレムで死んだ。

ナイル川流域で過ごした長い年月のあいだに、ピートリーは発掘に秩序をもたらし、古代エジプトに確固たる編年《クロノロジー》をもたらし、小さくてめだたない遺物を前面に押しだしたのだった。

Chapter 18

# ミノタウロスの宮殿

1894年のことだった。アテネの市場に店を出している骨董《こっとう》商のあいだでよく知られたイギリス人がいた。ほぼ毎朝やってくるその男性は背が低くて押しが強く、ギリシャ語を流暢《りゅうちょう》に話した。店から店へぶらついては、小さなトレーに並ぶ宝飾品や印章類を品定めする。ときには小さな印章を手に取り、ほぼ判読不能な細かな刻印を日差しの下で凝視した。店にとっては手ごわい客だった。値切るわ、値切るわ、いったん立ち去って希望の値段に下がるのを待つこともあった。買い物を済ませると自分で戦利品を紙につつみ、革のショルダーバッグにしまいながら、あれこれ聞いてくるのが常だった。ここにある印章はどこのものか。印章はどこの遺跡から出土するのか。返ってくる答えはいつも同じ、「クレタ島」だった。

アーサー・ジョン・エヴァンズ（1851～1941）は、ずば抜けた視力によって文明を見つけた史上唯一の考古学者だ。これ以上ないほど細かい字ですらメガネも虫メガネもなしで読むことができた。テリア犬のように考古学のにおいをたどり、1894年、クレタ島にたどり着いた。島でいちばん大きな町イラクリオンは、クレタの宝石や印章の宝庫だった。そのほとんどが、オリーブの林が続く丘陵地クノッソスで見つかったものだった。

エヴァンズは目を皿のようにしてクノッソスの丘を何時間も歩きまわり、遺物を集めたり、陶片に残るめずらしい模様を模写したりした。クノッソスの石製容器はミケーネのものとまったく同じだったので、両都市につながりがあるのはたしかだった。それだけわかった時点でエヴァンズはクノッソスの土地を買うことにした。これまでにも同じことを考えた考古学者はいた。ハインリヒ・シュリーマンも、伝説のミノス王の宮殿があったと考えて、かつてこの地に目をつけた。シュリーマンは土地取得に失敗したが、エヴァンズは2年におよぶ長い価格交渉のすえにクノッソスを手に入れた。

そこにはたしかにかつて大宮殿があり、伝説のミノス王が実在したとすればその拠点もおそらくここにあっただろうことを、このときエヴァンズはまだ知らなかった。なにしろ彼はミノス王に関する憶測にはまったく興味を示さず、トロイアやミケーネをめぐるシュリーマンの主張も信じていなかった(15章)。エヴァンズは衝撃的な大発見をもくろむ独学の考古学者ではなく、信頼のおける情報を追い求める学者だったのだ。

アーサー・エヴァンズは子供のころから考古学に親しんで育った。製紙業で財を成《な》した父親のサー・ジョン・エヴァンズは、ブーシェ・ド・ペルトのソンム渓谷での発見に関する主張を支持し(7章)、古代の石器やギリシャとローマの貨幣に関する専門知識をもっていた。父親の勧めで、アーサーは7歳のころには貨幣のスケッチをするようになっていた。その3年後には、遺跡を訪問する父に同行するようになった。

学生時代のアーサーは落ち着きがなく、オックスフォード大学の授業が退屈だと文句ばかり言っていた。夏休みにはヨーロッパじゅうを徒歩で漫遊し、南東欧つまりバルカン諸国の人々にほれこんだ。「マッド・イングリッシュマン」として現地で知られるようになったエヴァンズは、ジャーナリズムに片足を突っこんでオーストリア＝ハンガリー帝国の政情不安について精力的に報じたので、6週間ほど収監される憂《う》き目も見た。その後、帝国から追放されてイギリスに帰国し、職探しをはじめた。

政治報道に身をささげていたときでも、エヴァンズは考古学に夢中だった。ひまさえあれば、ありとあらゆる遺物を収集した。型式を見分ける父ゆずりの鑑識眼に、こうして身につけた考古学の幅広い知識が加わった。

1884年にはオックスフォード大学アシュモリアン博物館の館長になり、以後25年間その職にとどまった。博物館はそれまでほったらかしに近かったが、エヴァンズ新館長は展示を組みかえ、数えきれないほどの遺物を新たに加えていった。だが、たいていは地中海で遺物の収集や地質調査にたずさわっていた。館長は「ボヘミアにいる」と助手は来館者に説明したものだった〔実際にボヘミアにいるわけではなく、気ままに暮らす意のボヘミアニズムを連想させる皮肉。ボヘミアはチェコ共和国の西半分をさす歴史的地名〕。それでも大学側がとくに問題にしなかったのは、留守にしてくれているほうが面倒を起こされなくてすんだからかもしれない。

エヴァンズが最初にクレタ島に目をつけたのが、いつだったのかはわからない。はじめのころはギリシャ本土でミケーネ文明の遺物を調査していた。ミケーネは紀元前１３５０年ごろ、交易の一大中心地だったため、ギリシャじゅう、エーゲ海じゅうから、さまざまな工芸品が集まってきた。エヴァンズは超小型の印章や刻印のある宝石などを何百と調べるうちに、ミケーネ人が独自の文字をもっていたことに気がついた。ミケーネの壺《つぼ》などに刻まれた文字記号は、遠くはエジプトからやってきたものだった。未知の文字を追いかけるうちにエヴァンズはアテネの市場へ、そしてクレタ島へとたどり着いたのだった。

クノッソス購入の交渉がまとまるのを待っているあいだにも、エヴァンズはラバの背に乗って島をくまなく探索した。ほんの小さな村の市場でもミケーネから出土するような印章が売られていて、エヴァンズはクノッソスの地面の下に埋まっている偉大な文明には少なくとも２つの文字体系があったことを見ぬいた。実際は４つもあったのだが！

宮殿の土地がエヴァンズのものになったころ、クレタ島の住民たちはオスマン・トルコ帝国による支配に抵抗して立ちあがった。エヴァンズは反乱軍を支援し、自腹を切って食料や医薬品を提供した。反乱軍が勝利を収めると、クレタ島の新たな支配者となったギリシャのゲオルギオス王子〔1869〜1957〕は、感謝の印としてクノッソス発掘許可をわずか数か月でだした。こうして１９００年３月に発掘がはじまった。

エヴァンズは遺物や考古学の知識は豊富だったが、実際に掘ることにかけては何か所かで小規模な発掘をしたことがあるだけだった。それがいきなり宮殿を掘りだそうというのだ。ありがたいことに、彼には発掘助手を雇うだけの見識があった。ダンカン・マッケンジー〔1861〜1934〕というスコットランド人で、彼はそれから30年以上にわたってクノッソスを掘り続けることになる。マッケンジーはスコットランドなまりのギリシャ語をたくみに操って作業員たちを仕切った。エヴァンズは発掘場所を決め、出土品をひとつ残らず確認し、くわしいメモを残した。建築家のセオドア・ファイフ〔1875〜1945〕を雇って図面も作成させた。

シュリーマンと違って、今回の発掘は最初から綿密な計画にもとづいて行われた。早くも発掘２日目には、エヴァンズは住居跡に立って色あせた壁画を見つめていた。現場はいくつもの部屋、通路、建物の基礎が入り組む迷路の様相を呈《てい》していった。クノッソスにはギリシャやローマの影響はまったく見られず、ミケーネ文明以前の遺跡であることは明らかだった。作業員はじきに１００人に増え、宮殿の発掘を続けた。

基礎の部分からは何千点もの遺物がでてきた。大きな貯蔵壺、数百個もの小さな杯《さかずき》、おまけに複雑な排水路までが出土した。エヴァンズにとってなによりうれしいことに、視力をためすような細かい字が刻まれた粘土板も何十枚とでてきた。１９００年4月には、長い髪を肩に垂らし、腰が細くくびれた召使いが水差しを手にして立つ姿を描いた堂々たる壁画が土のなかから姿を現した。マッケンジーは漆喰《しっくい》でていねいに補強してから壁画をはぎ取り、イラクリオン博物館へ運んだ。

エヴァンズはクレタ島で栄えた古代ミノア文明を発見したと高らかに宣言したが、ミノス王とテーセウスについては神話にすぎないと断言した。クノッソスでの発掘面積はすぐに1ヘクタールに達した。同じく１９００年4月、儀式用の浴槽と石の玉座が残っている部屋が掘りだされた。壁沿いに石のベンチがぐるりとめぐらされ、壁には翼のないグリフィンたちの細密画が描かれていた。この部屋は大地をつかさどる母なる女神の化身である巫女《みこ》のためのものだったという説もある。

エヴァンズは、古代の碑文に取り組んだ経験が豊富なスイス人画家エミール・ジリエロン〔1850〜1924〕を呼び寄せて、いっしょにクノッソスの壁画をつなぎあわせた。満開のオリーブの花、サフラン（サフランの花から採る香料）を集める男の子、厳《おごそ》かな献上行列。なかでも突進する牡牛を描いた大きなフレスコ画がエヴァンズの心をつかんで離さなかった。牡牛はどこにでもいた。フレスコ画や、壺や、宝飾品や、小像にも。エヴァンズは、はるか昔に消滅した文明の姿を徐々につかみはじめていた。

エヴァンズは毎朝、前日の作業を確認することからはじめた。すべての土層、出土品、部屋について、小さな文字でノートにびっしりと情報を書きとめた。日を追うごとに複雑な宮殿の構造が明らかになっていった。まったく途方もない建物だった。柱が並ぶ大広間を抜けると、宮殿中央の大きな中庭にでる。中庭の西側には間口のせまい貯蔵室が並び、細い通路に沿って入口がずらりと口を開けている。貯蔵室の多くは壁面に鉛塗装をほどこされ、貴重品や大量の穀物を貯蔵するのに使われていた。エヴァンズは、クノッソスにはかつて10万リットル近いオリーブオイルの備蓄があったと見積もった。

神殿からは2つの立派な大階段が2階の大広間群に続いていた。宮殿の西側の入口から伸びる道は、舗装された中庭に向かう途中で、牡牛を跳びこえる若者たちの大きなフレスコ画の前を通る。王の間《ま》と王妃の間はフレスコ画に彩《いろど》られた壁に囲まれており、木製の玉座の残骸も見つかったが、ここを王族の居室と判断するのには何か月もかかった。クノッソスは単なる宮殿以上のものだった。商業と宗教の中心であり、職人たちが壺や金属製品や石製容器をつくりだす工房でもあった。

エヴァンズはクノッソスに余生を費やすことになった。巨額の富を相続すると、一部の建物を部分的に（そしてある意味、想像のおもむくまま）復元する作業をはじめ、訪れた人たちに宮殿の雰囲気を味わってもらおうとした。残念ながら、その復元はコンクリートを使って行われたため、撤去しようとすればもとの建築物を傷めることになってしまう。エヴァンズは過去を元手にばくちを打ったのだ。考古学における復元は、どういう形で行うにしろ、うまくやるのは非常に難しい。建物が自分の思っているような外観だったとどうやって確かめられる？　それぞれの部屋の用途は？　宮殿の各階はそれぞれどんな目的で使われていたのか？

エヴァンズとジリエロンが取り組んだ一連の建物は、往時も迷宮だったが、発掘後はさらにそれに拍車がかかった。ついさきごろわたしも現地を訪れたが、あっというまに方向感覚を失い、ギリシャ神話でここが迷宮とされている理由をさとった。クノッソスの建築物には計画性というものがないのだ！

エヴァンズたちはミノア文明に一種の夢をいだき、カラフルで脳天気で平和な世界を想像していた。ふたりは木の柱のかわりにコンクリートの柱を入れて宮殿を復元した。製図を担当したセオドア・ファイフの正確なデッサンのおかげで、発掘調査を続けながら宮殿中心部の壁や大階段を復元することができた。

エヴァンズは、発掘現場に散らばった小さな漆喰《しっくい》のかけらを拾ってはジグソーパズルのように組みあわせ、多くの時間を費《つい》やして壁画の復元に励んだ。ミノア文明にはどことなく夢想的な印象があるのだが、牛跳《と》びのシーンなどには、まちがいなくエヴァンズの想像で細部が描き加えられた。もとの絵には3人の人物が描かれていたところ、王のような人物ひとりだけを復元したことまであった。こういった行いは、ミノア文明にとりつかれた男がおかした過《あやま》ちだった。

1900年から1935年のあいだ、アーサー・エヴァンズはクノッソスとオックスフォードを行ったり来たりしていた。発掘現場に別荘を建てて、出土した大量の陶器類を調査した。遺物に関する専門知識があったおかげで、ときどき混じるエジプトの遺物を見分けて、ナイル川流域の容器とつきあわせることができた。それに加えて、イギリス人のエジプト学者フリンダーズ・ピートリーがメンフィス近郊でミケーネ文明の陶器を掘りだし、紀元前1500年から前1200年ごろのものと年代を特定していた（17章）。

ピートリーが発掘した出土品を使って交差年代（オスカル・モンテリウスが使った技術だ）を決定したエヴァンズは、ミノア文明の発祥を紀元前3000年ごろとした。紀元前2000年から前1250年に最盛期を迎えたが、本土から侵略してきたミケーネ人たちに宮殿は破壊されたのだった。

何年にもおよぶ発掘で浮き彫りになったミノア文明の盛衰については、1921年から1935年にかけて出版された『ミノスの宮殿（*The Palace of Minos*)』でたっぷり語られている。この名著のなかでエヴァンズは、ミノア文明の編年研究の中心に宮殿を据《す》えた。そして少しずつていねいに物語を積み重ねていった。最終巻で彼は、愛してやまないクノッソスに別れを告げた。エヴァンズにはひとつだけ思い残したことがあった。発掘中に発見した4種類の文字を解読できなかったことだ。

アーサー・エヴァンズは、ミノア文明のよい面ばかりに目を向ける夢見がちな人だったかもしれない。だが、顕微鏡なみの視力を誇るこの考古学者に、熟練の専門家をたよる見識があったのはありがたいことだった。それでもやはり、ミノア文明とクノッソスの想像図を思い描いた張本人はエヴァンズだった。

クノッソスを訪れるたび、わたしはあたりを見渡して、アーサー・エヴァンズがなしとげた大仕事に感嘆する。彼が描いたほぼ忘れられた文明の姿は、のちに新たな発掘調査、文字の解読、放射性炭素年代測定などによって当然のように手直しされることになった。いまでは、ミノア文明のもっと小さな宮殿群についても多くのことがわかっているし、色とりどりの上《うわ》っ面《つら》に隠された複雑な政治や社会関係についても多少は想像がつく。

ひとつの文明をゼロから、なんの記録にもたよらずほとんど単独で、しかも高い科学的水準で描きだせる考古学者など、めったにいるものではない。だが、アーサー・エヴァンズはまさしくそれをやってのけた。1941年、90歳で彼はこの世を去った。そのころには、考古学はすっかり様変わりしていた。

# Chapter 19 「男の仕事」じゃない

ここまでに紹介した考古学者は全員、男性だった。ずいぶん長いあいだ、考古学は男の仕事だったのだ。だが、ガートルード・ベルとハリエット・ボイド・ホーズというふたりの女性が、考古学は男性だけのものではないと証明してみせた。このふたりが、女性考古学者が活躍するいまにいたる道を切り拓いた。

この先駆者ふたりは好対照だった。かたや独り砂漠を行く旅行家、かたや発掘者だ。当時の男性考古学者たちの大半は、女性は事務員や司書として活躍するものだと考えていたが、いまや世界トップクラスの考古学者の多くは女性なのだ。

ガートルード・ベル（1868～1926）は、ヨークシャーの裕福な鉄工場主の娘だった。1886年、まだ大学に進学する女性がほとんどいなかった時代に、オックスフォード大学に入学した。成績は優秀で、現代史の学位を得て卒業した。それに加えて、旅への情熱と、はっきりものを言うという評判も得ていた。1892年、当時はまだ訪れる人が少なかったペルシャのテヘランを訪問した。以後、精力的に各地を旅してまわり、男性の趣味とされていた登山にも挑戦して、時代を代表する女性登山家のひとりになった。

ベルは語学の才能にめぐまれていて、アラビア語に磨《みが》きをかけるため1899年に7か月ほどエルサレムに留学した。そこを拠点にさらに遠くまで旅行し、シリアのパルミラ神殿や、砂漠の先のペトラ〔55ページ割注参照〕まで足を伸ばした。砂漠の旅には、コバネゴキブリや濁《にご》った飲み水など不快なこともたくさんあると学んだ。自由に操れるようになったアラビア語で長老や商店主たちとおしゃべりを楽しむうち、この乾燥地域の政治が複雑で、ときに暴力的であることも知った。このころ考古学にも興味をもつようになった。ベルは断じて発掘者ではなかった。さまざまな僻地《へきち》で遺跡を実測し、写真に収め、文字で記録を取った。

ベルは各地で古代遺跡の写真を600枚以上も撮りためたのちも、さらに数年間エジプトやヨーロッパやモロッコを旅し、ローマとパリで考古学の勉強をした。1902年にはトルコ西部の発掘現場にいた。そして1905年、シリアおよびトルコのキリキアに残るビザンツ帝国〔東ローマ帝国〕時代の遺構の測量と調査に向かった（ビザンツ帝国は東西に二分された旧ローマ帝国の東側。1453年トルコに征服された）。1907年に出版された旅行記『砂漠と畑地（*The Desert and the Sown*）』と、ビルビンキリセというビザンツ時代の都市の教会群――いまやそのほとんどが失われてしまった――についての報告書によって、紀行作家としても学者としても世に認められるようになった。

ガートルード・ベルは、なんといっても砂漠の考古学者だった。タフで独立心旺盛、建築物や、西ローマ帝国の滅亡（476年）に続く時代〔一般的に中世と呼ばれる〕の、あまり有名ではないけれど重要な遺跡に関心を寄せていた。ビルビンキリセをあとにすると、こんどはシリアのアレッポから砂漠を越えてユーフラテス川に向かった。危険地帯でもわずかな人数の護衛の兵士だけを連れて旅した。目指すはアッバース朝時代のウハイディル宮殿、775年に建てられた方形の巨大城塞だ（アッバース朝は預言者ムハンマドのおじの血統で、750年から1258年ごろまで栄えたイスラム帝国）。

ベルは丸4日というもの、当時まだなんの記録もなかったこの城塞の写真を撮ったり実測したりした。警護の兵士たちは、巻き尺の端をもたされているあいだも、けっしてライフルを手放そうとしなかった。「あのくだらないものを置くように兵士たちを説得するのは不可能」とベルは不満をあらわにしている。発掘はせず、ウハイディルの建物の大まかな特徴を書きとめてよしとした。ウハイディルはまったく知られていなかったといっていい遺跡だったので、これはお手柄だった。1911年に出版されたベルの代表作『アムラートからアムラート（*Amurath to Amurath*）』では、ウハイディルを一般市民にも紹介して絶賛された。ウハイディルに関する学術報告書も3年後に刊行され、いまでも主要参考文献のひとつとなっている。

ベルはまたすぐ旅立ち、こんどはバグダッドとバビロン、さらに北部のアッシュールへ向かった。アッシュールはアッシリアの首都で、ドイツ人考古学者のヴァルター・アンドレ〔1875～1956〕とコンラッド・プロイサーが発掘調査をすすめているところだった。ふたりはギリシャで遺跡を調査していた考古学の専門家たちに仕込まれたプロで、ベルはその慎重な発掘に感服した。懐中電灯を使って暗い室内を撮影するやり方も教わった。

イギリスへ帰る途中、ベルはシリア北部〔トルコ国境〕のカルケミシュの発掘現場に立ち寄り、イギリス人考古学者レジナルド・キャンベル・トンプソン〔1876～1941〕とT・E・ロレンス〔1888～1935〕に出会った。このロレンスはのちの第一次世界大戦中に砂漠で大手柄をあげ、「アラビアのロレンス」と呼ばれるようになる人物だ（20章）。ベルは持ち前の率直な物言いで、ふたりの発掘調査はドイツ人たちのやり方にくらべると、まるで「先史時代」だと言い放った。言われたふたりがうれしがるはずもなく、考古学の専門知識を披露して自分たちの株を上げようとした。だが、それも失敗に終わった。発掘作業員たちがヤジを飛ばすなか、ベルはカルケミシュをあとにした。あれほど歯に衣《きぬ》着せぬ女性は結婚には向いていないとロレンスが作業員相手にぼやいたという話が、何年もあとになってベルの耳に届いた。

第一次世界大戦がはじまるころにはガートルード・ベルはおもな測量調査を終え、アラビアや周辺地域に関する重要な知識もたくわえていた。イギリス諜報局への報告が非常に高く評価され、１９１５年にはカイロのアラブ諜報局に配属された。彼女の人生の新たな一章がはじまったのはその1年後、ペルシャ湾の最奥部に位置するバスラに転属になり、現地の部族政治の調査を命じられたときだった。ベルはアラブの文化にすっかり魅せられ、アラブ独立の闘士となり、現地のイギリス政府関係者に熟練のアドバイスをあたえた。

戦争が終わると、各国の調査隊がこぞってメソポタミアをめざし、エリドゥ（世界最古の都市とされている）

やウル（ユダヤ人の始祖であるアブラハムが暮らした聖書の町）の調査を行おうとした。だが、そのころにはもう外国人の考古学者が好き勝手に発掘できる時代ではなくなっていた。出土品も全部は国外に持ちだせなくなっていた。発掘には、条件を満たした考古学者にのみ発行される許可証が必要になっていた。

イラクという名の、イギリスの委任統治領の政府もまた、相応の懸念《けねん》をもっていた。バグダッドにはガートルード・ベル以外に考古学の調査や発掘の知識をもつ専門家がいなかったため、彼女が考古学長官に抜擢《ばってき》された。発掘調査に直接たずさわることが期待されたわけではなく、遺跡調査の経験と考古学界でのコネが高く買われたのだ。ベルは遺物の取り扱いを定めた法律の整備や、イラク博物館の設立準備をすすめた。

新しい法律では、あらゆる発掘現場から見つかった出土品は外国人（通常は博物館）とイラクのあいだで分配することになっていた。ベルは手ごわい交渉相手で、イラク博物館の収蔵品は急激に増えていった。１９２６年3月にはイラク政府がバグダッド市内のいまの場所に博物館を移し、ベルはドイツ人たちが発掘したバビロン（20章）を含む主要な遺跡からの出土品を展示した。

ガートルード・ベルはどちらかというと押しの強い女性で、土地の政治に関しても確固たる意見をもっていた。人のまちがいを黙って見過ごすことができないたちで、おおぜいの敵をつくった。政府の役人たちからの信頼も薄《うす》れていった。孤立を深めるなかで、ベルはますます考古学に没頭していった。過労と体調不良をかかえたベルは、１９２６年7月に自殺した。その葬儀にはバグダッドじゅうの人が足を運んだ。

ベルの知性と考古学の知識は伝説ですらあったが、いまのイラクではあまり評価されていない。多くのイラク人は、ベルがあまりにも多くの遺物を外国の調査隊に分けあたえたと考えている。たしかにそれも一理あるが、ベルはいつも国のことだけでなく考古学と科学全体の利益のことを考えていた。おまけに当時のイラクには、手厚い保護が必要な遺物を保管しておける施設がなかった。イラク博物館は、考古学史における唯一無二の重要人物を思いださせてくれるよすがとして、いまも変わらずたたずんでいる。

威勢のよいハリエット・ボイド・ホーズ（1871〜1945）は、クレタ島ではじめて発掘を行った女性であり、ガートルード・ベルが各地を旅していたころには現地で発掘をすすめていた。消防機器製造業をいとなむ家に生まれたハリエットは、早くに母を亡くし、兄4人とともに自力で生きていく術《すべ》を学んだ。1881年にマサチューセッツ州スミスカレッジに通いだした。ちょうどガートルード・ベルがオックスフォード大学に入ったころだ。ここでイギリス人の旅行家・小説家・考古学研究者のアメリア・エドワーズ〔1831〜1892〕の古代エジプトに関する講義を受けたことで、彼女のなかで古代文明への興味に火がついた。卒業後は教職に就き、充分な貯金ができた1895年、ヨーロッパへ旅立った。

ギリシャ滞在中に、古代ギリシャに強く興味をひかれるようになった。翌年ふたたびギリシャの地を踏んだハリエットは、アテネにあるブリティッシュ・スクールで考古学の研究に励んだ。舞踏会や晩餐会その他の社交行事のあいまをぬって、古代と現代のギリシャ語を学び、各地の遺跡を訪ね歩いた。アテネ市内を自転車で走りまわって世間を騒がせたりもした。

1897年、ギリシャとトルコのあいだで戦争がはじまった。ハリエットはすぐさまギリシャ中部で赤十字のボランティアに加わった。銃弾が飛びかう戦場で負傷兵を看護し、戦争の恐怖を肌《はだ》で経験した。病院の状況はひどいものだった。負傷者が隙間《すきま》なく寝かされていたため、傷の手当てすらほとんどできないようなありさまだった。ハリエットは終戦後もそのまま病院に残り、チフスの大流行で次々に運びこまれてくる患者の看病にあたった。町の人たちはその恩を決して忘れなかった。

アメリカに帰国後、研究費を受給できることになり、アテネ近郊の古代の町エレウシスで碑文研究に打ちこむことになった。ハリエットは発掘調査をしたいと伝えて、在アテネ・アメリカ古典学研究所から大目玉を食らった。発掘は「男の仕事」と考えられていたのだ。それならクレタ島の遺跡を発掘してみればいい、あそこならほかに調査がほとんど入っていないからと教えてくれたのは、島からの戦争避難民だった。そういうわけでハリエットは、クノッソスの発掘をいままさにはじめようとしていたアーサー・エヴァンズと、すでにクレタで発掘を開始していたオックスフォード大学の考古学者デーヴィッド・ホガース〔次章でも登場〕に連絡を取った。ハインリヒ・シュリーマンの未亡人ソフィア・シュリーマンも、アテネに立ち寄る著名考古学者らにハリエットを引きあわせてくれた。

このような力のある後援者たちに励まされ、彼女の進取の気性をとんでもないと却下した人たちに真っ向から立ちむかう形で、ハリエットはまだ舗装道路が19キロしか敷かれていなかったクレタ島に降りたった。島民たちと同じく、考古学者たちも移動にはラバを使った。エヴァンズとホガースは、島の北側の海岸を散策するハリエットに、現地の人々と言葉を交わすようアドバイスした。めずらしいひとり歩きの女性のうわさは島の集落から集落へ広まった。島の学校の校長が、ハリエットをミラベロ湾に案内してくれた。そこには、一部が露出した迷路のような石塀と、無数の彩色陶片と、細い石畳の路地の痕跡があった。

翌日ハリエットは作業員の一団を連れて現場に戻ってくると、何区画もの住居群の発掘に取りかかった。彼女の発掘のセンスはずば抜けていた。すぐに作業員は100人に増え、非常にまれな——そしておそらく史上初の——女性作業員10人も加わって、ミノア文明の小さな町グルニアを掘りだしていった。

規模ではクノッソスに遠くおよばないものの、グルニアは青銅器時代の小さな町の姿を浮き彫りにしたという点ではほかに例を見ないほどで、クノッソスの出土品に酷似した遺物も多数出土した。ハリエットはおもにこの町の最盛期だった紀元前1750年から前1490年に焦点をあてて、1901年、1903年、1904年と発掘を続けた。ペンシルヴェニア大学博物館が一部支援したこの発掘調査では、住居70棟以上からなるいくつもの街区、そこに走る石畳の路地、ミノア文明の宮殿と墓地が出土した。グルニア発掘は、どんな考古学者も目を丸くするようなすばらしい業績だった。

発掘終了から4年、ハリエットは分厚い発掘報告書を発表し、発掘作業の詳細を事細かに書き綴《つづ》った。これでもうだれも彼女の行動を非難することも、その適性に疑いを差しはさむこともできなくなったのだ！

これがハリエットにとって最後の現地調査になると同時に、アメリカ考古学界で地中海研究の先駆者として知られるきっかけになった。のちに彼女は、女性としてはじめてアメリカ考古学研究所で講演を行った。

1906年、ハリエットはイギリス人の人類学者チャールズ・ホーズ〔1867～1943〕と結婚し、二児の母となった。第一次世界大戦中の1916年と1917年には、セルビアや西部戦線で看護に身をささげた。考古学にも関わり続けたが、教室から外にでることはなく、マサチューセッツ州のウェルズリー大学で長年にわたり古代美術の講義を担当するにとどまった。

ガートルード・ベルも、ハリエット・ボイド・ホーズも、当時の男性考古学者にまったく引けをとらなかった。砂漠の旅人であり政府の専門職員でもあったベルは、砂漠に暮らす人々のことを部外者としてはそれ以上望めないほどに深く理解していた。一方のハリエット・ボイド・ホーズは、とびきり優秀な発掘者だった。クレタ島には、招待を受けて1926年にもういちどだけ訪れている。アーサー・エヴァンズにクノッソスの遺跡を案内してもらい、ラバの背に乗ってグルニアに向かうと、地元の人たちの大歓声に迎えられたという。

Chapter 20

# 日《ひ》干《ぼ》しれんがと洪水

　バビロンは古代メソポタミア世界を代表する大都市のひとつだった。紀元前2300年ごろの建設当時は小さな都市だったが、紀元前609年から前539年に栄えた新バビロニア帝国では都となった。バビロニアの王ネブカドネザル2世（在位紀元前604～前562）の指示で、8つの門をもつ大きな城塞都市となり、北側の門には女神イシュタルの名前がつけられた（イシュタル門のこと。後述）。バビロンは紀元前539年に破壊されて歴史の舞台から姿を消し、あとには砂ぼこり舞う丘のつらなりだけが残った。

　バビロン発掘は、ヘンリー・レイヤード（4章）をはじめ初期の考古学者たちの手にあまった。劣化した日干しれんがの山からは、だれもなにも見つけだせなかった。そこへ現れたドイツ人たちのていねいな発掘のおかげで、この偉大な都市は息を吹きかえした。ローベルト・コルデヴァイ（1855～1925）は建築家でもあり考古学者でもあった。ドイツの伝統にのっとって、きっちりと発掘を行う人だった。コルデヴァイは、劣化したれんがの山を計画的に発掘していけば、ネブカドネザル2世時代のバビロンに到達できると信じていた。１８９９年に作業を開始し、同じ現場で13年間、掘り続けた。

　ドイツの考古学者たちやエジプトで活動したフリンダーズ・ピートリーらが、すでに大規模発掘作業の基本的な仕組みを確立していた。発掘作業員たちはもう、都市遺構の丘をでたらめに掘るようなことはしなかった。かわりに、つるはしとかごをもった作業員がチームを組んで連携して動くようになっていた。コルデヴァイはその仕組みをさらにととのえ、軽軌道貨車〔トロッコのようなもの〕で穴から土を運びださせた。それが済むと、作業員たちにおのおの専門の仕事を割り振って訓練した。

　最初は見つけやすい焼成れんがの建築物からはじめた。焼成されていない日干しれんがは、いったんうちすてられて雨風にさらされると、溶けて地面の土と見分けがつかなくなることが多く、かなり厄介《やっかい》だった。そこでコルデヴァイは、日干しれんがの壁をたどるだけの熟練チームをつくりあげた。また、同僚のヴァルター・アンドレ（のちにティグリス川流域のアッシュールでアッシリアの首都を発掘することになる）とともに、表土を鍬《くわ》で削りとるのが発掘テクニックとしては最高だということを発見した。掘るのが専門の作業員たちが探すのは、土質が異なる場所、あるいは壁自体だった。いったん壁が見つかると、こんどはそれをていねいにたどっていって部屋を見つけた。室内の覆土《ふくど》はそのままにしておき、あとで発掘するときにそれぞれの部屋に埋もれている遺物の記録を取れるようにした。コルデヴァイの発掘システムは、都市の発掘に革命をもたらした。

コルデヴァイのバビロン発掘でいちばんの大物は、ネブカドネザル大王が町の北側に建てさせた、豊穣の地母神にささげられたイシュタル門だった。王の建築家たちが門の土台を埋めるために砂地の地面を深く掘りさげていたこともわかった。門の壁面は無傷で、竜や牡牛が描かれた彩釉れんが製の巨大なレリーフがいくつも残っていた。実用の門とアーチ部分にはスギ材で屋根が葺《ふ》いてあった。

10本もの柱に書きつらねられた碑文には、大王みずからこの名建築物をほめちぎる文言が並んでいた。この門についてはギリシャの歴史家ヘロドトスも書き記している。コルデヴァイたちは何千枚もある彩釉れんがのかけらから塩を洗い落としては組みあわせていくという気の遠くなるような作業を続けた。そして、ベルリンにあるペルガモン博物館で、1枚ずつれんがを貼りつけてイシュタル門を復元した。この門の下をくぐる舗装された行列道路は、バビロンの都市神マルドゥクの神殿に向かっていた。イシュタル門と行列道路は、周囲の平原から13メートルも高い場所につくられていた。

時を同じくしてヴァルター・アンドレは、はるか上流のアッシュールで1902年から1914年まで発掘作業を行った。アンドレは、ティグリス川を見おろす断崖の上にあるこのアッシリアの首都にも、バビロン方式を当てはめた。専門のチームが町の防壁や住居や神殿の聖域の痕跡をたどった。この町いちばんの建築物は都市神アッシュールの妻イシュタルの神殿だった。深く掘りさげてみると、同じ場所に過去6つも神殿が建てられていたことがわかった。メソポタミアの都市を土層ひとつひとつに留意してこまかく調べた発掘者はアンドレがはじめてだった。発掘とは破壊であると認識していたアンドレとコルデヴァイは、すべての建物の痕跡をひとつ残らず記録してから、下の層へ掘りすすめていった。

アンドレやコルデヴァイらのおかげで、第一次世界大戦後にウルやその他メソポタミア文明の都市の科学的発掘が可能になった。このころになると、発掘資金を提供するのは個人ではなく、各国の博物館になっていた。1911年、大英博物館は、知る人ぞ知るヒッタイトの都市、シリア北部のユーフラテス川沿いにあるカルケミシュの発掘調査を決断した。発掘をひきいたのは、アーサー・エヴァンズとともにクノッソスで調査にあたった、経験ゆたかな発掘者デーヴィッド・ホガース（1862〜1927）だった。ホガースは朝食の前には機嫌が悪いことで有名で、作業員たちからは「死の天使」と呼ばれていた。2シーズンほど行われたホガースによる調査でこの遺跡に大いに見込みがあることがわかったので、博物館は長期プロジェクトに切り替えて33歳のレオナード・ウーリーを新たな発掘責任者に任命した。

チャールズ・レオナード・ウーリー（1880〜1960）は、小柄でありながら威厳のある人物だった。聖職を志《こころざ》してオックスフォード大学ニューカレッジに入ったが、ウーリーがまだ学部生のころに、いずれ考古学者になるだろうと学寮長は見ぬいていた。ウーリーは1907年から1911年までの5年間をスーダンで過ごし、おもに墓地の発掘調査にたずさわった。そこで、文化の異なる作業員たちとのつきあい方や、彼らの使う言葉、さらに彼らといかに公平かつきっぱりと接するかといったノウハウを身につけた。カルケミシュ発掘を任せるにはぴったりの逸材だった。

カルケミシュはユーフラテス川の両岸をつなぐ大きな渡し場を守る要衝として栄え、紀元前717年にアッシリア人の手に落ちた。のちにヒッタイト王国の都市になったが、地中海世界の東部で栄えてアッシリア人とエジプト人をおびやかしたこの民については、ほぼすべてが謎につつまれていた。深さ15メートルにも達する文化層が発掘されるのを待っていた。

ウーリーはまわりを奮《ふる》い立たせるような指導者で、なにがあろうと目的を見失うことのない稀有《けう》な存在だった。いきいきとしたユーモアのセンスも抜群で、これは変わりやすい現地の政情を読んで動くときや、不満を力で解決しようとする作業員たちに対応するときに不可欠な才能だった。他人への敬意を第一に掲げていたが、大事なときには一歩も引かなかった。いちど地元の役人が発掘許可証の発行を拒んだことがあったが、ウーリーはただにっこり笑って、弾をこめた拳銃を取りだすと相手の頭につきつけた。役人はおびえきって両手を挙げ、手違いがあったと言った。数分後、ウーリーは許可証を手に帰っていった。

ウーリーは話し上手で筆も立ったので、カルケミシュで実際にあったことを読み解くのはなかなか難しくもある。発掘は成功したし、それはウーリーとT・E・ロレンス（のちのアラビアのロレンス）が、おたがいとも、また作業員たちとも、うまくやれたおかげだった。発掘作業員のまとめ役だったハムディというシリア人は、興味があるのは考古学と喧嘩《けんか》だけという男だったが、作業員を仕切らせたら右にでる者はいなかった。ハムディはウーリーの大親友になり、1912年から1946年まで何度もいっしょに働いた。

1912年当時、ヒッタイト王国について知られていることはほとんどなく、資料と呼べるのはフリンダーズ・ピートリーが何年か前にエジプトで見つけたアマルナ粘土板文書（17章）だけだった。ウーリーはカルケミシュの文化層に鍬《くわ》を入れていき、2つの宮殿を掘りだした。宮殿の壁には、歴代の王や行進する兵士たちの厳《おごそ》かな姿が描かれていた。

発掘は、第一次世界大戦の開戦によって打ち切られた。ガートルード・ベル（19章）と同じように、ウーリーも情報局員として重宝がられたが、やがてトルコの戦争捕虜になった。

1922年、ウーリーは聖書の都市ウル（カルデアのウル）を発掘するという野心的な長期プロジェクトの責任者に任命された。この調査には、大英博物館とペンシルヴェニア大学博物館が資金援助をした。

暑さ寒さがきびしい過酷な砂漠の環境もさることながら、ウルは複雑で発掘しづらい遺跡だった。廃墟と化したピラミッド型の神殿、完全に土に埋もれた居住域、何層にもおよぶ文化層。いかにベテランの発掘者といえども、簡単には乗り越えられない難問ばかりだ。だが、エネルギッシュでアイデア豊富なウーリーはこの仕事にぴったりだった。

現場監督としてのウーリーは要求が高く、ほんの少数のヨーロッパ人アシスタントたちと恐るべきハムディをしたがえて巨大プロジェクトを動かした。発掘作業は夜明けとともにはじまり、日付が変わるより前にヨーロッパ人スタッフが仕事を終えることはほとんどなかった。ウーリーのいちばんの仕事仲間となったのがマックス・マローワン〔1904～1978〕で、彼はのちに一流の考古学者になり、レイヤードがニムルドでやり残した仕事をまっさきに引き継ぐことになる。マローワンは推理作家のアガサ・クリスティ〔1890～1976〕と結婚し、小説『メソポタミアの殺人（*Murder in Mesopotamia*）』ではウルの発掘関係者たちが登場人物のモデルになったとも言われている。

1922年の発掘シーズンのさなか、おそらく副葬品と見られる金製品が出土した。ウーリーは自分がいま掘っているのは王墓であり、非常にもろくなった財宝が眠っているのではないかと考えた。遺物をすべて掘りだすためには、自分も最大限の手腕を発揮しなくてはならないだろうし、作業員にも高度な技術をともなう仕事になれさせておく必要がある。彼はそのさきを掘りすすめるまで、4年待った。

そのあいだも、町の全体像をつかむために何か所かに試掘溝を掘った。それから、近くにあった小さな村の跡である丘をひとつ発掘した。かなり初期の彩文土器がでてきたが、金属製品はでてこなかった。この村の住人はおそらくウルを建設したシュメール人たちの祖先だったのだろう。

400人の作業員をとりまとめるハムディは、厳格だったが、もめごとにはよく気がつき、疲労撃退と労働意欲を盛りあげるのが上手だった。重たい土を掘りすすめる作業員たちを尻目《しりめ》に、ユーフラテス川の船頭気どりでシャベルを舟の櫂《かい》に見立て、陽気な舟歌をうたいだしたこともあったという。

ついに王墓の埋蔵品をすべて掘り終えると、ウーリーは広く深く地面を掘りさげた。ウルの下には人工遺物を含まない洪水沈澱《ちんでん》物の堆積層があった。そのさらに下層には居住跡があり、近隣の小さな農村から出土したのと同じような土器が埋まっていた。

ウーリーの妻キャサリンは坑《あな》のなかをちらりとのぞきこむと、謎の堆積層は聖書の創世記にでてくるノアの洪水の痕跡かもと軽くつぶやいた。そのつぶやきが、つねに発掘資金に窮《きゅう》していた現場に宣伝の大チャンスをもたらした。ウーリーは個人的には妻の推理を信じてはいなかった。というのも、掘った穴はそこまで大きなものではなかったし、ウルはそもそも洪水頻発地域にあったからだ。それでも彼は、聖書の洪水となればものすごい注目を浴びて資金集めが大いに助かるだろうと計算したうえで、人気のあった自分の著作にウルの洪水を盛りこんで最大限利用した。

　ウルの発掘調査を終えるまでには、ウーリーはウル・ナンム王〔在位紀元前2112～前2095〕の大ジッグラト（いわばメソポタミア版ピラミッド）も掘りだしていた。このピラミッドがいまではウル遺跡の大看板になっている。ほかにも小さな住居を数十棟、そしてシュメール史に光をあてることになった粘土板数百枚などを発掘した。

　王墓の発掘は、たいへんな仕事だった。しかも墓地は、アッシリア人のものとシュメール人のもの、あわせてふたつあったのだ。4年におよぶ大仕事のあいだに、ほぼ飾りのない平民の墓を2000基は掘りかえすことになった。豪華な王族の墓は16基あった。印章の刻印や粘土板文書からウーリーが導きだした墳墓群の年代は紀元前2500年から前2000年ごろで、イラク有史時代の最初期だ。王族の墓は深さ9メートルのたて穴の底にあり、スロープをくだって入るようになっていた。王族の遺体は、石とれんがでつくった棺に納められ、そのまわりを生《い》け贄《にえ》たちが取り囲む形になっていた。ある墓では、豪華な頭飾りをつけた女性10人がきれいに2列に並んでいた。儀式用の繊細な副葬品を取りだすためには、想像力と独創性が大いに必要になった。たとえば、なんでもないように見える穴に液状石膏《せっこう》を流しこむことで、かつては銅製の牡牛の頭部やいくつもの貝殻で飾られていた、いまでは朽《く》ちはてた木製のリラ（古代の竪琴《たてごと》）の型が取れた。

何か月もの過酷な発掘作業を経験したウーリーがまとめた葬儀に関する報告書は、人々の心をつかんだ。ウーリーは過去の時代に身をおいて想像してみることができる数少ない考古学者だったので、王族の埋葬を見事に再現してみせた。敷物がしきつめられた墓穴のなかに、きらびやかに着飾った廷臣や兵士たちが列をなして入っていく。侍従たちを乗せた王家の牛車を御者が墓穴に乗り入れる。だれもが小さな土器の杯《さかずき》から毒をあおり、横になって死を待つ。そして最後に牛が殺され、墓穴が埋められる。

残念なことに、ウーリーのフィールドノートは不完全で、この話が真実かどうか確認することはできない。じつは新たな研究でわかったのだが、侍従たちは毒を飲んで死んだのではなく、頭を殴られて死んでいた。遺体にはなんらかの保存処理がほどこされてから墓穴に並べられていた。だが、考古学で大事なのはなによりも人だとウーリーが信じていたことを思えば、ドラマ仕立てのあざやかな再現も、許す気になれるというものだ。

初期考古学の特徴である、ひとりの考古学者による大規模発掘調査は、これが最後となった。レオナード・ウーリーは、偉大な考古学者のひとりに数えられて当然の人物である。

ところが1922年、ハワード・カーターによってエジプトでツタンカーメン王の墓が発見された（21章）。そしてついには、黄金のファラオへの世間の熱狂が、ウーリーの本の人気を上まわることになった。

# Chapter 21 「すばらしいもの」

１９２２年11月25日、エジプト、王家の谷。ハワード・カーターとカーナヴォン卿、卿の令嬢イヴリン・ハーバート〔1901〜1980〕は、ツタンカーメン王墓のなかの暑くこみあった通路で待っていた。封印された扉の前から、作業員たちが最後のがれきを撤去する。この石室の別の扉にツタンカーメン王の封印があったことから、ここが王の墓所であることはまちがいない。

じっとりと重たい空気がたれこめた空間に砂ぼこりが舞い、興奮で張りつめた人々の肌に汗がつたう。カーターはふるえる手で漆喰《しっくい》の扉に小さな穴を開け、鉄の棒を差しこんだ。背後から熱い空気がどっと押しよせてくる。穴を広げてろうそくを差し入れるのを、すぐ後ろに集まった人々が息をつめて見守っている。ろうそくの炎はちらちらとしばらく揺れてから、落ち着いた。「見えるか？」カーナヴォン卿がこらえきれずにたずねる。「はい、すばらしいものが」カーターは息をのんで、そう答えた。

カーターが穴をさらに広げて懐中電灯の光を当てると、じつに３０００年ぶりに外気にふれる副葬品が詰めこまれた部屋が浮かびあがった。黄金のベッド、玉座、折りたたみ式のチャリオット、その他さまざまな財宝が闇《やみ》のなかから姿を現した。実りなき捜索を7年も続けたすえ、彼らはついに、盗掘をまぬかれたツタンカーメン王〔在位紀元前1333～前1323〕の墓を見つけたのだ。

発見への道は1881年、ルクソールの対岸にあたるナイル川西岸の丘陵地帯で、岩山の割れ目から王族のミイラや副葬品が山のように見つかったところからはじまった。1880年代にはエジプトは、すでに避寒地としてヨーロッパの富裕層やスエズ運河を通過する船客に人気の旅行先になっていた。ルクソールの対岸ではクルナ村の墓泥棒たちが大もうけをしていた。1881年にはとびきりの古物が売りにだされているといううわさが広まった。供物《くもつ》用の美しい壺《つぼ》、豪華絢爛《けんらん》な宝飾品類、細工の見事な小像などだ。なかには明らかに王家の墓から出土したと見られる比類なき品々もあった。

墓泥棒として知られていたアハメド・エルラスールとモハメド・エルラスールの兄弟に嫌疑がかけられた。盗品を衣類の束《たば》やかごのなかに隠してこっそりルクソールにもちこんでいたふたりは、逮捕されて拷問を受けたが、口を割らなかった。しかし最終的に、分け前をめぐる争いのすえ、アハメドのほうが裏切った。モハメドは自白し、エジプト遺物局の職員だったドイツ生まれの考古学者エミール・ブルクシュ〔1842～1930〕を西岸の人里離れた崖《がけ》の割れ目に案内した。そこには、トトメス2世〔在位紀元前1482～前1479〕やセティ1世、ラムセス2世などエジプトを代表する偉大なファラオたちのミイラがあった。

3000年前、王家の谷の王墓を管理していた神官たちは、容赦ない盗掘から王族のミイラを守るため、ひとつの隠し場所から別の隠し場所へとミイラを移すいたちごっこに追われていた。それは時間との戦いだったため、崖の隙間《すきま》には王妃たちの棺が山積みにされ、非常に貴重な副葬品もごたまぜに押しこんであった。それを見たブルクシュはショックから立ち直るやいなや、作業員を３００人ほど雇ってファラオのミイラ40体を運びだした。そのうちの何体かはあとで包みをはがされて、考古学者たちは古代世界で最高の権力を誇った王たちの顔を拝《おが》むことになった。ベルツォーニが墓を発掘したセティ1世のミイラがもっとも保存状態がよく、その顔にはおだやかな微笑《ほほえ》みが浮かんでいた（2章）。

王のミイラ大量発見は大騒ぎを引きおこした。ナイル川には、世間をあっと言わせるような黄金の墓を見つけたい、王家の谷を発掘したいという無茶な希望を胸に、裕福な旅行者たちが押しよせた。そういう旅行者たちは大して重要ではない墓から出土した品物に気前よく金をだした。結果として、多くの役人たちが見て見ぬふりをしている横で、破壊と略奪が続くことになった。科学界にとって幸いなことに、次世代の発掘者を育てている考古学者たちもいた。そのひとりフリンダーズ・ピートリーは何年にもわたって若手アシスタントたちを現地調査に同行させた。そのなかにいたのが、イギリス人のデッサン画家パーシー・ニューベリー〔1869～1949〕だ。１８９０年代、ニューベリーは画才ゆたかな若者ハワード・カーター（１８７４～１９３９）と仕事で顔をあわせた。そしてこの若者をピートリーのもとに送りこみ、発掘手法を学べるようにしてやった。つまり、ツタンカーメン王墓が発見される１９２２年のずっと前に、発見の立役者ふたりのうちひとりはすでに運命の地に足を踏みいれていたのだ。

カーターは貧しい画家の家に生まれた。だが、群を抜くその才能が、膨大なエジプト・コレクションを所蔵していたイギリスの富豪ウィリアム・ティッセン＝アマースト〔1835～1909〕の目にとまった。1891年、ティッセン＝アマースト家は17歳のカーターを、当家の所蔵品のスケッチ画家として雇い入れた。その年のうちにエジプト探査基金は、エジプト中部のベニ・ハサンで紀元前2000年ごろの貴族の墓の装飾を記録していたパーシー・ニューベリーのもとへカーターを製図助手として派遣した。ベニ・ハサン岩窟墳墓の壁画を模写したカーターのスケッチがあまりに見事だったので、次はエル・アマルナを発掘中だったピートリーのところへ派遣された。若いカーターはまるで水を得た魚のように発掘にのめりこんだ。

1899年、フランス人エジプト学者でエジプトの遺物局長だったガストン・マスペロ〔1846～1916〕は、カーターを上エジプトの古代遺物主任監査官――ふたつしかなかった監査官ポストのひとつ――に任命した。監査官としてカーターは多忙な日々を送った。仕事の大半は王家の谷に関連したもので、王墓の一部には電気も通した。

資金のある外国人が何人か王家の谷の発掘許可を申請したが、墓を探す準備が充分できていないとして却下された。申請書の審査をしたのはカーターだった。いちばんしっかり準備してきたのがニューヨークの裕福な弁護士セオドア・デイヴィス〔1838～1915〕で、1902年には王家の谷の発掘許可を手に入れた。カーターはデイヴィスのもとでウセルハトという貴族とファラオのトトメス4世〔在位紀元前1400～前1390〕の墓の発掘を手伝い、トトメス4世のチャリオットの一部と乗馬用手袋の片方を見つけた。デイヴィスは乱暴な発掘者だったが、現場仕事に考古学者を雇うだけの常識はもちあわせていたのだ。カーターのツタンカーメン王墓への取り組み方の多くは、デイヴィスと仕事をしたときの経験がもとになっている。

北部でのこのめざましい成功を見て、マスペロ局長は1904年、カーター主任監査官を下エジプトに異動させた。異動先では遺跡の保存に加えて、ときにやっかいな訪問者たちにも対応しなければならなかった。堅物《かたぶつ》のカーターは観光客に我慢できず、1905年にサッカラで酔っ払ったフランス人旅行者たちと激《はげ》しい言い争いをしたあとで、嫌気《いやけ》がさして仕事を辞めた。その後数年は、ルクソールで画家やガイドの仕事をして食いつないだ。1907年、仕事の面では底辺にいたころに出会ったのが、第5代カーナヴォン伯爵こと、ジョージ・エドワード・スタンホープ・モリニュー・ハーバート（1866～1923）その人だった。ツタンカーメン王墓発見のもうひとりの立役者の登場だ。

カーターとは対照的にカーナヴォン卿は特権階級の貴族で、確かな鑑識眼と洗練された趣味をもつ美術品コレクターで、競馬好きのばくち打ちだった。ポーチェスター卿として生を受け、少年時代は病気がちで引っ込み思案、10代で通ったイートン校ではよくいじめられていた。学校の成績はさんざんで、ことによると学習障害をかかえていたのかもしれない。イートン在学中に、インドのマハラジャの息子ヴィクター・デュリープ・シン〔1866～1918〕と生涯続く友情を育んだ。シンもまた、競馬にしょっちゅう手をだした。ポーチェスター卿はオックスフォード大学に進学したが中途退学し、軍への入隊を検討してはみたものの、結局は自分の好きなもの――競馬、ヨット、射撃、旅行――にふけった。そうしながらも、むさぼるように本を読み、芸術や人文科学に関する知識を独学でたくわえた。

１８９０年、ポーチェスター卿は第５代カーナヴォン伯爵となって、父親の財産を相続した。５年後には上流社交界の一員だったアルミナ・ウムウェル〔1876～1969〕を妻に迎えた。カーナヴォン卿は肺が弱かったため、冬の逗留先として湿気がなく暖かいナイル渓谷は最適だった。定期的に通ううち、古代美術と写真に興味をもつようになった。１９０５年の時点で、いつ果てるともない舞踏会や旅行者仲間とのつきあいにすっかり退屈しきっていた。そして、考古学に気持ちがかたむいた。

興味本位で発掘に手をだした裕福な外国人は、カーナヴォン卿以外にもおおぜいいた。考古学は楽しいひまつぶしになっていたのだ。有力なコネがあったおかげで、カーナヴォン卿は１９０７年、すでに掘りつくされた感のあったテーベの墓地の一角を発掘する許可を得た。はじめて迎えた発掘シーズンの６週間は、専門家の支援なしで発掘を行って、心ゆくまで楽しんだようだ。そのとき見つかった多少なりとも意味のあるものは、猫のミイラ１体と化粧漆喰に文字が刻まれた木の板だけだった。だが、いざその碑文が解読されると、その木板は大発見であることが判明した。紀元前１６４０年ごろに肥沃なナイル・デルタを占領していた嫌われ者の異民族ヒクソスの王たちにファラオであるカーメスが勝利したことを記念する戦勝碑だったのだ。この木板はいまではカーナヴォン・タブレットとして知られている。

このころ、遺物局のマスペロ局長が失業中のハワード・カーターをカーナヴォン卿に引きあわせた。カーターは以前にまして王家の谷にとりつかれたようになっていたが、発掘には資金と政府トップレベルへのつ、てが必要だった。デイヴィスが王家の谷で実りの少ない発掘を続けているあいだに、カーターとカーナヴォン卿は、友情のみならず効率的なチームワークを育んでいった。長年の経験をもつカーターが発掘を主導した。彼が発掘に求める水準は、デイヴィスやフリンダーズ・ピートリーよりもはるかに高かった。一方でカーナヴォン卿は資金を出しつつ相談役を務めた。卿は早いうちから――掘りつくされた墓地一帯で墓をさらっているときから――カーターには人並みはずれた発見の嗅覚がそなわっていると見ぬいていた。だれもがもう掘りつくされたと考えていた場所からですら、カーターの手にかかると、次々に出土品が見つかるのだ。セオドア・デイヴィスが発掘権をにぎる王家の谷の主要区域で発掘を行うチャンスをうかがいながら、ふたりは5年におよぶ調査の結果をまとめた貴重な報告書を出版した。

　ぬかりないカーターは、デイヴィスのやり方を認めていなかったにもかかわらず、きちんと連絡を取りあっていた。ほぼいつも発掘に立ち会ったカーナヴォン卿とは対照的に、デイヴィスは現場に来ないタイプの典型的な考古学者だった。発掘にたずさわるより、ナイル川に係留した自分の船で客をもてなすほうが性に合っていた。ただし、墓の封印を解くときだけはつねに立ち会い、アシスタントにも（カーターは言うにおよばず）めぐまれていた。

　デイヴィスは細部に気をくばることなく、どんどん掘りすすめたが、その墓探しは計画的ではあった。紀元前１４００年ごろに死去した第18王朝のファラオ、アメンホテプ2世〔在位紀元前１４２６ごろ～前１４００ごろ〕の墓など、王家の墓もいくつか発見している。また、紀元前１３９０年ごろにチャリオット部隊をひきいた高官イウヤとその妻トゥヤの墓からは、チャリオットを1台まるごとと、ベッド2台、金細工の肘《ひじ》かけ椅子3脚、棺も3つ見つけている。イウヤとトゥヤの墓は盗掘被害にあっていたが、それでもツタンカーメン王の墓が見つかるまでは、王家の谷でもっとも埋葬時の姿が残る墓だった。デイヴィスは自制心と潤沢な資金をたよりに、思うような成果のないまま何シーズンも発掘を続けた。1912年までねばったあと、王家の谷は掘りつくしたと宣言して手をひいた。盗掘をまぬかれたツタンカーメンの王墓入口までわずか2メートルというところだった。1914年、王家の谷の発掘許可をカーナヴォン卿がゆずり受けたところで、第一次世界大戦が勃発した。発掘作業がはじまったのは1917年だった。

カーターは、無頓着なセオドア・デイヴィスとは違うタイプの考古学者だった。王家の谷をすみからすみまで歩きまわり、既知の墓をすべて把握していた。だが、ひとつだけ欠けている墓があった。紀元前1323年に死去した謎多きファラオ、ツタンカーメンのものだ。カーターは、有名なラムセス6世〔在位紀元前1145～1137〕の墓の近くにツタンカーメン王が眠っているはずだと考えていた。ふたりは7年間、カーターの勘を信じて、王家の谷の地面に散らばるがれきをせっせと撤去して墓を探した。

1922年、カーナヴォン卿は、年間数千ポンドもの費用がかかる発掘からもう手をひこうと考えた。カーターは自分が資金を工面するので、あと1シーズンだけ続けさせてほしいと願いでて、カーナヴォン卿はしぶしぶ、ラムセス6世の墓の発掘時に建てられた作業小屋の近くを掘る計画に資金をだすことにした。

1922年11月4日、シーズン開始からわずか4日目、カーナヴォン卿がまだイギリスにいるうちに、発掘現場では石の階段が掘りだされ、封印された墓の入口につながっているのが確認された。カーターはカーナヴォン卿とイヴリン嬢が到着するまで3週間待った。そして11月24日から25日にかけて入口を掘りだし、漆喰に残るツタンカーメン王の封印を確認し、ついに仕切り壁に穴を開けて「すばらしいもの」を目にする世紀の瞬間が訪れたのだった。

ツタンカーメンの墓発見は、世界的な大ニュースになった。それとともに、カーターとカーナヴォン卿の友情にも緊張が走った。カーターが緻密かつ体系的に発掘をすすめるべきだとゆずらない一方で、生来のばくち好きだったカーナヴォン卿は、ただちにすべての副葬品を取りだしたがった。大金を投じた卿としては、出土品の一部を売却し、残りは展示にまわしたかったのだ。ふたりのあいだで軋轢《あつれき》が高まり、1924年2月に玄室の封印を正式に解いたあとは激しい口論になることも多かった。痛ましいことに、その数週間後にカーナヴォン卿は蚊に刺されたことによる感染症が原因で帰らぬ人となり（奇《く》しくもツタンカーメンの死因と同じである）、14年の長きにわたったふたりの協力関係に終止符が打たれた。

ハワード・カーターは、ツタンカーメンの墓の発掘に8年をかけた。専門家チームに助けられながら、1929年に発掘作業は完了した。カーターが残したメモや記録は非常に緻密で、専門家たちからいまもたよりにされている。カーターが発掘をすすめていた時代は状況が厳しく、エジプト政府が墓からの出土品すべての所有権を主張していた。1930年、レディ・カーナヴォン〔カーナヴォン卿の未亡人〕はツタンカーメン王墓およびその埋蔵物すべての権利をエジプト政府に譲る書面にサインし、それと引き替えに発掘費用を受け取った。ハワード・カーターはこのときの心労がたたって体を壊し、書こうと思っていた立派な報告書をまとめることは結局できなかった。だが、当時の道具でこれだけのものを発掘したというだけで、すでに充分な功績だ。

ツタンカーメンの墓発掘は、考古学研究におけるひとつの大事件だった。ファラオがつけていた黄金のマスクは、エジプト考古学博物館で見られる古代エジプト遺物の代表的存在となっている。ツタンカーメンのマスクは金と青で彩《いろど》られ、王権の象徴であるコブラの飾りがついている。視線はまっすぐ前を向き、細かく編み込まれた顎《あご》ひげは、つい最近、手違いで取れてしまったが、もとどおり修復された。

いまわたしたちがこのうえなく美しい出土品をこれだけたくさん見られるのは、カーターの手腕あってこそだ。その荒々しい気性にもかかわらずカーターは、墓の発掘作業を規律ただしくチーム制ですすめた。いまもナイル川地域では学者たちが本格的な研究を行っており、たとえばシカゴ大学のエジプト学者ヘンリー・ブレステッド〔1865～1935〕が1929年にはじめた碑文の筆写という長期プロジェクトは、いまなお続行中だ。

エジプト人の考古学者が、発掘、測量、記録において、どんどん積極的な役割を果たすようになってきている。エジプトをはじめいずこにおいても考古学が国際的で専門的なものになってくるにつれ、大小問《と》わずどんな発見も国家の誇りとみなされるようになってきた。少年王とその財宝の発見は、考古学の新たな一章の扉を開けた――チームワークをいかし時間をかけ丹精こめた発掘が規準となる時代がきたのだ。

# Chapter 22 首長《しゅちょう》の大御殿

高い石囲いに開いたせまい入口をすりぬけると、外壁と内壁にはさまれた細い通路に出る。なかがどうなっているのかは、まるで見えない。目の前にはブロック状の石がきれいに積みあげられた円錐形の塔がそびえている。戸口もなければ、内部に空洞もない、なんの目的でつくられたのかもわからない石積みの構造物だ。

グレート・ジンバブエ遺跡のグレート・エンクロージャー（大囲壁《だいいへき》）のなかで、入り組んだ石造建築物や基礎のみになった小屋のあいだをさまよい歩くうちに、わたしの頭はすっかり混乱してしまった。その日わたしは近くの村々を訪ね歩いて、柱と土壁に支えられた草葺《ぶ》き屋根の小屋を見てきたところだった。新旧の集落があまりにも対照的なので、あっけにとられてしまったのだ。なぜ、このあたりの農民や牧畜民たちは、力をあわせてこれほど傑出した建築物をつくることになったのか。木が生い茂る大地で、この謎めいた存在は明らかに異彩を放っている。大宮殿や神殿があった様子もない。ただ堂々たるグレート・エンクロージャーがそびえ立つのみだ。

　グレート・ジンバブエの敷地面積は24ヘクタール以上ある。花崗岩《かこうがん》の巨石がごろごろ露出している大きな丘に見おろされるように石造建築物が寄り集まっている一角があり、そこでひときわめだっているのがグレート・エンクロージャーだ。丘自体はアクロポリス（ギリシャ語で「小高い都市」という意味）と呼ばれていて、自然のままの巨石を組みこんだ石壁がつくるいくつもの囲壁がつながって迷路のようになっている。なかでも最大の西エンクロージャーには、かなり長期にわたる生活の跡がある。

　グレート・エンクロージャーで有名なのは、漆喰《しっくい》を使わずに高く積みあげられた石壁と、外壁の上に少しだけ頭をのぞかせている、内部まで石が詰まった円錐の塔だ。グレート・ジンバブエを治めていた首長は、この大囲壁のなかにおそらく臣民と離れて住んでいた。北西の方角にも小さめの囲壁がいくつかある。

　つまるところ、グレート・ジンバブエとはなんだったのか？　まちがいなく、ここは重要な祭祀《さいし》の場だった。アクロポリスは付近の建築物群から切り離された聖なる丘だった。インド製のガラスのビーズや、中国の磁器や貝殻など、さまざまな舶来品が見つかっていることから、首長たちは金や銅や象牙などを使ってアフリカ東海岸の人々と交易していたようだ。

　ここに住んでいたのが首長たちだったとわかるのは、アフリカでは伝統的に支配者の象徴である鉄製のゴング〔吊り下げて鳴らすことができる〕がグレート・エンクロージャーから出土しているからだ。放射性炭素年代測定法（27章）のおかげで、グレート・ジンバブエが栄えたのは西暦950年から1450年ごろだったことがわかっている。そして、インド洋沿岸部にポルトガル船団が来航する１４９７年の直前に無人になっていた。

ポルトガル人が着いたのは、いまのケニアにあるマリンディやモンバサなどの港で、はるか内陸から運ばれてくる象牙や金や奴隷の交易地だった。１５０５年には、イスラム商人たちが長年交易の拠点としていたザンベジ川河口近くのソファラにも、ポルトガルの交易所ができた。この町からはアフリカ系の商人たちが小さな隊商をひきいて、安価なインド製の布地やカラフルなガラス製のビーズや貝殻などを川の上流や内陸の高地へと運んでいた。それらの品と引き替えに、ヤマアラシの針に詰めた金粉のほか銅塊や象牙を手に入れて戻ってくるのだ。

そうした交易品の一部、たとえば中国の磁器や布などがグレート・ジンバブエにも届いた。ポルトガル人たちは、ときおり行う内陸への探検を通じて石づくりの集落があることは聞き知っていたが、現地を訪れたことはなかった。１５３１年にソファラ駐留ポルトガル軍のヴィセンテ・ペガド大佐がその集落を「シンバオエ」、つまり「驚くほど大きな石」でつくられた場所と名付けた。

時は流れて１８６７年、ドイツ系アメリカ人の猟師で探鉱者でもあったアダム・レンダー〔1822〜1881〕がこの遺跡に偶然行きあたった。その4年後、レンダーに案内されて現地を目にしたドイツ人探検家で地理学者のカール・マウフ〔1837〜1875〕は肝をつぶした。マウフは、グレート・ジンバブエは聖書にでてくるシバの女王の宮殿であり、かつて地中海に栄えた大黄金文明がアフリカ南部まで到達した名残だと主張した。なんと入口の上の横木はレバノン杉を切りだしたもので、古代地中海世界からの渡航者が運びこんだものだとまで言い切った。

　このころになると、いまのジンバブエと南アフリカの国境であるリンポポ川の北側に、白人入植者たちが入ってきていた。金脈を見つけてひと山あてるのを夢見る者もいたが、大半は土地を手に入れて農場をもとうと考える人たちだった。新参者の多くは学がなくアフリカ人を見くだしていた。おおぜいの入植者たちが、グレート・ジンバブエのあるマショナランドと呼ばれる肥沃な土地に住み着いた。北のほうには、アフリカ大陸外からやってきた白人が築いた途方もなく裕福な古代王国があったと広く信じられていた。

　わたしがグレート・ジンバブエを訪れたときの驚きなど、１８７１年以降にこの遺跡に足を踏みいれた最初のヨーロッパ人たちがおぼえた驚愕にくらべれば無きに等しい。彼らはつる植物がからみついた崩れかけの石積みの迷路のなかをつまずきながらすすんだ。円錐の塔の姿は生い茂る樹木や下草に隠れてほとんど見えなかった。グレート・ジンバブエの発見は衝撃的であり、考古学上の謎でもあった。だれがこの唯一無二の石造建築物を築いたのか。遠い昔に消滅した外国文明のなせる業《わざ》なのか。彼らはいつ姿を消したのか。グレート・エンクロージャーを軽く掘ってみると黄金のビーズがでてきたことで、人々の期待はさらに高まった。

　うわさは１８９１年、イギリス人実業家セシル・ジョン・ローズ〔1853〜1902〕と英国科学振興協会のもとにも届いた。ローズと協会は資金をだしあって、グレート・ジンバブエとリンポポ川左岸の石造遺跡群で１シーズン発掘を行うことにした。実際に発掘にあたる責任者には、イギリス人古物研究家J・セオドア・ベント〔1852〜1897〕を選んだ。ベントは正式に考古学の訓練を受けたことはなかったが、アラビアやギリシャやトルコを広く旅した経験があった（それだけで立派な素養と見なされた）。ありがたいことにベントは、測量専門家であるＥ・Ｗ・Ｍ・スワンを連れて現地入りした。

そのスワンがグレート・ジンバブエ初の地図を作成した。そのあいだにベントは金製品を見つけ、大ざっぱに穴を掘り、１８９２年には『マショナランドの都市遺跡（*The Ruined Cities of Mashonaland*）』を出版して、この遺跡は非常に古いもので地中海の民もしくはアラブ人の手によって築かれたと明記した。アフリカ由来ではないゆたかな文明がグレート・ジンバブエをつくったと主張する本がでたことを、現地の入植者たちがどんなに喜んだことか！　学者も、白人入植者も、この遺跡を築いたのは外国人だという説を曲げなかった。現地で暮らすアフリカ人農民の祖先がこの偉大な建築物群を建てたと信じる者はひとりもいなかった。アフリカ人は原始的すぎるし専門知識ももっていないと考えられていたのだ。

ベントが金や銅でできた遺物を発掘すると、現地の入植者社会は、地中海世界から伝わってはるか昔に消滅した途方もなくゆたかな文明のことや、黄金めあてでマショナランドを植民地とした偉大な支配者たちの話でもちきりになった。それもそのはず、なにしろ初期の植民者のなかには、まさしく金脈を掘りあてて金持ちになろうともくろんでアフリカへ渡ってきた者がおおぜいいたのだから。

おまけに、地中海からやってきた外国人がグレート・ジンバブエを築いたのだとすれば、その子孫——現地の人々を押しのけて自分たち用の農場を開拓していた新参の植民者たち——は、アフリカ人に乗っ取られた偉大な王国の土地を取り戻しているだけだといういいわけが立つではないか。

入植者のなかでもことさら野心に燃えていた人々は、ベントがグレート・ジンバブエから発掘した金製品にすっかり目をうばわれて、1895年に古代遺跡会社を設立し、私腹を肥やすために考古学遺跡の乱掘をはじめた。グレート・ジンバブエをはじめとする遺跡を掘りおこして手っ取り早く金持ちになろうとする試みにほかならない。エジプトの墓泥棒と原理は同じだが、こちらは公開会社の形をとっていた。価値ある遺物を見つけられずにこの会社がじきに倒産したのは、不幸中の幸いだった。

そこへ現れたのが地元のジャーナリスト、リチャード・ホールだ。考古学の素養がまるでないにもかかわらず、グレート・ジンバブエの管理人に任命された。1901年、彼は破壊的な発掘を開始する。ホールがやったのは、平《ひら》たく言えば、グレート・ジンバブエ最大の建築物であるグレート・エンクロージャーからすべての文化層を掘りだしてしまうことだった。ホールが掘りかえした地面からは、金の延《の》べ板やビーズ、銅塊や鉄のゴングなどを含む人工遺物が出土した。中国から輸入された磁器の破片も見つかった。

ホールにはよその土地で出土した遺物の知識もなかったし、世間に流布していた人種差別的なもの以外には歴史のこともほとんど知らなかった。そして、なんといっても彼はジャーナリストであり、稼げる文章を優先して話を創《つく》りあげる語り手だった。ホールは、出土した雑多な遺物から、はるか昔に失われた文明の感動的なエピソードを次々に生みだした。エネルギッシュで、熱意を（典型的な植民地主義的な見解にもとづくものだったが）まわりにも伝染させる力をもっていたホールは、いまのイエメン南部にあたる南アラビアにあったシバ王国の人々がグレート・ジンバブエを築いたと考えていた。つまりここは、聖書のなかでソロモン王を訪ねたシバの女王の土地だったのだと。

ホールによる発掘に現地の白人入植者たちが熱狂していたころ、英国科学振興協会の冷静な面々は、規律ある発掘を熱望していた。1905年、同協会は考古学者デーヴィッド・ランダル゠マッキーヴァー（1873～1945）に指揮をとらせて遺跡群の調査を行った。ランダル゠マッキーヴァーはエジプトでみっちり発掘の経験を積んでおり、編年確立にあたっての遺物の重要性を理解していた。客観的で経験ゆたかなランダル゠マッキーヴァーは、出土した外国由来の遺物のなかに中世より前のものがないことに気がついた。古代地中海文明やシバの王国の時代にさかのぼる遺物がひとつもなかったのだ。

ランダル゠マッキーヴァーが掘った場所からは、アフリカ東海岸からもたらされた中国製の磁器片もでてきた。型式から正確な年代がわかる品だったので、ランダル゠マッキーヴァーはそれらの出土品をもとに、グレート・ジンバブエを16世紀、ないしはその少し前の時代のものと断定した。

製作年代のわかる舶来品をていねいに分析した結果、グレート・ジンバブエは、建設者とされた人々が生きたはずの地中海文明の時代よりも、ずっとあとに築かれたということがわかった。見つかった磁器はすべて中世のもので、インド洋の交易路を通じて運ばれてきたものだった。つまり、グレート・ジンバブエを建設したのは外国人ではなく、現地のアフリカ人たちだったのだ。これぞ論理的に答えを導く考古学の本分だったが、入植者たちは激怒するばかりで、信じようとしなかった。現地の白人社会の怒りはなかなか冷めやらず、それから四半世紀が経過するまでグレート・ジンバブエをもういちど発掘しようという者は現れなかった。

英国科学振興協会では、1929年に年次総会を南アフリカで開催することになったとき、その記念にグレート・ジンバブエに新たに調査隊を派遣することにした。隊長として白羽の矢が立ったのは、イギリス人考古学者ガートルード・ケイトン＝トンプソン（1888～1985）だった。エジプトでフリンダーズ・ピートリーから考古学を学んだ経歴をもつ、タフできまじめな女性だ。ピートリーが貴族の墓を探し求めた一方で、ケイトン＝トンプソンはもっと古い石器時代の遺跡の発掘に精をだしていた。1924年にはロンドンに住む地質学者エレノア・ガードナー（1892～1980）といっしょに調査隊をひきいてエジプトに向かった。彼女たちはナイルの西、ファイユーム低地で発掘調査を行って小さな農業集落の遺構を見つけた。ケイトン＝トンプソンは、その集落を紀元前4000年ごろのもの、つまり当時見つかっていたなかで最古の農業集落であると推定した。

この新進気鋭の女性考古学者は、グレート・ジンバブエの発掘責任者にまさにうってつけだった。ピートリーのもとで、小さな遺物を見逃さないことや、年代がわかっている遺物を使って先史時代の集落の年代を割りだす交差年代決定の重要性を学んでいたのだ。

1928年、ケイトン＝トンプソンは牛車に乗ってグレート・ジンバブエにやってきた。細心の注意を払ってトレンチを入れる場所を何か所か決め、アクロポリスの西エンクロージャーには深い切りこみを1本入れた。トレンチから出土した中国製の輸入磁器とイスラム世界のガラスの破片を使って、グレート・ジンバブエがいかにして小さな農村から巨大都市へと劇的な発展をとげ、石造建築物や囲壁をもつようになったのかを示した。彼女が導きだした結論は、ランダル゠マッキーヴァーの主張を裏付けるものだった。グレート・ジンバブエが栄華をきわめたのは、ポルトガル人がアフリカ東海岸沖に姿を現す１４９７年の前の何世紀かのことだったのだ。この驚くべき遺跡は、着想から建設まで、まぎれもなくアフリカ人によるものだった。

ケイトン゠トンプソンは、１９２９年の英国科学振興会の会合で調査報告を行った。そしてふたたび、入植者の利益団体から非難が殺到した。だが、しっかりとした議論を経た彼女の結論は、いずこの考古学者にも受け入れられたし、時間という試練にも耐えた。この調査によって白人入植者のあいだに怒りの炎が燃え広がり、その後１９５０年代になるまでグレート・ジンバブエの再発掘は行われなかったが、そのときには放射性炭素年代測定法がケイトン゠トンプソンの編年の正しさを裏付けることとなった。彼女は攻撃に凛《りん》として立ちむかった。送られてくる無数のいやがらせの手紙は、「狂気（Insane）」と書かれた状差《じょうさ》しに放りこんだ。彼女が１９２８年に行ったすばらしい発掘調査は、第二次世界大戦が終わったあとで、ブラックアフリカの歴史研究の基礎を築くことになった。

ガートルード・ケイトン゠トンプソンが以後アフリカで調査をすることはなかったが、その研究はひとつの力強い結論を打ちだした。人種差別的な歴史解釈は、きちんとした論拠と発掘調査に裏付けられた考古学的データに太刀《たち》打ちできないということだ。ケイトン＝トンプソンのグレート・ジンバブエ発掘は、ヨーロッパや地中海から遠く離れた各地に考古学がまさに根を下ろそうとしていた重要な時期に重なっていた。

# Chapter 23 東と西

考古学はアジアとヨーロッパ――東と西――では別々の道をたどった。約2000年前、中国の歴史家たちは、少なくとも紀元前3000年ごろまでさかのぼって、北部で栄えた夏《か》、殷《いん》〔商あるいは殷商とも〕、周《しゅう》の3王朝につらなる歴史を編《へん》纂《さん》しようとしていた〔司馬遷（しばせん）の『史記』が完成したのが2100年ほど前〕。さまざまな戦いや数多《あまた》の小王朝の興亡をへて、ついに初代皇帝である秦《しん》の始皇帝〔在位紀元前221～前210〕が現れ、紀元前221年に国家を統一した旨《むね》が記された（31章）。

彼らは自分たちの歴史が複雑でありながら、たえず進化を続けていることに気がついた――すなわち、いくつの王朝が栄枯盛衰をくりかえそうとも、文明は断ちきられていないということに。その一助となったのが、紀元前1500年ごろに生まれた中国特有の文字体系だった。それは絵文字から徐々に進化し、紀元前500年以後に字形が定まると、役人たちのあいだに広く普及した〔漢字のこと〕。

おおむねヨーロッパは別の形の歴史を歩んできた。文献史料が残っているのはローマ時代からで、紀元前54年のユリウス・カエサルによるガリア（フランス）遠征が最初だ。それより前の時代の事柄はなんであれ、考古学的手法にのっとって調べるしかない。たとえば、氷河時代以降の先史時代のことは、三時代法とオスカル・モンテリウスたちの研究によってくわしい記録がまとめられた（11章）。文献史料にたよれないヨーロッパの考古学者たちは、発掘や調査の手法を磨《みが》き、ブローチやピンといった小さな遺物に細心の注意を払ってきた。

　中国の学者たちは2000年以上前からもっと昔のことを知りたがり、古代文明史への興味を失うこともなかった。中国での考古学は、収集熱、要するに美しい過去の遺物を所有することで得られる威信への欲からはじまった。古物収集家は早くは宋《そう》王朝（960～1279）のころからいた。以降、中国の皇帝たちは美しい人工遺物の収集に精をだすようになった。

　中国北部では何世紀ものあいだ、畑からでてくる古代のありとあらゆる動物の骨を「竜骨《りゅうこつ》」と呼んで、その化石のかけらをすりつぶして薬にしていた。1899年、北京《ペキン》にあった最高学府である国子監《こくしかん》の学長、王《おう》懿栄《いえい》〔1845～1900　中国・清代末の学者・研究者にしてエリート官僚〕の手もとに、文字が刻まれた骨が転がりこんできた。王懿栄は古代の青銅器を集めていて、骨に彫られた文字が中国初期王朝のひとつ、周王朝時代の一部の容器に見られるものに酷似しているのに気がついた。1908年には古物収集家で言語の達人だった羅振玉《らしんぎょく》〔1866～1940〕が、骨に彫られた文字の一部を解読し、その出所を黄河の谷あいにあった中国最初期の文明のひとつ殷王朝の首都、安陽《あんよう》と突きとめた。

安陽では１９２８年から１９３７年にかけて考古学者の李済《りさい》〔１８９６〜１９７９　ハーヴァード大学で人類学博士の学位を得た。「りせい」とも読む〕が発掘調査を行い、文字が彫られた牡牛の肩甲骨のかけら2万点を掘りだした。それは占いにもちいた卜骨《ぼっこつ》で、骨片を熱い金属棒で突いて熱し、ひびを入れたものだった。神官がそのひびの入り方から読み取った神託を文字にして刻むのだ。解読してみると、そこに刻まれていたのは、殷の王家によって、あるいは王家のために行われた予言の数々だった。占う対象は健康のことから農業のことや戦争の勝敗まで、あらゆるものにおよんでいた。李済は殷王朝時代の王墓11基と無数の貴重な青銅器も発掘した。

現代考古学の黎明期《れいめいき》に北京近郊の周口店《しゅうこうてん》でホモ・エレクトゥス（８章）の化石が見つかったときの発掘調査をのぞいて、中国での発掘はたいてい外国人探検家たちの手によるものだった（ほんのひとにぎりほど個人の立場で単独で活動した中国人考古学者もいた）。そのほとんどが中国北西部やモンゴルやチベットで調査を行った。そういった学者のなかで、もっとも有名なのがオーレル・スタイン（１８６２〜１９４３）だ。

旅にとりつかれた探検家兼考古学者だったスタインは、真の考古学的探検家と呼べる最後の数人に入る。ブダペストに生まれ、10代にして抜群の知能を発揮した。ハンガリー軍で訓練を受け、景観を観察する力や測量の専門技術を身につけた。僻地《へきち》で活動する考古学者のご多分にもれず言語能力がずば抜けていたため、当時まだ知られざる地だった中央アジアを広く旅することができた。古代から続くシルクロード（中央アジアを横断して中国と西洋をつないだ）などの交易路をのぞいては、この一帯は西洋にとってはまったくの地理的空白と言っていい状態だった。

スタインは1887年にインド教育局に入局したが、1910年にインド考古調査局に移った。そのころまでにはすでに中国とインドの国境地帯の奥深くまで足を踏みいれていた。そして、インドから中国への仏教伝播《でんぱ》の初期段階で中心的役割を果たした謎多きホータン王国〔かつて「西域」と呼ばれた地域にあったオアシス国家。タリム盆地のタクラマカン砂漠の南に位置する〕を調査した。ホータンは8世紀にシルクロード交易で富《とみ》を築いた。スタインがおもに興味をもったのは、ヨーロッパ人コレクター向けに売られていた遺物や経典などだった。

1906年から1913年にかけて、スタインは中国でもっともアクセスの悪い地域へ姿を消していた。西の果て敦煌《とんこう》にある、砂岩の洞窟に彩色仏像が彫りつけられた莫高窟《ばっこうくつ》（敦煌千仏洞《せんぶつどう》）を訪れていたのだ。莫高窟に仏教僧たちが最初の寺院を築いたのは西暦306年のことだった。やがて寺院の数は492に増え、敦煌はシルクロードの要衝になった。無数の洞窟を彩《いろど》る総面積およそ4万5000平方メートルにおよぶ壁画は、わかっているかぎり最初期の中国美術である。

古代の写本のコレクションがあるといううわさを耳にしたスタインは、とある僧侶から、ありとあらゆる文書を納めて封印された部屋を見せてもらった。そこにあったのは中国語に翻訳された仏教経典で、3世紀から4世紀のあいだに書かれたものだった。多くは寺院の壁に掛けて使うようになっていた。

スタインはそのコレクションをそっくりまるごとと、写本の詰まった箱を7つ、おまけに絵画300点以上を、しめて銀の蹄鉄〔馬の蹄（ひづめ）の形に似た銀貨で馬蹄銀（ばていぎん）と呼ばれる〕4つで買い取った。そして、すべてを密《ひそ》かにラクダとポニーの背に積みこむと、大英博物館へ運び去った。悪辣《あくらつ》な略奪行為と非難されてはいるが、おかげで無数の初期仏教遺物や古代中央アジア文化の貴重な品々が好き勝手に売り飛ばされるのを防げたのもたしかだ。

そういった収集活動はさておき、インド考古調査局はスタインの調査や長期にわたる不在を、重要な地理的、政治的情報収集の手段と認めて支えていた。1913年から1916年にかけて、スタインはモンゴル奥地に分け入り、シルクロード沿いにかなりの距離を旅した。だが、このころになるとライバルの考古学者も増え、当局からも疑いの目を向けられるようになっていた。にもかかわらずスタインは、またも写本や翡《ひ》翠《すい》でできた工芸品、繊細な陶器などを、どっさりかかえて戻ってきた。できるだけ安く買い取ったり、打ち棄《す》てられた遺跡に残されていたものをかき集めてきたりしたのだった。

スタインは70歳をこえても、まだ中央アジアの僻地《へきち》を休みなしに歩きまわっていた。1920年代にはペルシャ〔のちのイラン〕とイラクの無名の地方をくまなくめぐり、インダス文明の都市ハラッパーやモヘンジョ・ダロとの文化的なつながりを探し歩いた(25章)。1940年代に入っても、ローマ帝国の東端の地図を作成していた。このたぐいまれな旅行家は、ほとんど独力で古代の東西世界をつなぎあわせたのだ。スタインを泥棒とみなす中国人には、そのやり方はよしとされなかった。だがスタインがいたからこそ、西洋の考古学者や歴史家たちの目が中央アジアという巨大な空白地帯に向けられることになった。

中東と中国は、古代ヨーロッパにどのような影響をあたえたのだろうか。それについては、オーストラリア生まれの考古学者で言語学者だったヴィア・ゴードン・チャイルド(1892〜1957)がいくつかの答えをだしている。英国教会の牧師の息子として生まれたチャイルドは、厳格な家庭環境に反発して、シドニー大学在学中に政治活動家になった。その後、オックスフォード大学に移ってギリシャとローマの考古学を学んだ。オーストラリアで労働党の政策立案にしばらくたずさわったのちイギリスに戻り、それから5年間ヨーロッパを旅してまわりながらヨーロッパ史を学んだ。

ゴードン・チャイルドは当初から、先史時代のできごとも歴史の一部だと考えていた。彼がたよったのは文献ではなく、先史時代の遺物や遺構、そして社会の動きだった。考古学界の先人たちと違って、チャイルドは過去を非常に広い視野でとらえており、遺物中心の狭量な学者たちとは好対照をなしていた。ヨーロッパじゅうで遺構や道具類を幅広く見てきた経験から、その後のヨーロッパ各地で生まれた農耕にもとづく社会が、ローマ人に征服されるまでのあいだにどのように発展したかを詳細に描写することができた。チャイルドは参考になるものを求めて、数々の新しい事物や考え方をヨーロッパに伝えた中東の古代社会に目を向けた。

その考え方自体は目新しいものではなかった。チャイルド以前の考古学者たちも、エジプトとメソポタミアで文明が栄えていたことに異存はなかった。だがチャイルドは、ヨーロッパが新しいものをすべて外から輸入したという考え方とは一線を引いた。中東では社会集団がより大きな政治集団を形成していって文明が生まれたが、同時代のヨーロッパでは社会集団が無数の小さな政治集団に分化していった。チャイルドは、この分化によって職人や交易商が自由に移動できるようになり、考え方や新しい事物を遠くまで広めることになったと論じた。そして、鉄器が隅々《すみずみ》まで伝播《でんぱ》したとき、真に民主的な国家がはじめて誕生したとした。

のんきな文体でつらつらとものを書くのが得意だったチャイルドのシリーズ本は広く読まれた。もっとも有名なものは１９２５年に出版された『ヨーロッパ文明のあけぼの（*The Dawn of European Civilization*）』で、この本は１９６０年代に入るころまで何世代にもわたって学生たちのバイブルとして不動の地位を築くことになった。要するに、考古学にもとづいて歴史を語った本だ。書かれているのは王や政治家のことではなく、人類の文化のことで、文化の区分は土器や青銅製のブローチや剣などの人工遺物群によって、あるいは建築物や美術の様式によって線引きされるものとしていた。

チャイルドは、肥沃な土壌とゆたかな雨にめぐまれた東欧のドナウ盆地で、ヨーロッパの農耕・鉄器社会の多くが考え方や技術を発展させ、それが西へ西へと広がり、果ては大西洋沿岸まで行きわたるにいたったと考えていた。

そして、遺物や装身具を手がかりに、人間社会が時代とともにどのように変化していったのかをたどった。このような研究を「文化史（culture history）」と呼び、いまでは世界じゅうで考古学の基本手法のひとつになっている。チャイルドは、初期農耕の開始時期など社会発展の年代を徹底的に考証したうえで推定していたが、いまではまちがっていたことがわかっている（27章）。

１９２７年、チャイルドはエディンバラ大学の先史考古学の教授に任命された。だが、よい教師にはなれず、旅にでたり、ものを書いたりをくりかえしてばかりいた。著名なわりには比較的発掘の経験は少なく、スコットランドとアイルランドで15か所ほどしか掘っていない。いちばん有名なのはスコットランド北部沖のオークニー諸島にある石器時代の村スカラ・ブレイで行った発掘で、かつての姿そのままの石造家具類を掘りだした。ここはいまでは紀元前3000年ごろの集落と判明している。チャイルドは発掘当時、スコットランド北部のハイランズにあった19世紀の古民家集落に残されていた石造家具類と比較して年代を推定していた。

チャイルドの興味は遺物から過去の経済発展へと移り、とくに農業と文明の起源に関心をもった。氷河時代末期に広域で発生した旱魃《かんばつ》によって人間社会はオアシスに追いやられたと論じた。そこで人間は、自分たちで育てられる植物や動物〔穀物などの栽培植物とヒツジなどの家畜〕と出会った。そこから農耕と牧畜がはじまり、農業革命が起きたというのだ（30章）。1934年には、都市と文明の誕生につながった都市革命もとなえるようになる。

このふたつの革命が技術の大きな進歩をうながし、食料供給量を増やし、人口を急増させ、最終的に技能の特化や文字文化や文明を生みだしたと結論づけた。チャイルドは、農業革命と都市革命が人類史にあたえた影響は、蒸気機関と工業都市を生みだした18世紀の産業革命に匹敵すると主張した。

1946年、チャイルドはエディンバラを去り、ロンドン大学考古学研究所でヨーロッパ考古学の教授職に就いた。しかし1950年代に入るころには、彼の説に異論をとなえる者が増えてきた。放射性炭素年代測定法の出現で、チャイルドのヨーロッパ編年の多くが覆《くつがえ》された（27章）。そういったことも手伝って、新世代の考古学者たちは中東の影響を軽く見るようになっていった。新しい研究では社会内部の変革に重点が置かれ、外部からの影響は軽視された。チャイルドは意気消沈し、自分が生涯をかけた研究は失敗だったと考えるようになった。歴史物語をまとめた彼の傑作の数々をもってしても、当時の社会の方向性を変えることはできなかった。チャイルドは１９５６年に退官し、オーストラリアに戻って1年後に自殺した。

精力的かつ力強い論者であったゴードン・チャイルドは、有史以前の人類をめぐるはじめての壮大な物語を、しかも国や地域の枠を越えたスケールの大きな物語を、わたしたちに遺《のこ》してくれた。チャイルドとオーレル・スタイン、そして安陽発掘にたずさわった中国人考古学者たちが、世界の東と西をつなぎあわせた。考古学は、過去を研究する世界的な学問へと進化したのだ。

# Chapter 24 貝塚、プエブロ、年輪

カリフォルニア州サンフランシスコの対岸に位置するエメリーヴィルに、シェル・マウンド・ストリート（貝塚通り）という名前の高速道路の出口がある。そんな名前がついているのには、もちろん理由がある。そこにはかつて巨大な貝塚があり、その貝塚を手がかりにして、ドイツ生まれの考古学者マックス・ウーレ（1856〜1944）が、カリフォルニア先住民の社会には何千年も変化がなかったという当時広く流布していた思いこみに、大胆にも挑んだのだ。状況はグレート・ジンバブエをめぐるものと似ていた。カリフォルニアで暮らすアメリカ先住民には新しいものを生みだす力などないと、だれもがなんの疑いももたずに信じていたのだ。

ウーレが発掘した先史時代の巨大な貝塚は、いまでは近代的なビルの下に埋もれてしまった。だが、そうなる前の1902年、それまでペルーの遺跡で何年も調査にあたっていたウーレに、サンフランシスコ湾岸に点在する貝塚群の発掘調査の任務があたえられた。ウーレはまず、エメリーヴィルにあった最大規模の貝塚の発掘に着手した。この貝塚は幅30メートル、高さ9メートル以上あり、まわりの平原を見おろすようにそびえていた。ウーレは海抜ゼロメートル地点よりもさらに下まで掘りさげた。

　ウーレは大きく10層に分かれた貝塚の断面をていねいにスケッチし、各層から出土した遺物の数をかぞえた。まだカリフォルニアではほとんどだれも文化層の長期的な連続性について考えていなかった時代に、これは大きな一歩だった。従来の貝塚発掘は、あわただしく墓や遺物を探す人たちの手によって短期間で無秩序に行われていた。貝塚は、遺跡としてはさえないものだった。発掘作業は単調だし、しょせんは貝類の採集民たちがでたらめに積みあげただけのものだ。彼ら採集民が人類の進化の階段のいちばん下の段にいたという昔からの偏見も根強く残っていた。

　最終的にウーレは、10あった土層を大きく2つに分けた。下層の時代の人々は、おもに牡蠣《かき》を食べて暮らし、死者を土葬し、近隣で手に入る石で生活用具をつくっていた。より新しい上層の人々は、火葬を行い、牡蠣に限らず二枚貝をたくさん食べ、石器づくりのためにきめの細かい石をよその土地から手に入れていた。ウーレは、エメリーヴィルの貝塚は1千年以上使われていたと推定した。

　現代の考古学の基準に照らせばウーレはがさつな発掘者だったが、ほかの遺跡で当時よく見られたぞんざいな発掘よりは、はるかにましなやり方をした。加えて彼には、さまざまな環境下で発掘し、人工遺物や文化層を分析した豊富な経験があった。１８９４年には、ボリビアの高地ティワナクでインカ帝国以前の祭祀《さいし》センターの調査にたずさわった（そして現地の兵士たちに彫刻物を射撃練習の的《まと》にするのをやめさせた）。１８９６

年以降は、ペルー沿岸部の乾燥地帯で発掘に勤《いそ》しみ、土器や布類の型式にとくに注目した。そのあたりでは、乾燥した気候のため布類も朽《く》ちずに残っており、時代がくだるにつれて変化した様子もわかった。ペルー国内のどの発掘現場でも、ウーレは墓を利用して先後関係をまとめた。場所は違えど、ある意味では、砂漠で活動した「もうひとりのフリンダーズ・ピートリー」だった。現地の考古学者たちを容赦なく批判したため、ボリビアでもペルーでも同業者たちは気分を害し、ウーレが遺物を売って金もうけをしていると非難しかえした。彼は南米を離れ、カリフォルニアで貝塚の発掘にたずさわることになった。

ウーレは有能で経験も豊富だった。発掘後はただちに詳細な報告書を刊行した。エメリーヴィルに住んでいた貝類採集民たちの生活の変遷を徹底的に分析した調査結果は、ほかの考古学者たちに歓迎されてもよいはずのものだった。結論が明確に示され、論拠もそろっていて、ペルーで先住民文化の変遷を長年研究した経験に根ざしていた。だが実際は、地元の考古学者たちから相当きびしい言葉があびせられた。ウーレの研究は、カリフォルニア先住民の文化は昔から変わっていないと長年信じていた彼らに、考えを改めさせるにはいたらなかったのだ。アルフレッド・クローバー〔1876～1960〕という人類学界の有力者にいたっては、即座にウーレの結論を棄却した。ウーレは自分が正しいとわかっていたので、ただ自分の仕事に邁進《まいしん》した。そのとおりだったことが、後世の貝塚研究者たちによって証明されている。

何千年もの時の流れのなかで古代アメリカ社会がまちがいなく大きな変化をとげたと示してみせたのは、マックス・ウーレだけではなかった。ウーレが調査したのはさえない貝塚群や石器や貝類の殻《から》だったが、北アメリカ南西部にはそれよりずっと見栄えのする考古学遺跡や複数階構造のプエブロがあった。南西部では乾いた気候のおかげで、石器や土器以外の遺物、たとえばかごや布やサンダル、墓の中身すらも残っていた。ウーレの時代に南西部で活動していた考古学者は数少ないが、なかには土器型式やプエブロの年代測定を試みた人もいた。そのうちのひとりがアルフレッド・キダー（１８８５～１９６３）だ。

キダーはアメリカ南西部に層ごとの発掘という慣例をもちこみ、のちにマヤ考古学の中心人物になった。生まれはミシガン州マルケットで鉱山技師の息子だ。医学部進学課程の学生としてハーヴァード大学に入学したが、ほどなくして人類学に興味が移った。そのころハーヴァードは、アメリカ随一の人類学研究機関だった。

１９０７年、大学で彼を指導していたマヤ文明の著名研究者アルフレッド・トッツァー（１８７７～１９５４）らが、アメリカの４州境が出会う場所、南西部のフォー・コーナーズでの考古学調査にキダーを派遣する。ミシガンより西へ足を踏みいれたことがなかったキダーは、あっというまにこの地域のとりこになり、考古学にのめりこんだ。１９０８年に大学を卒業すると、ギリシャとエジプトに家族旅行にでかけ、１９０９年に大学院に入学した。キダーはそれに先立って、著名エジプト学者ジョージ・ライスナー（１８６７～１９４２）が指導する考古学の野外調査手法の科目を取っていた。エジプトとスーダンでライスナーの発掘現場を訪れて、層位分析の手法やスーダン考古学の要《かなめ》である大規模墓地の発掘方法などを学んだ。

キダーの博士論文のテーマは南西部の土器型式だった。だが、そんな研究はほぼ不可能だと思い知ることになる。というのも、当時の発掘者たちは層位などまるで無視していたのだ。キダーはフィールドワークをニューメキシコのパハリト台地、いまのロスアラモス一帯で行い、古代と現代の土器を使って文化的編年をまとめあげた。このときの調査報告は1915年に有力刊行物で発表された。

同じ年にキダーは、マサチューセッツ州アンドーヴァーにあるロバート・S・ピーボディ考古学財団から、ニューメキシコ州ペコスでの長期発掘プロジェクトの責任者に任命された。ペコスには廃絶したプエブロ集落跡と、まだ手つかずの大きなゴミ山があった。だがそこで、第一次世界大戦という邪魔が入った。キダーは西部戦線で活躍し、1918年には大尉に昇格した。ペコスの調査は1920年に再開され、1929年まで続けられた。このプロジェクトは大成功を収めた。キダーは熱心かつ精力的な指導者で、その人柄を慕《した》って多くの若い学生が集まってきた。教え子の多くはやがて各地で立派な業績を残すことになった。

南西部で活動していたほかの考古学者たちと同じように、キダーもプエブロで各部屋の遺物をさらっていったが、同業者たちとひと味違う点があった。土器型式の変遷を細かく調べ、その変化にどういう意味があるのか考えたのだ。ゴミ山でも大規模な発掘作業を行った。堆積層に関係なく手当たりしだいに掘っていくのでなく、捨てられた骨の山や壊れた家庭用品など、その特徴を細かく書きとめた。ライスナーに倣《なら》って、あらゆる出土品を立体的に記録し、どんなにわずかな層位の差も見落とさないようにした。彼が残した詳細な土器記録は、ライスナーのやり方を踏襲したものだったのだ。

何シーズンかのうちにキダーは、ペコスの土器型式の変遷の歴史をまとめあげた。黒色の文様など、とくに土器表面の装飾に時代ごとの変化が見られた。さらに、何百人分もの墓も発掘した。古代人骨研究の権威であるハーヴァード大学の人類学者Ｅ・Ａ・フートン〔1887〜1954〕が発掘現場を訪れ、掘りだされた骨を調べて性別と年齢を鑑定した。この調査で、激しい肉体労働が人骨におよぼす影響や寿命に関して、ほかに類を見ない貴重な情報が得られた。古代ペコスの住民のほとんどが20代のうちに死んでいたのだ。

ペコスでの発掘作業は、キダーが戦略を変えた１９２２年を境に、事実上ストップした。キダーはそれまでの発掘で、プエブロの構造と拡張に関する情報を手に入れ、最古の層に到達していた。そこでこのころからは別の遺跡の測量や発掘に手を広げつつ、膨大な数の出土品の分析を並行して行うようになった。キダーの研究は考古学の枠を大きく踏み越えるもので、その調査範囲は現代プエブロ・インディアンの農業や公衆衛生にまでおよんだ。北米の考古学の大半がまだかなり素朴なものだった時代に、ペコス発掘プロジェクトは共同研究制という注目すべき実例を残した。ペコスこそ、いまの考古学で見られる、チーム一丸となったフィールドプロジェクトの原型だった。

１９２７年、キダーの手もとには、南西部で栄えたプエブロ文化およびプエブロ以前の諸文化の詳細な編年をまとめあげるのに充分な情報がそろっていた。その長大な並《なら》びの先頭にきたのは、少なくとも２０００年以上続いたバスケット・メーカー文化だった。バスケット・メーカー期の人々は土器をつくらず、定住住居をもたなかった。そのあとに、前プエブロ文化とプエブロ文化が続いた。キダーはペコスで、時代の異なる6つもの集落が同じ場所に重なって建設されているのを見つけていた。紀元前1500年のバスケット・メーカー期から西暦〔紀元後〕750年までのあいだに、大きく分けて8つの文化期があったと論じるに足る証拠があった。そして750年以降、西暦1600年ごろに歴史文献が残されはじめるまでの期間にも、5つのプエブロ文化期があった。このペコス編年は、南西部の人々が他地域からの影響をほとんど受けずに独自の文化や社会制度を築いたことを示していた。キダーがまとめた南西部の年代順配列は、その後のあらゆる研究の基盤になっている。もちろん、いくどとなく補正はほどこされてきたが、そんなことは想定の範囲内だ。

　キダーはこの考えをさらに発展させた。1927年8月、ペコスの発掘キャンプで非公式の会議が開催された。40人の考古学者たちが一堂に会して調査の進行状況を吟味し、南西部で調査をはじめる考古学者が増えるにつれて切望されつつあった文化期の枠組みをつくった。バスケット・メーカー文化期に3期、プエブロ文化期に5期という基本的な枠組みがこの会議で確立されたのだ。19世紀ヨーロッパでの三時代法のように、ペコスでの期分けによってそれまでの発掘作業に見られた混乱は収まった。ペコス会議はいまなお南西部で毎年行われており、何百人もの参加者を集めている。

　ペコスの編年にはひとつ大きな欠点があった。年代配列を暦年代に対応させる術《すべ》がなかったのだ。ところがうまいぐあいに、アリゾナ大学のA・E・ダグラス（1867〜1962）という天文学者が、1901年から気候変動の研究をしていた。ダグラスの関心は、太陽黒点などの天文現象が気候にどう影響をあたえるかということにあった。そして天才的なひらめきを発揮して、南西部の樹木の年輪に大小さまざまな気候変動の痕跡が残っているはずだと論じた。ダグラスは、年輪の幅とその年の降水量には直接的な相関関係があることを発見した。雨が少ない年には年輪の幅が狭まり、雨が多ければ多いほど年輪の幅が広がるのだ。

ダグラスが当初行った実験では、２００年ほど前のことまでわかった。はじめは現生するモミやマツのなかで樹齢がいちばん長い老木を使っていたが、実験技術を廃木にも拡大適用することにして、スペイン植民地時代の教会に使われていた梁《はり》を調べた。そのあと先史時代の遺跡に目を向けた。１９１８年、ダグラスは、建築物を支える役割に影響をあたえることなく古代の梁に穴を開けて年輪標本を採取できる道具を考案した。

最初に抜き取り作業を行った古いプエブロの梁数本には、ずっと昔に折れた倒木が使われていた。どれもあまりにも古い木だったため、年代がわかっている現生の木の年輪層と重ねあわせることができなかった。ニューメキシコ州北部のアステカ遺跡から80年分の連続データが取れ、チャコ・キャニオンの巨大な半円形のプエブロ・ボニートからも別の年輪データが得られた。だが、やはりその正確な年代を突きとめることはできなかった――これらの年輪編年は、時の流れの波間に「浮かんだ」状態になっていた。

この浮かんだ年輪編年の断片と、すでに暦年代の判明していた後世の年輪史とを結びつけるのには10年を要した。１９２８年、アリゾナ州北部のホピ族が村の建物の梁の抜き取り検査を許可したことで、ダグラスは１４００年前にさかのぼる年輪データを手に入れた。その1年後、アリゾナ州ショーローの遺跡で見つかった焼けこげた梁から、先述の浮かんだ年輪編年と重なる年輪層が見つかった。ここへきてようやく、ダグラスはペコスの年輪編年を絶対的な時間軸に結びつけることができた。年輪で年代を決定する年輪年代学(dendrochronology)という新たな科学が、ついにペコス編年に絶対年代を書き加え、プエブロ文化が大きく花開いたのは10世紀から12世紀にかけてだったと特定できたのだった。

アルフレッド・キダー流の遺物分析と発掘の手法は、徐々に北米全体に広がっていった。アメリカ南西部でのその後のすべての研究が、そして南北アメリカ大陸全体でも後代の研究のほとんどが、もとをたどればこのペコス・プロジェクトに根ざしている。キダーから実地訓練を受けた才能ゆたかな教え子たちは、その最先端の野外調査手法をたずさえて各地の発掘現場に赴《おもむ》いた。キダー自身は１９２９年、ワシントン・カーネギー協会のマヤ研究統括責任者という大任を引き受けてワシントンＤＣに移った。

１９５０年に引退すると、マサチューセッツ州ケンブリッジにあったキダーの自宅は、考古学者や学生たちのたまり場と化した。キダーが死去した１９６３年には、アメリカ考古学は彼が固めた土台の上にしっかりと立ち、よりくわしい調査をはじめる準備がととのっていた。正確さ、注意深い観察、そして共同研究制というアメリカ考古学の基礎をつくったのはキダーだった。

# Chapter 25 火を吐《は》く巨人

1947年、パキスタン、モヘンジョ・ダロ。若手の考古学者や学生たちの小さなグループが、インダス川の土手に築かれた古代都市の高台で、日干《ひぼ》しれんがと砂の山の前に集まっていた。伸びかけの口ひげをたくわえた姿勢のいい中年の考古学者が近づいてくるのを見て、だれもがみな口を閉ざした。

モーティマー・ウィーラーは気むずかしい男性で、学生たちにおそれられていた。言葉少なに、ただしきっぱりとした身ぶりで、砂掘りの現地作業員たちを監督するチームに学生たちを振り分けた。いくつかしかなかった風化したれんがが、やがて山となり、丘の斜面に巨大な基壇の側面がはっきりと姿を見せた。「砦《とりで》だ」とモーティマー・ウィーラーは大声で断言した。「不動の構えで平原にそびえ立ち、人を寄せつけない砦だ」。若手学者や学生たちは、同意のしるしに、おずおずとうなずいた。そのような思いきった断定はモーティマー・ウィーラーにはよくあることで、不満をもつ同僚からは「火を吐く巨人」と呼ばれていた。

初期の考古学者たちには強烈な個性をもつ人が多かった。ほとんどだれにもたよらず、しかも人里離れた場所で調査をすすめなくてはならないことが多かったので、そうでなければつとまらなかったのだ。発掘作業は往々にして大規模で、作業員の数はちょっとした軍隊並みだった。モーティマー・ウィーラーは生まれながらの指導者だったが、その能力が花開いたのは第一次世界大戦中に砲兵隊の士官となったときだった。モヘンジョ・ダロの発掘を指揮しているときも、インド人の若手考古学者たちを持ち前のきびしいやり方で訓練した。明確に指示を飛ばし、だれがボスなのか勘違いする余地をいっさいあたえなかった。モーティマー・ウィーラーがれんがの山を見て砦だと言えば、問答無用でそれは砦なのだった。

モヘンジョ・ダロに取り組んだ考古学者は、この「火を吐く巨人」がはじめてではなかった。文献上ではインド史は紀元前326年のアレクサンドロス大王〔在位紀元前336～前323〕の侵略にはじまるが、この国では考古学の歴史はまだ浅かった。インドで職業考古学者としてはじめて調査を行ったのはイギリス人のジョン・マーシャル〔1876～1958〕という1921年にインド考古調査局の局長に就いた人物だ。

マーシャルはモヘンジョ・ダロ発掘に大々的に取り組んだ。1925年から翌1926年にかけてのシーズンには、作業員1200人を動員した。さらに、若いインド人考古学者たちに発掘の手ほどきも行った。町かられんがづくりの住居が建ち並ぶ区画や、網の目のような街路、精巧な排水設備などが掘りだされた。町から一段上がった建物群のなかからは、儀式用の浴槽として使われた石張りの巨大な水槽が出土した。モヘンジョ・ダロのものに酷似した遺物がメソポタミアの発掘現場から見つかり、紀元前3000年紀（紀元前

３０００年〜前２０００年の期間）のものと判明したことから、マーシャルはこの遺跡のだいたいの年代は把握していた。マーシャルがまとめたモヘンジョ・ダロとインダス文明に関する報告書が、この分野の標準的参考文献となっていた。そこへ現れたのがモーティマー・ウィーラーだった。

ロバート・エリック・モーティマー・ウィーラー（１８９０〜１９７６）はインド考古学界に青天《せいてん》の霹靂《へきれき》のごとく登場し、１９４４年にインド考古調査局の局長に就任した。息も絶え絶えだったこの組織の息を吹きかえさせるには、決断力があり遠慮のない彼こそがまさに適任だった。

モーティマー・ウィーラーは、ジャーナリストの父のもとエディンバラで生まれた。ユニヴァーシティ・カレッジ・ロンドンで古典学を学び、卒業後はドイツのライン地方に移ってローマ時代の土器を研究した。第一次世界大戦中に砲兵隊に所属した経験から、自分には発掘者に欠かせない資質である兵站《へいたん》や組織運営の才能があると自覚した。１９２０年にはカーディフにあるイギリス国立ウェールズ博物館の考古学担当学芸員になり、その4年後には館長に昇進した。

ウェールズにいたあいだにモーティマー・ウィーラーと妻のテッサ・ウィーラー（１８９３〜１９３６）は、ローマ軍の前哨要塞跡の大規模発掘を何度か行った。ふたりは、もはやほとんど忘れかけられていたピット・リヴァーズ将軍の発掘手法（16章）を研究していた。リヴァーズにならって、彼らは薄い土層にも充分注意を払い、どんな小さな遺物も回収し、発掘報告書をただちに刊行した。モーティマー・ウィーラーが描いた細密画が挿絵のかわりとなった。こうしたことはローマ考古学の分野ではじめてのことだった。しかもモーティマー・ウィーラーの活動はそれだけに止《とど》まらなかった。自分が行っている調査のことを知る権利が一般大衆にはあるとの信念から、発掘現場の見学を歓迎し、説明会を数限りなく行って人気を博した。『先史時代とローマ時代のウェールズ（*Prehistoric and Roman Wales*）』が1925年に出版されてモーティマー・ウィーラーの名声は高まった。奇《く》しくもゴードン・チャイルドの『ヨーロッパ文明のあけぼの』が世に出たのと同じ年のことだ（23章）。モーティマー・ウィーラーはエディンバラでの教授職の話を蹴《け》って（のちにゴードン・チャイルドが引き受けることになる）、1926年、見るも無惨な状態だったロンドン博物館の学芸員になった。そしてそのみなぎるエネルギーで、あっというまに博物館を変貌させた。そのあいだにも厳選した遺構でテッサとともに発掘調査を行い、イギリス土着の人々とローマ人入植者たちの関係を研究し続けた。大忙しの発掘現場では次世代の若き考古学者たちの育成にもあたった。

1928年と翌年、モーティマー・ウィーラーはグロスターシャーのリドニーでローマ時代の神殿を発掘した。その後、ロンドンの北のはずれの開《ひら》けた場所にあって大規模な発掘の余地があったウェルラミウムというローマ時代の都市に目を向けた。1930年から1933年のあいだに、モーティマー・ウィーラーとテッサはこの都市を4・5ヘクタールほども掘りかえして、そこに残る土塁と初期の集落にまつわる複雑な歴史をひもといた。

ロンドン博物館を整備し終わってもまだ力がありあまっていたモーティマー・ウィーラーは、1937年にロンドン大学考古学研究所を設立して初代所長の座についた。初代所長のもと、この研究所はフィールドワークの実績でも、土器分析などの科学的手法や発掘の訓練機関としても一流だと名声を博した。

ローマ遺跡に飽きたモーティマー・ウィーラー夫妻は、イギリスで行ったものとしてはもっとも大規模な発掘調査に挑んだ。イングランド南部に大きな土塁として残っていた２０００年前の丘の上の巨大砦メイドンカースルだ。１９３４年から１９３７年にかけて、夫妻は複雑な要塞を深く垂直な溝で分割していった。各区画にも浅いトレンチを四角にいくつも入れて部分ごとに調査を行った。そのような水平的な発掘を行うことで、広範囲にわたってさまざまな土層の様子を追跡することができた。すべてのトレンチを慎重に分類し記録に残す土層解析によって、遺跡の端《はし》から端までの編年をまとめることができた。

メイドンカースルの発掘は、当時としては前例のない完成度の高さを誇った。モーティマー・ウィーラーは見学者を積極的に受け入れ、現場の様子を生き生きとした文章で書き残した。なかでもいちばん有名な話は、西暦43年に起きたローマ人による砦襲撃を伝えるもので、生き残った者たちが宵闇《よいやみ》にまぎれて死者を埋葬しに戻るという逸話だ（モーティマー・ウィーラーはその死者たちを発掘中に発見していた）。このころのモーティマー・ウィーラーは、生涯最高に楽しげに輝いていた。

モーティマー・ウィーラーは気むずかしい性格で、眼光するどく、ゆたかな髪をなびかせていた。批判をきらい、愚か者に手きびしかった。雇い入れた作業員や無給のボランティアをこき使って、相手の気持ちには無頓着だった。唐突なやり方や野心、そしてめだちたがりだったせいで敵も多かった。それでも、緻密な計画を立て計算しつくして掘られるトレンチ——財宝ではなく情報を得るために掘られた坑——によって、モーティマー・ウィーラーとテッサはイギリスの発掘調査を近代化した。

第二次世界大戦が勃発してモーティマー・ウィーラーはふたたび英国軍の砲兵隊に戻った。北アフリカではエル・アラメインの戦い〔イギリスなどの連合国軍とドイツ・イタリアの枢軸国軍がエジプトでぶつかった戦い。連合国が勝利し、第二次世界大戦の北アフリカ戦線における転換点となった〕に参加して手柄を立てた。その後1944年になって、なぜか突然にインドの副王からインド考古調査局の局長にならないかという誘いが舞いこんだ。

モーティマー・ウィーラーはこのたるんだ組織をほぼ一夜にして刷新した。タキシラ〔ガンダーラ時代にはじまる遺構。パキスタン・パンジャーブ州にある〕で行われた半年間のきびしい訓練には学生61人が参加し、インドにはまだ伝わっていなかった発掘の基本を学んだ。モーティマー・ウィーラーにとってインドではじめての発掘現場は、南東部沿岸にあった交易拠点アリカメドゥだった。ここではローマ時代の壺《つぼ》の破片を見つけ、ローマの品々がはるかインドでも取引されていたことを示した。

だが、なんといっても彼にとっての最大の難関は、ハラッパーとモヘンジョ・ダロだった。それまでにも都市や砦を発掘したことはあったが、このふたつの古代都市ほど広くて複雑なつくりの遺跡に挑戦したことはなかった。彼が訓練したスタッフも加わって、5年ものあいだこのふたつの遺跡の精査が行われた。

モーティマー・ウィーラーはモヘンジョ・ダロをふたつの区画に分けた。西側に高くそびえる城塞と、下のほうに集まるおもに住居用の建物群だ。発掘してみると、れんがづくりの住居が並ぶせまい通路が網目《あみめ》状に走っていることがわかった。通路はそれぞれ南北と東西にのびていた。蓋《ふた》のついた排水溝が通路や路地の端に走り、その非常に高度な排水と下水のシステムは、古代世界では類を見ないものだった。モーティマー・ウィーラーだけでなく、やはりインドで従軍した経験をもつ有能なイギリス人考古学者スチュアート・ピゴット〔1910〜1996〕も、見たところ地味なこの文明がそのような技術の高みに達していたことに驚きを隠せなかった。ここには、エジプトやメソポタミアと違って、自分の功績を誇らしげに宮殿や寺院の壁に刻ませるような絶対的な支配者はいなかった。

　モヘンジョ・ダロとハラッパーの城塞を発掘したモーティマー・ウィーラーは、上層の建築物を公共の施設と考えた。そして、れんががごちゃごちゃと集まっている一画を、穀物倉だったと宣言した。いまとなってはそれはまちがいで、列柱の並ぶホールだったことがわかっている。ときに強引ではあるが本来は慎重な発掘者だったモーティマー・ウィーラーは、重要な発見がもつ宣伝価値にもしっかり目をつけていた。発掘中にどっぷりと過去にひたってしまうことも多く、出土品の重要性を大げさに吹聴する傾向があった。彼の調査全般において、モヘンジョ・ダロでの穀物倉宣言のような一瞬のひらめきがよく見られた。レオナード・ウーリーと同じく、モーティマー・ウィーラーもまた鮮やかな筆致で文章を書き、ほんの小さな遺物であっても古代の生活を描きだす小道具に使って、上手に一般大衆の興味をひいた。

　都市や城塞こそあれ、古代インダス文明はほかの文明とはかなり違っていた。宮殿もなければ王墓もない。インダス文明の人々の肖像はほとんど現存していないが、よく知られているものは穏やかそうな男性の彫像で、強大な支配者というよりは神官の雰囲気をただよわせている。

モーティマー・ウィーラーとピゴットの描写からは、エジプトやメソポタミアとは異なる文明の姿が見えてくる。ここでは都市は四方を壁に囲まれていて、市壁には堂々とした門がある。はじめは小さな都市だったが、徐々に人口が増えて壁の外に郊外ができた。市壁の外からはのちに兵舎のような建物群が発掘され、モーティマー・ウィーラーはそれを労働者用住居だと主張した。だが、後代の研究によってそこは金属製品や土器の工房だった可能性が大きいとされた。工房で働いていた職人たちは市中に住んでいたようだ。

モーティマー・ウィーラーが戦場から直接インドに来たということ、そしてまた軍団が大きな役割を担っていたローマ時代の専門家だったということを思いだしてほしい。彼はインダス文明の市壁を防壁だと考えた。モヘンジョ・ダロでは男や女や子供37人の人骨が通りに横たわっているのを見つけ、その年代がこの町が廃墟になる直前だったことから、町を守りぬこうとした人々の虐殺が最後の最後に起きたという結論に飛びついた。だがそれは完全なまちがいだった。この「犠牲者たち」は、最後の砦であるはずの城塞ではなく、下の町で暮らしていたさまざまな社会集団に属する人たちだった。遺骨には暴力を受けた痕跡はなかった。生物人類学者たちは、彼らは戦争ではなく病気で死亡したと考えている。実際は、町の巨大な基壇も壁も、侵略者ではなく、予測不能でときに破滅的な被害をもたらすインダス川の洪水に備えてつくられたものだった。

モーティマー・ウィーラーがインダス遺跡の発掘について詳細な報告書を発表することはついになかった。とりあえずの一次報告書と、より広い読者層向けのインダス文明に関する一般書だけがでた。インダス文明の都市に関する彼の解釈がいまにいたるまで残っているのは、そのためでもある。こんにちでは、インダス文明が栄えた（予測不能といえども）肥沃な土地では、広大かつ多様な景観のなかに農地や牧草地やあらゆる天然資源が点在していたことがわかっている。そこで暮らす人々や共同体が、生活上の必要を補いあうためにたがいの力を必要としたことから興《おこ》った文明だったのだ。どうやら争いもなく富み栄えていたようだ。

インド独立後の１９４８年にモーティマー・ウィーラーは帰国し、その後はみずから設立にたずさわったロンドン大学考古学研究所で5年間ローマ属州学の教授を務めた。さらに、落ち目だった英国学士院の理事に就任して組織を再生した。外国で調査活動を行う若い考古学者たちには、慎重に助成金を支給した。

モーティマー・ウィーラーにとって考古学とは世界規模のものであり、ゴードン・チャイルドがもっていたヨーロッパと中東だけのものという視野をはるかに超越していた。晩年には、専門家たちが出所不明の考古物の正体をあてるイギリス放送協会（ＢＢＣ）の『動物、植物、それとも鉱物？（*Animal, Vegetable, Mineral?*）』というテレビ番組に出演し、テレビタレントとしても人気を博した。一般向けの著作も出し続け、講演活動も広く行って、考古学者は調査内容を一般大衆に伝えねばならないという信念をつらぬいた。

目の覚めるような個性を発揮しながら、モーティマー・ウィーラーはすばらしい発掘調査で新たな基準を打ち立てた。歯に衣《きぬ》着せぬ物言いながら、なしとげた功績は大きかった。モーティマー・ウィーラーは、世界先史学（world prehistory）の足場を築いた国際人だったのだ。

Chapter
# 26 川の曲がり目で

北アメリカ大陸西部の大盆地グレートベースンの先住民ショショニ族を知っている人は少ないだろう。なんとも残念なことだ。というのも、アメリカの考古学者まるまる一世代が、ショショニ族の生活様式に大きな影響を受けて過去というもののとらえ方を身につけたからだ。

意外な英雄ショショニ族は、アメリカでも有数の乾燥地帯に小集団で暮らしていた。小動物やさまざまな植物を食料とし、ごく単純な掘り棒や臼や弓矢などの道具しか使っていなかったにもかかわらず、たいへん過酷な乾燥地域で、何千年にもわたって繁栄した。その秘訣はなんだったのだろう？

考古学にも通じていた人類学者のジュリアン・スチュワード（1902～1972）は、何か月ものあいだショショニ族と行動をともにした。彼は、ショショニ族繁栄の秘訣は、つねに移動する生活を送っていること、そして極度に乾燥はしているが食べられる景観のなかで食料の見つけ方を知りつくしていることにあると考えた。ショショニ族は食料と飲料水を追ってグレートベースンじゅうを常時移動していたのだ。人類学の定番調査として、スチュワードはショショニ族の集落形態の季節ごとの変化を地図にまとめた。人類学というせまい枠にとらわれていなかったスチュワードは、そこでぴんときた。さまざまな景観を渡り歩くショショニ族の集落形態の変化が、古代社会を理解するカギになると。彼の研究は、人間と環境の関係を研究する文化生態学（cultural ecology）という学問として知られるようになった。

スチュワードはその研究生活全般において考古学者との接点が多く、とくに第二次世界大戦後にはじまった「リヴァーベースン調査」というミズーリ川流域での大規模考古学プロジェクトを通じて多くの考古学者と知りあうことになった。

1950年代から1960年代初頭にかけて、ダム建設ラッシュがアメリカと考古学を変えはじめていた。大規模ダムによって水力発電が行われ、農業用水が確保され、洪水が抑制され、主要河川を航行する船舶が増えた。だが同時に、何千もの考古学遺跡が破壊された。数ある開発計画のなかでも野心的だったのがミズーリ川の治水事業だった。全長1600キロもの谷間が水底に沈み、歴史的・考古学的な価値のある川辺の遺跡の9割が水没することになっていた。

過去が破壊される前に救いだそうとする考古学者たちの手によって、リヴァーベースン調査はすすめられた。この調査でアメリカ考古学は大変貌をとげた。以前なら調査といえば、たとえば南西部など限定された地域で行われるものだった。このプロジェクトが終わるころには、墳丘やプエブロだけではない、もっと多様な古代北米大陸の肖像がはじめて見えてきていた。

ミズーリ川のダム建設と調査だけでもとてつもない規模だ。当時はまだそのような調査を行えるだけの腕をもった考古学者が非常に少なく、大学12校、博物館4館、そのほか多種多様な組織がいっせいに調査に加わった。1968年の調査終了までに実地作業員たちはこつこつと500か所ほどの集水域をまわり、大小いりまじる遺跡2万か所の検証を終えた。それまで未踏査だった地域が調査対象だったため、見つかった遺跡の多くが、考古学地図にぽっかりあいていた穴を埋める役目を果たした。この調査の結果まとめられた重要な報告書は2000冊に達する勢いだった。

遺物その他の出土資料の形で、国じゅうの考古学研究室に新しいデータがなだれこんだ。そこでおそらくもっとも大事だったのは、考古学にとって頼みの綱であるはかない資料庫が消滅の危険にさらされているということに多くの研究者が気づいたことだろう。発掘によって遺跡が破壊されたことで、発掘は最後の手段であるという認識も広まった。リヴァーベースン調査以降のアメリカ考古学はおおむね、現存する過去の記録を保存することに全力をかたむけている。

若手のアメリカ人考古学者がおおぜい、このリヴァーベースン調査や公共事業促進局が南東部で行った各種プロジェクトに参加して経験を積んだ。水没予定の景観を可能なうちに調査し、遺跡を発掘した。長期にわたって人が住んでいた遺跡からは、ことに圧倒的な数の遺物がでてきた。袋いっぱいの石器や土器のかけらが次から次へ運ばれてきては、洗われてラベルを貼られ、分類された。

この作業にたずさわった人たちは、150年前にクリスチャン・ユルゲンセン・トムセン（9章）がコペンハーゲンでぶち当たったのと同じ問題にぶつかった。はるか昔のアメリカの編年の枠組みをどのようにしてつくりあげればよいのか？　北米に三時代法はなかった。

リヴァーベースン調査を手伝った考古学者のなかには、当地の過去にキャリアのすべてをささげた人もいた。そのうちのひとりが遺物専門家のジェームズ・A・フォード〔1911〜1968〕で、何千か所もの現場から集めた出土品の壮大なコレクションをもとに、何千年分もの長く詳細な図表を作成した。フォードのプレゼンテーションを聞いたときのことをいまでも覚えているが、グラフや解説用図版でさらに補完してあった。講演者としての彼は大しておもしろくなく――なにしろコンピューター発明のはるか前のことだ――えんえんとデータを列挙するばかりで、わかりにくく退屈だった。なにを隠そう、わたしは居眠りしてしまった。

そのころの考古学は、遺物のほんのささいな差という泥沼に深くはまりこんでしまっていて、言うなれば技術の変遷の大枠というほどのものでしかなかった。ありがたいことに学者のなかには、より広い視野で仕事に取り組み、純粋なるデータの集積から古代の人々の研究へと流れを変えようとした人たちもいた。そのような先見の明があった学者のひとりがゴードン・ランドルフ・ウィリー（1913〜2002）、20世紀屈指の考古学者として名を残すことになる人物だ。

ウィリーは学生時代に、リヴァーベースン調査やフロリダ州北西部での調査に参加した。そこでさまざまな遺物に関する基礎知識を身につけただけでなく、何千年にもわたって変わりゆく環境に人々がどのように適応してきたのかを学んだ。

1943年から1950年までは、スミソニアン協会のアメリカ民族学局に人類学者として勤務した。在職中にも南東部でリヴァーベースン調査に参加している。フォードたちと合同報告書を双書《そうしょ》の形で発表し、文化史研究を新たなレベルに引きあげた（23章）。30年前のキダーによる南西部でのペコス発掘調査（24章）にくらべれば、はるかに洗練されていた。いっしょに調査することになったジュリアン・スチュワードは、ウィリーやほかの若手研究者たちに対して、ひとつの遺跡だけを調査するのをやめ、人々や集落と景観との関係性を念頭において研究するようにと説いた。

調査を終えたときにはウィリーは、その分野では並ぶ者がないほど考古学調査の経験を積んでいた。だが彼は、考古学者であると同時に、人類学者でもあった。北アメリカの古代人の研究をするなら、現存する先住民社会を無視することはできないという恩師たちの教えのおかげで、学生時代に彼のなかでこのふたつは一体となっていたのだ。北米においては考古学とは、単に発掘と調査だけではなく、人類学のことも指していた。

スチュワードはウィリーに、ペルー北部沿岸の不毛な渓谷地帯で考古学調査をしてみることを強く勧めた。そして、知る人もあまりなかったビルー谷で、多様な景観と先史時代の集落形態の変化を調べる研究プロジェクトを立ち上げるのに手を貸した。ウィリーは航空写真の力を借りて谷全体を調べた。もっとも見込みがありそうな場所は自分の足で歩いて確かめ、場所をしぼって発掘を行った。1953年に出版されたプロジェクト報告書に、複雑な経済、政治、社会状況の変化にひっきりなしに見舞われたこの谷の物語がまとめられている。層序とか遺物などといったものは、物語のほんの一部にすぎなかった。ウィリーのビルー谷での調査が、現在の考古学界の重要な構成要素のひとつである集落考古学（settlement archaeology）〔居住地考古学ともいう〕の基礎を築いた。

ビルー谷での調査が評価されて、１９５０年、ウィリーはハーヴァード大学で栄《は》えある中米・メキシコ考古学ボウディッチ教授職〔ボウディッチは個人名。基金設立などで尽力した個人の名を冠した教授職がしばしばある〕に就いた。引退するまで勤めあげて、マヤ文明に関する重要なフィールドワークを行った。また、ベリーズとグアテマラの重要遺跡でも集落調査を行った。ウィリーは主要都市よりも、大都市の影で栄えた小規模な集落の調査に力を入れた。

ゴードン・ウィリーはおもしろくて博学で、若い学生たちにとっては最高の指導者でもあった。よい考古学というものは、大胆な直感だけでなくデータにもとづくということをなによりも強調した。あとの章で見ていくことになるが、これは大切な教訓だった。

もちろん、ウィリーだけが孤軍奮闘していたわけではない。同時代に活躍した並はずれた人物はほかにもいた。ジェシー・デーヴィッド・ジェニングズ（１９０９〜１９９７）は、アメリカ西部考古学の大物で、１９４８年からユタ大学に籍を置いた。グレートベースンではじめて行ったフィールドリサーチでは、乾いた洞窟内に残る遺跡をいくつか発掘しており、なかでも有名なのがデンジャー洞窟だ（「危険《デンジャー》」と名付けられたのは、落石のため考古学者がふたりも死にかけたためだ）。この洞窟では深さ４メートルに達する文化層を発掘したが、それには血のにじむような細心の注意が必要だった。そこからわかったのは、推定1万1000年の長きにわたってこの洞窟がときどき利用されていたということだった。

乾いた堆積層の保存状態はほぼ完璧といってよく、この地域の気候条件の変化にあわせて住人たちがほどこしたささいな調整の痕跡も確認できた。この洞窟に人が住んでいたころ、近くには沼地があり、コイ科のチャブという魚や食用植物、水鳥などが豊富にとれた。ジェニングズは植物繊維からつくられたひもや、革製の衣類の切れ端やかご細工、ナッツをすりつぶすのに使われた石などを見つけた。保存状態のいいカブトムシの遺存体《いぞんたい》に加えて人間の排泄物までも発掘し、そこから洞窟の住人たちがおもに植物性の食事をしていたことを突きとめた。脈々と西暦500年まで引き継がれた文化的な伝統をジェニングズは、書き記している。

南東部で活動したウィリーとフォードと同じく、ジェニングズはグレートベースンでのちに行われたすべての発掘作業のもととなるしっかりとした土台を築いた。機知に富み、ときに皮肉屋だったジェニングズは、理論よりもデータと発掘を好んだ。その発掘は続く世代の規範となった。

ときを同じくして北米東部では、カンザス生まれでミシガン大学勤務のジェームズ・B・グリフィン（1905〜1997）が北米考古学の変革に尽力していた。グリフィンはなんといっても遺物にくわしく、リヴァーベースン調査で集められた一大コレクションの研究に莫大な時間を費やしていた。そしてフォードやウィリーと同じように、さまざまな遺物が無造作に放りこまれた保管庫に秩序をもたらそうと奮闘していた。北米東部の考古学遺物に関する彼の知識は伝説だった。ミシガン大学につくった陶磁器資料庫の大規模なコレクションは、いまでも研究者に重宝される基礎史料となっている。

1960年代初頭までには、コロンブス上陸前の北米の大きな枠組みが広く普及していた。それは、発掘と調査と遺物にもとづく枠組みだった。ヨーロッパでのゴードン・チャイルド同様、この大枠をつくりあげた人々は、いたって合理的に、広域に分布している人間文化はほぼ同時期に栄えたものと考えた。グリフィンとジェニングズとウィリーはなによりもまずデータの専門家だった。だが、ビルー谷の研究を行ったウィリーが感じ取っていたとおり、変化の足音は近づいてきていた。

新しい世代の考古学者たちは、年輪年代法で有名になったA・E・ダグラス（24章）ら南西部の考古学者たちがすすめていた古代環境に関する調査に目を向けていた。彼らは、リヴァーベースン調査などの過程でいだくようになった新たな疑問を口にだすようになった。環境や景観は時代とともにどのように変わってきたのか。そこで暮らしていた人間の社会はその変化にどのように適応してきたのか。そのような調整を行う必要がでてきたことで、社会全体にどのような影響があったのか。

1930年代から1960年代初頭にかけての北米考古学は、おおむね過去の様子を描写し、さまざまな道具を細部の特徴のわずかな差で分類し、変わりゆく社会をその技術力にもとづいて定義するというものだった。文化が変容した理由について考えられることは、ほぼなかった。たとえば、なぜ人々は狩猟や漁労や植物性の食料採集にかえて農耕をはじめたのか。同じ狩猟採集社会でも、北西部の太平洋岸などに見られる社会のほうが、たとえばグレートベースンやアラスカ中部の社会よりも複雑だったのはなぜなのか。

新世代の学者たちは過去を分類するだけでは飽き足らず、より洗練された研究法を求めていた。さらに、古代社会の年代を測定する新しい手法も探していた。ひとつの文化がもうひとつの文化よりも古いとわかるのはたしかに大事なことだ。だが、その文化は暦年代にすればいつぐらいのものなのか。2つの文化は実年数にしてどれほど離れているのか。いまから見ていくことになるが、放射性炭素年代測定法の発展（27章）を含め、このときまさに考古学に大革命が起ころうとしていた。

1950年代までは、考古学の中心はヨーロッパと地中海、そしてアジア南西部だった。それが徐々に、ヨーロッパの岸を離れ、遠くまで波及していった。イギリスとフランスの植民地が世界じゅうに増えていったことも手伝って、ずいぶん長いあいだその流れは続いていた。インドでもアフリカでも太平洋でも、考古学と人類学は植民地支配にともなう活動だった。のちに世界先史学と呼ばれるようになった学問は、19世紀にその根をおろしていた。それがいま、花開こうとしていた。

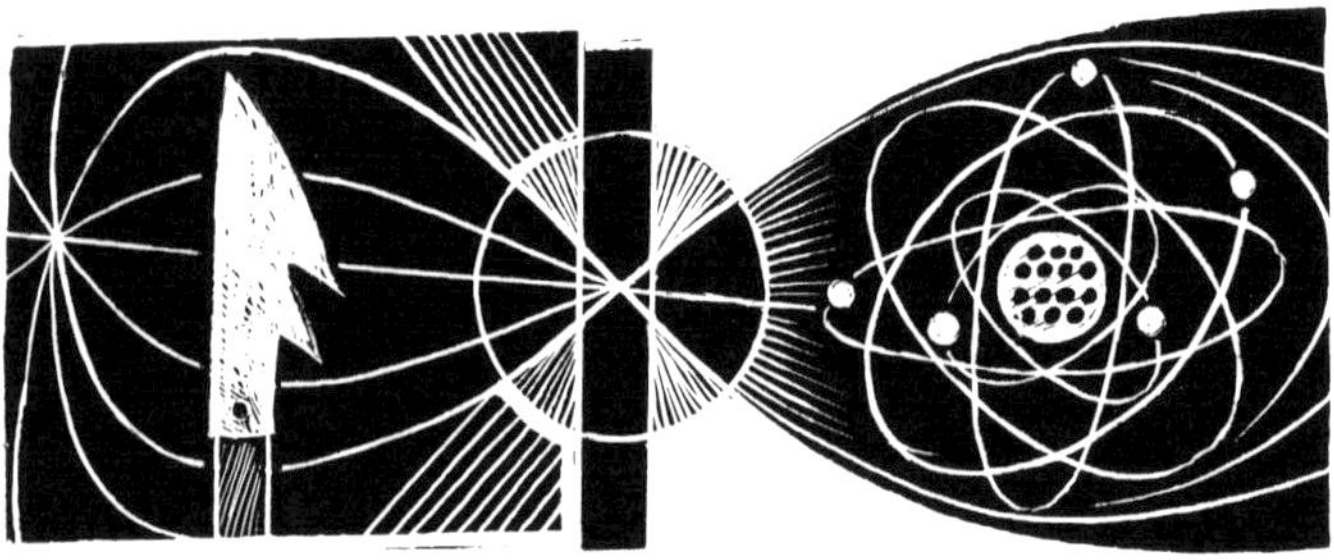

# Chapter 27 年代を測定する

　これはいつの時代のものか？　考古学者が遺跡を発掘したり遺物を検証したりするときに、まず考えることのひとつだ。ここまで見てきたように、年代決定というのは、現在から何年前という表記にしても、紀元前あるいは西暦何年といった表記にしても、だいたいにおいて「当て推量」に毛が生えた程度のものだった。先史時代の遺跡にいたっては、木材の年輪と、ローマの硬貨のように紀年銘のある遺物によってのみ年代を確認できた（11章、24章、26章）。それが1949年に、ウィラード・リビーが放射性炭素年代測定法（radiocarbon dating method）を考案したことで、古くは5万年も前の遺跡や遺物の年代決定が可能になった。

　ウィラード・リビー（1908〜1980）はアメリカの化学者であって、考古学者ではない。にもかかわらず、考古学にこれほどの大革命を起こした人もそうはいない。農家に生まれたリビーは、放射能と原子力の専門家になった。第二次世界大戦中には、原子爆弾を開発したマンハッタン計画に関わっていた。

戦後、シカゴ大学に移り、放射性炭素年代測定法の研究をはじめた。この年代測定法なら、かならず考古学遺跡の年代を暦年で特定できるようになると考えていた。のちにこの研究で彼はノーベル賞を受賞した〔1960年にノーベル化学賞受賞〕。

リビーは、大気中の窒素に宇宙線〔宇宙空間を高エネルギーで飛ぶ極小の粒子で、地球にもふりそそいでいる〕があたることで、大気圏内ではひっきりなしに放射性炭素（炭素14）〔元素記号$^{14}$C〕が生成されていると仮定した。大気中に含まれる通常の（放射性ではない）炭素といっしょに一部の炭素14は光合成によって植物に取りこまれ、その植物を食べた動物の体内に取りこまれる。動植物が死ぬと、そういった環境からの炭素の取りこみがとまる。その瞬間から放射性崩壊がはじまり、炭素14の含有量は減少の一途をたどることになる。リビーは、枯れた植物や木片や骨のなかに残っている炭素14の量を調べれば、その物体がどれくらい昔のものなのか計算できることに気がついた。試料が古ければ古いほど、含まれる炭素14は少なくなる。リビーはさらに元素が崩壊する確率も導きだし、どの試料に含まれる放射性炭素も、およそ5730年後には半数が崩壊していることを突きとめた（半数が崩壊するまでの年数を「半減期」という）。

実験の精度を高めるのには何年もかかった。リビーと同僚のジェームズ・アーノルド〔1923〜2012〕は、はじめから年代のわかっている試料の測定を試みた。そのときに使ったのはエジプトのファラオ、ジョセル〔在位紀元前2630〜前2611〕とスネフェル〔在位紀元前25世紀〕の王墓から出土した木材で、歴史資料によれば、およそ紀元前2625年±75年〔±（プラスマイナス）はそれぞれ前後の誤差の範囲を示す〕のものとされていた。放射性炭素で年代を測定したところ、紀元前2800年

±２８０年のものという結果がでた。リビーとアーノルドは研究結果を１９４９年に発表した。１９５５年までにリビーは、年代の判明していたものと、当時まだ年代がわかっていなかった先史時代の遺跡からでたものと、あわせて１０００点もの遺物の年代測定を終えていた。

　最初は考古学者たちも、放射性炭素年代測定法の精度について半信半疑だった。さまざまな理由から、年代のわかっている試料の提供をしぶる人もいたし、リビーが試算した年代に懐疑的な人も多かった。また、放射性炭素年代測定法によって自分がとなえてきた仮説が覆《くつがえ》されることをおそれる人もいた。研究がすすむにつれて、試料を寄せてくれる協力者はどんどん増えていった。もちろん新しい年代測定法につきものの不確実さもあった。それでも１９６０年代初頭までには放射性炭素年代測定法は考古学界に熱狂的に受け入れられ、過去5万年におよぶ人類をめぐる知識に改革を起こすかもしれないと期待されていた。５万年以上前のものはなんであれ、含まれる放射性炭素の量が少なすぎて年代は測定できなかった。

　放射性炭素で正確な年代測定が可能だとすれば、それは果てしない可能性を秘めていた。アメリカへの人類の到達時期や、世界のあちこちで農耕がはじまった年代を特定できると考えただけで、考古学者たちはよだれをたらさんばかりだった。理論的には、たとえば狩猟社会から農耕社会への移り変わりといった文化変容の進度〔すすみぐあい〕や、はるか昔、先史時代にさまざまな民族がヨーロッパや太平洋の彼方《かなた》へ広がっていった様子を知ることもできるはずだった。将来への期待を大いにもたせるものだった。

　だが、乗り越えなくてはならない重大な技術上の問題もあった。試料の種類によって測定精度に差がでるようだったのだ。まず、骨と貝殻は精度が落ちるということで、木と炭が基準とされた。ほどなくして、試料の採集自体を非常にていねいに行わないと汚染が起きるということもわかった。厳密な出土位置も重要な要素だった。同じ炭と言っても、たとえば炉《ろ》にあったものか、料理用の壺《つぼ》のなかにあったものか、文化層にただ転がっていたものかによって、測定結果は変わることがあった。こういった問題を徐々に乗り越えて、放射性炭素年代測定法はどんどん精度を上げていった。

もうひとつ根本的な問題は、この方法でわかるのは放射性炭素の年代であって、暦年代とはずれがあるという点だった。リビーはもともと、大気中の放射性炭素の濃度は時代をこえて一定であると仮定していた。だがそれは違った。地球の磁場の強さの変動や太陽活動のゆらぎによって、大気だけでなく動植物に含まれる放射性炭素の濃度も変わるのだ。たとえば6000年前の試料は、現代の試料よりもずっと高濃度の放射性炭素にさらされていた。

この問題は、放射性炭素年代と年輪年代を比較することで解決できた。放射性炭素年代測定法が誕生したころには、年輪年代法によってアメリカ南西部などでは1万2500年前までの暦年代を正確に測定できるようになっていた。つまり氷河時代が終わる直前だ。最近では、化石化したカリブ海の珊瑚《さんご》やグリーンランドなどで掘削《くっさく》された氷床コア〔ドリルで垂直に掘削して取りだした氷の円柱のこと〕との比較で、それより古いものでも暦年代がわかるようになってきている。

時代をまたいだ環境変動のせいで、炭素14の試料だけから算出された年代と、年輪や氷床コアや文献史料などの力を借りてはじきだされた年代とでは、ときに2000年もの誤差がでることがある。氷床コアなどのさまざまな年代資料を使った徹底的な研究によって、いまでは炭素14年代を正確な暦年代に換算することができる較正表ができている。

放射性炭素年代測定で、まずは農耕の起源やヨーロッパ全土への農業伝播の時期が調べられると、驚きと同時に混乱がわき起こった。ヨーロッパでの主要な出来事の年譜として広く使われていたゴードン・チャイルドの編年よりも、はるかに古い年代がでてきたのだ。たとえば紀元前4000年ごろとされていた農耕のはじまりは、紀元前9000年まで一気に遠のいた。現在ではさらに正確な年代測定が可能になり、農耕は約1万2000年前にはじまったとされている。無数の遺物の放射性炭素年代をもとに、いまやウィラード・リビーの時代には想像もできなかったような手法で過去を分析することができるようになった。

放射性炭素年代測定法が発展をとげているさなかにも、考古学者は世界のあちこちで活動していた。新技術の登場が、いくつもの基本的な疑問を呼びさました。農耕がエジプトに、あるいはシリアに、トルコに、ヨーロッパ全体に根づいたのはいつのことだったのか。ストーンヘンジはいつつくられたのか。ていねいな発掘のおかげで建設が何度かにわたって行われていたことが判明したわけだが、それぞれの建設時期はいつだったのか。史上はじめて、農耕民がスカンディナヴィアに登場した年代や、アメリカ大陸に最古の集落ができた年代、鉄器をもった農耕民がアフリカ南部に到達した年代などを突きとめることができるようになったのだ。

1960年代の初頭までには、ありったけの放射性炭素年代をつなぎあわせて、先史時代の世界の大まかな輪郭が立ちあがっていた。放射性炭素によって年代を測定する研究室には、世界じゅうから試料が押しよせた。オーストラリア、アイスランド、ペルー、太平洋の孤島……。ついに世界各地で農耕がはじまった時期を暦年代で比較できるようになった。一例をあげるなら、中東と中国北部ではほぼ同じころに農業がはじまっていた。

なんといってもすばらしいのは、これによって文字をもった文明が興《おこ》る前の人類の歴史について、しっかりとした時間軸とともに語れるようになったことだ。これは文献史料が直近の何世紀ぶんかしかない地域、たとえばサハラ以南のアフリカ、インドの諸地域、南北アメリカなどにおいて大きな意味をもった。アフリカ中部には、最古の歴史資料集が1890年代のものという地域もある。

放射性炭素年代測定法の精度が上がるのと並行して、より正確な測定値を求める研究者たちは、加速器質量分析（AMS）法に目を向けた。AMS法はまさに大進歩だった。試料が年輪1年分のみ、小麦1粒、はては欠けた小麦の粒であっても年代を測定することができるようになったのだ。

年代測定に使える試料の数が大幅に増えたことで、研究者たちはひとつの文化層から出土した何十、何百もの試料を統計的に分析することができるようになった。つい最近まで、先史時代の時間軸にはある程度の幅があった。だが、精度の高い新統計法が登場したことで、いまや驚くほど精緻な編年が生まれつつある。

イングランド南部にある有名な遺跡ウェスト・ケネット・ロング・バロウがいい例だ。この長形墳からは成人男女や子供などおよそ40人の人骨が見つかっていて、長いあいだ紀元前３６５０年ごろのものとされていた。ここは地域住民の共同墓地だったが、どれくらいの期間使われていたのだろう？　精度の高い放射性炭素年代測定によってしか、それを突きとめることはできなかった。

　死者から採取した数十個の試料を高度な分析にかけたところ、一連の埋葬は紀元前３６４０年ごろからわずか30年のうちに行われていたことがわかった。近くにあるほかの墳丘墓は、最長で３、４世代にわたって利用されていた。ウェスト・ケネット・ロング・バロウは短期間だけ使われた共同墓地だったのだ。石器時代の農耕民の一家族史と言えるほどに。それだけ利用期間が短いと、墳丘墓の石室に眠る人々はずっと昔の名も知らぬご先祖さまということにはならない。存命中の住民たちが直接見知っている死者も眠っていた。

　時計を少し先にすすめると、この長形墓の短い利用期間は紀元前３６２５年ごろには終わっていたことがわかっている。ここからまた、おもしろい疑問がいくつも湧《わ》いてくる。この人たちは土地をめぐる争いが増えてきた場所と時代に、この土地の所有権を主張するために埋葬されたのだろうか。彼らをここに埋葬した地域共同体は土地に定着できず、政治的対立の波にのまれて消えたということだろうか。新たな編年によって、ときに急激な変化と突発的な出来事に翻弄《ほんろう》された、ひとつの時代の姿が浮かびあがってきた。

　放射性炭素だけが過去の年代を決定する手段ではない。歴史の第一幕は３００万年以上前にまでさかのぼるため、放射性炭素の守備範囲ではとても力およばない。そこでたよりになるのが地質学の年代測定法であるカリウム‐アルゴン年代測定法だ。

カリウム・アルゴン法は、岩石に含まれる放射性カリウムに対する放射性アルゴンの比率を測って年代を決定する手法だ。鉱物や岩石に含まれる放射性カリウム40〔元素記号$^{40}K$〕は、崩壊すると放射性アルゴン40〔元素記号$^{40}Ar$〕に変わる。すなわち、鉱物や岩石に含まれるカリウム40とアルゴン40の比率を調べれば、その試料の年代がわかる。アルゴンというのは不活性ガスなので、岩質材料が溶岩のように溶融状態のときには大気中に抜けていく。だが、溶岩が冷えて結晶化し火山岩になると、アルゴンは岩のなかに閉じこめられる。分光計で岩石内のアルゴン濃度を測り、決まった崩壊定数を使って計算すれば、岩石の年代を決定することができるのだ。

運よく、初期人類の痕跡の多くは火山活動の活発な地域にあって、カリウム・アルゴン法を適用することができる。タンザニアのオルドヴァイ渓谷やエチオピアのハダール遺跡などもそうだ。火山灰層に埋もれた遺跡もある。オルドヴァイで化石人骨を見つけたルイス・リーキーとメアリー・リーキー夫妻は、1950年代後半に開発されたカリウム・アルゴン法によって、それが250万年以上前のものと割りだした〔29章〕。同じくタンザニアのラエトリで火山灰のなかに残っていたヒトのものらしき足跡は、約350万年前のものだった。カリウム・アルゴン年代測定法の登場で、人類の進化の時間枠が大きく広がり、人類誕生はせいぜい数十万年前とされていた時代には想像もできなかったほど遠い昔まで延びることになった。

新しい年代測定法を使ってたゆみない実験が続けられているが、人類の過去全体をカバーできるカリウム・アルゴン法と放射性炭素年代測定法に並ぶものはまだない。精度も年々向上しているので、これからは一世代単位での年代決定がふつうになっていくだろう。

1950年代から、はるばる遠くまできたものだ。たとえば、南太平洋に浮かぶ島々に人が住み着いたのはいつだったのか？　放射性炭素年代測定によってでた1500件以上ものデータがおもしろいことを教えてくれる。人類はハワイやラパ・ヌイ（イースター島）など太平洋中部と東部のあらゆる島々に、西暦1000年からわずか1世紀ほどのあいだに定住していた。ずいぶん長い航海が、いくどとなく、驚くほど短い期間にくりかえされたことになる。なぜそんなことになったのか、それを解き明かすのはこれからだ。

なによりも、こうした新しい年代測定法が出現したことで、考古学者たちは真の意味で世界の先史時代について、15世紀ヨーロッパの大発見時代〔バスコ・ダ・ガマやコロンブスなどが活躍した大航海時代、ヨーロッパ人がアメリカ大陸などを「発見」した、いわゆる「地理上の発見」の時代〕のはるか前に世界の諸大陸をつないでいた人類の歴史について考えるようになった。ここにきてようやく、わたしたちは人類の歴史という観念を得て、農耕の発展や都市文明化といった出来事がいまと同じように多様な世界で進行していたということに気がついたのだ。

# Chapter 28 生態学と世界先史学

　1931年、北海のレマン礁とオワー礁の近くでイギリスのトロール漁船「コリンダ」の船長は、網《あみ》にかかった泥炭の塊《かたまり》を見て毒づいた。船員がその黒い塊を網から外して海に投げこもうとした瞬間、塊が割れて、泥炭がこびりついたままの、返《かえ》しのついた茶色い物体が甲板に転がり落ちた。

　船長はそれに興味をもち——科学にとっては運よく——港へもち帰った。やがてその物体はノリッジ博物館にもちこまれ、スカンディナヴィアで石器時代の漁師たちが使っていたのと同じタイプの典型的な骨角製の銛《もり》であることがわかった。その銛は、1932年にイースト・アングリア先史学協会の会合で展示された。そのとき観客のなかにいたのが、ケンブリッジ大学の若き考古学者ジョン・グレイアム・ダグラス・クラーク（1907〜1995）だった。

　マールボロ・カレッジの生徒だった10代のころからクラークは、石器と動物の骨に夢中で、友人たちからは「石と骨《ストーンズ・アンド・ボーンズ》」というあだ名で呼ばれていた。はじめて考古学にふれたのは、フリント製石器の収集という小さな世界でのことだった。当時、考古学はまだほぼアマチュアのもので、マニアたちが石切場や川砂利のたまる場所をうろついては石器や土器を探していた。そういう人たちが興味をもつのは限られたものだけだったが、クラークは彼らとのつきあいから多くを学んだ。

考古学の世界ではまだ近場《ちかば》に焦点があっていて、より広い視野をもったゴードン・チャイルドのような学者は少数派だった。チャイルドはヨーロッパの過去を、人間よりも遺物が主役の座を占める歴史の一形態と考えていた。クラークはたんに石器を描写するだけよりも、そういった考え方のほうに惹《ひ》かれた。

1920年代当時、ケンブリッジ大学の3年間の学部課程には考古学専攻コースはなかった。そのため、1926年に入学したクラークは最初の2年間は歴史学を学ぶことになったが、そのおかげで世界史の大家ジョージ・トレヴェリアン〔1876～1962〕などのすぐれた学者に接する機会を得て、かけがえのない経験を積んだ。また、経済史学者マイケル・ポスタン〔1899～1981〕から中世経済研究の最前線について教わったことが、クラークののちの考え方に大きな影響をおよぼすことになった。

2年間の優等学位課程に移るころには、クラークは先史学の知識に加えて生物人類学や社会人類学の知識もたくわえていた。論理的で、分野の垣根をこえて幅広く過去を見つめる彼の研究手法は異例だった。

そのころのケンブリッジ大学の考古学研究はほぼヨーロッパ専門だった。そんななかでもクラークは、レオナード・ウーリーによるウルの王墓群の発掘（20章）に関する講義や、ガートルード・ケイトン＝トンプソンによるエジプトはファイユームの初期農村から出土した遺物（22章）についての講義、そしてゴードン・

チャイルドによる青銅器時代のヨーロッパに関する講義などに出席した。当時は、先史時代の諸文化は場所を問わず同じように発展したと考える考古学者が多く、ヨーロッパで出土したのと同じものがほかの土地でも見つかるだろうと考えられていた。ところが１９２８年、イギリス人考古学者ドロシー・ギャロッド〔1892〜1968〕がイースト・アングリア先史学協会でその見解に堂々と異をとなえるのをクラークは目《ま》の当たりにした。彼らが大事にしているヨーロッパ文化は中東文化とは大きく違うというのだ。石器時代考古学がヨーロッパを中心にまわっていた当時、そのように考える人はあまりいなかった。クラークはそういったことすべてを貪欲に吸収した。ルイス・リーキーの研究室にも入りびたって、アフリカで出土した石器の研究に時間を割《さ》いた（29章）。講義と研究室での経験を通じてクラークは、世界的な学問としてヨーロッパからはるか遠く離れた土地へも広がりつつあった考古学にふれたのだった。

　大学の指導教官たちはクラークに、氷河時代の終わりから農耕の伝播までのイギリスの石器時代の文化を研究するよう勧めた。この時期は「中石器時代」（英語ではMesolithic——ギリシャ語で「まんなか」を意味するmesosと「石」を意味するlithosから）と呼ばれ、農耕社会への移行期とされている。気がつけばクラークは、博物館や個人所蔵の小さなフリント製の石鏃《せきぞく》、するどく尖《とが》った返しのついた石器などを何千個と調査していた。当然のことながら彼の卒業論文は、文化層ですらない地表面から偶然見つかった小さな石器類に関する退屈な考察に終始するものになった。しかし、１９３２年に出版された『イギリスの中石器時代（*The Mesolithic Age in Britain*）』によって、クラークはこの地味な分野の権威と見なされるようになった。

研究の一環として、クラークはスカンディナヴィアを精力的に旅してまわった。北海の向こう岸でなにが起きたのか知っておく必要があると考えてのことだった。北欧では、遺跡が低湿地の水中に埋もれていたおかげで、中石器時代の文化の痕跡がイギリスよりはるかにたくさん残っていた。腐りやすく残りにくい角や骨製の槍の穂先などが出土し、魚捕り用のわなや網の残骸までもが、沼沢地の浅い水に沈んだ野営地跡から見つかっていた。

クラークは、かつてバルト海がいまよりずっと大きかった時代に現在の海水面よりも高い位置にあった海岸線を歩いてみたりもした。そこで氷河時代直後のヨーロッパ北部をおそった変化の大きさを目《ま》の当たりにしたことで、クラークのなかでなにかが目覚めた。当時の人間社会を理解しようと思ったら、急激な環境変化と関連づけて考えなければならないことも多かった。

論文を執筆しながら忙しく過ごしていたクラークは、遺物にまつわる小事にばかりこだわるアマチュア収集家たちにいらだちをつのらせていった。グレイアム・クラークは現状批判をためらわない人だった。クラークや、当時エイヴベリーの発掘をしていた未来の大物スチュアート・ピゴットらは、教室で活発に議論を戦わせる若き反逆者たちの一員だった。彼らは、その若さにもかかわらず、どんどん発言力をつけていった。『イギリスの中石器時代』の巻末付録のなかでクラークは、ケンブリッジ近郊の沼沢地フェンズには環境考古学の大きな可能性が秘められていると指摘していた。フェンズの調査には、考古学者だけでなく植物学者や地質学者などの協力が必要になるだろうとも。レマン礁とオワー礁近海での銛の発見は、クラークの研究をそれまでとは別のおもしろい方向に押しだすひとつのきっかけになった。

北海での銛の発見を受けて、クラークたちはイースト・アングリア地方〔イングランドの東部。北海にこぶのように突きでたところ〕の沼沢地の泥炭層のなかに層状に埋没している中石器時代の遺跡に目を向けた。クラークは博士課程在学中に、植物学者のハリー・ゴドウィン〔1901〜1985〕とマーガレット・ゴドウィン夫妻と仲良くなっていた。このふたりは、イギリスの生態学の生みの親であるアーサー・タンスリー〔1871〜1955〕の教え子だった。タンスリーはふたりに、花粉学（花粉を分析する学問）を学ぶよう勧めた。これは、泥炭湿地に存在する微小な花粉粒子をもとに氷河時代以降の植生の大きな変化を調べる手法で、第一次世界大戦中にスウェーデンの生物学者レナルト・フォン・ポスト〔1884〜1951〕が先鞭《せんべん》をつけた。ゴドウィン夫妻はレマン礁とオワー礁の近海で見つかった銛に付着した泥炭を調べて、デンマークで見つかった類似の道具と同時期につくられたものであることを突きとめた。夫妻はクラークが考えていた新プロジェクトのパートナーとして理想的だった。

クラークとゴドウィン夫妻はほかの研究者たちとともに、1932年に学際的研究グループ「沼沢地《フェンランド》研究委員会」を立ち上げた。クラークはとくに精力的に活動し、イーリーの東北東11キロほどにあるプランテーション・ファームで泥炭に埋もれた遺跡の発掘をはじめた。砂地のうねの上でフリント石器がいくつか見つかったので掘りすすめてみると、かつて沼のなかにあった砂の島の跡地に石器が散乱しているのが見つかった。また、泥炭層が2層あり、そのあいだには海水面の上昇によって堆積した細かい砂の層がはさまっていることもわかった。この遺跡は石器時代から青銅器時代まで使用されていた。

1934年、クラークとゴドウィン夫妻はそのすぐ近くにあるピーコックス・ファームを発掘した。泥炭層の底へと掘っていくと、今回は考古学的な大あたりを引きあてた。新石器時代の土器片が含まれる土層の下から中石器時代のフリント石器がいくつかでてきたのだ。新石器時代の土層の上には、青銅器時代初期の土器が埋まっていた。彼らは、先史時代のかなりの部分を含むめずらしい層序を掘りあてたのだった。花粉試料や貝類の化石をもとに、委員会の少数精鋭のメンバーたちは、時代とともに生じた環境の大きな変化を記録した。これがイギリスにおける学際的な環境考古学のはじめての取り組みとなった。

1932年にクラークはケンブリッジ大学のピーターハウス・カレッジの特別研究員になり、じきに考古学の助講師になった。そしてそのまま終生ケンブリッジ大学にとどまった。特別研究員だった1932年から1935年のあいだは教職免除の身分をいかして、おもに自転車でヨーロッパ北部を精力的に旅行した。この旅で、木やそのほかの有機物でできた腐朽しやすい遺物が大量に残っていることの重大さを理解するようになった。低湿地の遺跡に深く興味をもつようになり、イギリスでもそのような遺跡が見つかるのは時間の問題だと考えた。

クラークは北欧旅行のあいだに現地の民俗文化や民族誌や考古学、環境変化などを探究し、それを2冊目の本『北欧の中石器時代の集落（*The Mesolithic Settlement of Northern Europe*）』にまとめて1936年に出版した。このなかで彼は、古代の社会と周辺環境は影響しあっていたと主張した。人間社会も周辺環境も、もっとずっと大きな生態系の一部であり、そのなかではさまざまな構成要素がたがいに影響をあたえあっていると考えることができた。当時としては画期的な考え方だ。この名著には、生態学と環境学というテーマがつらぬかれている。

ひたむきな考古学者というものがこの世にいたとしたら、それはグレイアム・クラークである。彼は環境考古学、つまり人間と環境変化に関する研究に全身全霊をささげた。そして考古学には社会で果たすべき大きな役割があると信じた。クラークは、考古学のもっとも重要な役割は、古代の人々がどのように生きたかを解明することだと論じた。

健康上の理由で従軍できなかったクラークは、戦時中に経済考古学（昔の人々がどうやって生計を立てていたかについての研究）に関する一連の記事を書いた。それをまとめて１９５２年に出版した『先史時代のヨーロッパ――その経済的基盤（*Prehistoric Europe: The Economic Basis*）』には、古代の養蜂《ようほう》からクジラ漁にいたるまで、ありとあらゆるものに関する評論が収められている。

スカンディナヴィアで脈々と受け継がれていた伝統的な民俗資料を旅行中に採集しておいたクラークは、それを考古資料と合体させた。経済学と生態学という彼の観点は大きな影響力をもつようになり、本人の知名度の低かったアメリカにまで波及した。ちょうどこの本が出たころ、クラークはケンブリッジ大学で先史考古学のディズニー教授〔これも貢献者の個人名を冠した教授職〕に選任された。先史考古学の教授として、当時の世界最高峰の地位だ。

クラークは、いつか低湿地から中石器時代の遺跡が見つかるという希望を捨てていなかった。１９４８

年、あるアマチュア考古学者からヨークシャー北部の北海沿岸に近いスター・カーにそれらしき遺跡があるという報告があった。クラークは地表面から見つかった石斧《せきふ》をひと目みるなりスカンディナヴィアのものとの類似性を認め、それらの斧《おの》は沼沢地に堆積した泥炭に埋まっていた可能性が高いと見ぬいた。わずかばかりの予算で、1949年から1951年にかけて3シーズンほど発掘が行われた。この遺跡はずいぶん前に干上《ひあ》がった氷河湖の岸辺にあり、アシの湿原のなかにカバの木で高床を組んであった。放射性炭素年代測定によって紀元前7500年ごろのものというおおまかな年代も把握できた。

発掘報告書のなかでクラークは、カバの生い茂る森のそばにたたずむ小さな野営地のスケッチを描いている。人々はこの森でアカシカやノロジカなどの動物を狩ったのだ。クラークはイギリス初の試みとして、たんに道具や動物の骨だけでなく、周辺環境とからめる形でスター・カーを描写した。50年後、最新のハイテク装置をたずさえた調査隊がスター・カーを再発掘し、実際はクラークが考えていたよりも大きな居住地だったことを突きとめた。AMS法による放射性炭素測定により、現在ではこの遺跡は紀元前9000年から前8500年のあいだのものとされている。

ディズニー教授としてのクラークは、ケンブリッジ大学ではじめて世界先史学のコースを教えたドロシー・ギャロッドのあとを継いだ。先史学を世界規模の学問として扱う新学部を創設し、遠くはオーストラリアまで世界のあちこちを飛びまわった。クラークと同僚の教授たちは若い世代の考古学者たちを育て、ぜひとも外国へ、しかも往々にして考古学的にほとんど知られていない地域へ調査にでかけるように勧めた

（わたしもそのひとりとしてアフリカに行った）。

クラークの調査旅行と放射性炭素革命は、彼の代表作『世界先史学（*World Prehistory*）』に結実した。1961年当時、こんな本はどこにもなかった。ほかの著者、たとえばゴードン・チャイルドなどによって、古代ヨーロッパやマヤや北米大陸の先史時代の概要についてはすでに文献があった。だが、クラーク以前にはだれひとりとして、世界全域での初期人類史を探究しようとする人はいなかったのだ。『世界先史学』は3刷まで重版されて広く読まれた。

グレイアム・クラーク自身は内気で引っ込みがちだったにもかかわらず、考古学者仲間にはきびしい批判をあびせた。だが、その名著の数々と、経済考古学の重要性をめぐる主張は、彼の死後も生きながらえた。クラークは経済考古学を20世紀の考古学の中心に据《す》えただけでなく、考古学をこんにちのような世界的な学問に育てる手助けをした。クラークは、のちに現れた多くの同志たちとともに、遺物と編年への固執に反旗を翻《ひるがえ》した。その著作でひとつの世代に影響をあたえ、多くの教え子を世界じゅうに送りだした。そのうちの何人かは、いまなお現役でがんばっている。

## Chapter 29
# 「かわいい坊や《ディア・ボーイ》！」

1959年7月17日、東アフリカ、タンザニアのオルドヴァイ渓谷。ルイス・リーキーが微熱のためキャンプで寝ているあいだに、妻のメアリーは8年前にふたりで石器を見つけた場所の再調査にでかけていった。現場で、人間の顎《あご》らしきものに残る2本の大きな歯から細かい砂を払い落とした瞬間、メアリーの心臓は止まりそうになった。愛車のランドローバーに飛び乗って大あわてでキャンプに戻ると、叫んだ。「見つけたわ！」ふたりは興奮のあまりルイスの熱のことなどすっかり忘れ、いっしょにその歯を調べはじめた。

埋まっていた骨はどんな種類のヒト族（人類の近縁および祖先を含む種族）のものだったのか？ すべての骨を回収して組み立てると、頑丈そうな猿人の頭骨が現れた。ふたりはそれを「ジンジャントロプス・ボイセイ（ボイシの南部猿人）」と名付けた。ボイシというのはこの調査の資金提供者の名前だ。ジンジャントロプス・ボイセイは頑丈型〔この章でのちほど「華奢（きゃしゃ）型」が登場する〕の猿人で、その骨が南アフリカ以外で見つかったのはこれがはじめてだった。リーキー夫妻は彼を

「かわいい坊や《ディア・ボーイ》」と呼んだ。

　人類の起源を探す現代における探究は、そのずっと前からはじまっていた。1924年に南アフリカの解剖学者レイモンド・ダート（1893～1988）が、南アフリカのケープ州タウングの石灰石採石場で見つかった小さなヒト族の頭骨を鑑定した。歯はかなり現生人類に近い様子だったが、顎は前に突きだし、頭部の丸みもひかえめだった――現代と古代の特徴が混在していたのだ。ダートはこれを「アウストラロピテクス・アフリカヌス（アフリカの南の猿）」と名付けた。そしてこれこそが、現存する類人猿と人類をつなぐリンクだと主張した。だが、早急に結論に飛びつくのは、ダートの悪い癖だった。

　8章で見たように、1889年にジャワ島でピテカントロプス・エレクトゥスを発見したオランダ人ウジェーヌ・デュボワが「これこそミッシング・リンクだ」と主張したときも、当時の科学者たちは退けた。なにしろ、そのころはみなネアンデルタール人に夢中だったし、1912年にイングランドで見つかった大きな脳と小さな歯をもつピルトダウン人の頭骨に、捏造《ねつぞう》とも知らず目をうばわれていたのだ。ダートもやはりあざ笑われて、信用できない化石ハンターのリストにデュボワとともに名をつらねることになった。

　20世紀なかごろになってもまだ、初期人類の進化については不明な点が多かった。ネアンデルタール人の化石は、ヨーロッパだけでなく中東からも出土するようになっていた。中国の周口店《しゅうこうてん》でホモ・エレクトゥスの化石が見つかり、デュボワが正しかったことは証明されていた（8章）。南アフリカで見つかったアウストラロピテクスも、このころには人類の祖先の可能性があると認められていた。だがそれ以外、アフリカの過去はほぼ空白だった。そこへルイスとメアリーのリーキー夫妻が登場して、すべてが変わったのだった。

ケニアで英国教会の伝道師の家に生まれたルイス・シーモア・バーゼット・リーキー（1903〜1972）は、20世紀屈指の考古学者になった。がむしゃらで一途で頑固だったリーキーは、ケンブリッジ大学で考古学を学んでいた学生時代に、テニスコートに半ズボン姿で現れて〔かつては男性は長ズボン、女性はロングスカートがテニスにおける正装だった〕ひともんちゃくをおこしたこともあった。

リーキーは人類の起源はアフリカにあると信じ、現地での発掘をずっと希望していた。1926年に大学を卒業すると、とぼしい予算でケニアでの調査を企画し、東アフリカ大地溝帯でギャンブル洞窟を発掘した。そこで、少なくとも2万年前までさかのぼる居住跡が何層にも重なって残っているのを発見した。いちばん初期の洞窟利用者は、おそらくヨーロッパのネアンデルタール文化期と同時代の人々だったようだ。より新しい土層からは、精巧なつくりの石槍やナイフなどの道具が見つかった。そのような石器のつくり手である高度技術をもった人々は、フランスの洞窟で見つかった上部旧石器時代の人々（10章）と同じ時代に生きていた。見つかった石器類は、先史時代のアフリカ社会とヨーロッパ社会の大きな違いを明確に示していた。また、ほかの遺跡から出土した素朴な遺物は、それよりずっと前からアフリカに人が暮らしていたことを示唆《しさ》していた。ルイス・リーキーは、東アフリカこそ人類が生まれた土地だと確信するようになった。

1931年、リーキーはドイツ人古生物学者ハンス・レック〔1886〜1937〕に同行してオルドヴァイ渓谷を訪れた。オルドヴァイは、タンザニア北部セレンゲティ平原〔セレンゲティはマサイ族の言葉で「果てしなく広がる平原」の意味〕に40キロにわたって延びる急峻な谷で、古代の湖底の堆積層が激しい地殻変動によって隆起し、深部まで露出している。レックは化石動物を探していた。一方のリーキーは、ここに初期人類の居住跡があるはずだと信じていた。レックは、リーキーがオルドヴァイで石器を見つけられないほうに10ポンド賭《か》けた。リーキーは、到着したその日のうちに賭け金を手に入れた〔つまり、到着当日に石器を見つけたということ〕。

　リーキーは子供のころからキクユ語に堪能だった。そのため、1936年にはじまった1年間におよぶキクユ族の人類学研究の候補者として白羽の矢が立った。リーキーはその年のうちに、メアリーと再婚した。ロンドン生まれのメアリー・リーキー（1913～1996）はルイスとは対照的な女性だった。物静かでひかえめで几帳面な彼女は、高度な技術をもった芸術家であり、丹念な発掘者であり、石器技術の専門家だった。とっぴな計画に走りがちな夫の手綱《たづな》を取り、数々の発掘をきちんと最後まで導いた。

　ふたりは第二次世界大戦にも屈しなかった。1943年、大地溝帯に位置するナイロビ近郊オロルゲサイリエで、古代の狩猟民たちが大きな獲物を解体するのに使っていた約30万年前の遺構群を発掘した。オロルゲサイリエはじつに魅力的な土地だ。何十万年も前に動物をさばくために使われた大きな石器が、当時のだれかが放りだしたまま、いまもあちこちに転がっているのだから。リーキー夫妻は無数の石器と動物の骨片が大量にたまっている場所や、猟師たちが野営し、食事をし、眠った場所の跡も見つけた。どれも数メートル四方に満たないせまい場所だが、古代人の行動を物語る貴重な資料の宝庫だ。ていねいに掘れば、小さな道具からネズミの骨、果てはヘビの牙《きば》まで見つけることができる。

ふたりは戦後も、なきに等しい予算でオルドヴァイの発掘を続け、層化した湖底から何千点もの石器を掘りだした。１９５１年、リーキー夫妻はこの渓谷での石器の発生順をまとめた長大な報告書を発表した。最古の石器は、火山礫《れき》を打ち欠いただけのものより少しだけ上等な、素朴なチョッピングトゥール〔礫（れき）の一部を打ち欠いてつくった両刃の石器〕だった。

石器の並びの大枠ができてしまうと、ふたりのねらいは石器から、渓谷内に露出している細かい粘土や砂へ移った。かつての湖底を仰《あお》ぎ見る状態のいまでは、大小さまざまな動物たちが湖の浅瀬で水を飲んでいたとは、にわかには信じがたい。ここではリーキー夫妻は、古代人が素朴なチョッパー〔礫の一部を打ち欠いてつくった片刃の石器〕や鋭《するど》く尖《とが》った剝片《はくへん》石器で獲物をさばいていたはずの、湖畔の野営地の跡を発掘した。歯のかけらがいくつかでた以外に、化石人類の痕跡は見つからなかった。そんな折、１９５９年７月に、メアリー・リーキーがジンジャントロプス・ボイセイ、「かわいい坊や」を見つけたのだ。

「かわいい坊や」はリーキー夫妻を世界の有名人の座に押しあげた。ナショナル・ジオグラフィック協会が、ジンジャントロプスが出土した現場を徹底的に発掘するための資金を提供した。メアリーは細心の注意を払って骨片や石のかけらを発掘し、すべての遺物や骨を原位置で記録してから取りあげた。こうして考古学者たちは、最初期の人類の暮らしをはじめて復元できるようになった。

わたしはかつて、発掘現場にメアリーを訪ねたことがある。日傘《ひがさ》の下にしゃがみこむ彼女の近くには、飼っていたダルメシアンたちが寝そべっていた。メアリーは刷毛《はけ》と歯科用のピックを使って、レイヨウの小さな骨にこびりついた湖の砂をやさしく落としていた。その忍耐力たるや、たいへんなものだった。いまではじっくり時間をかけるメアリー流のやり方が、これだけ古い時代の遺跡を発掘するときの常識になっている。

ジンジャントロプス・ボイセイの化石は、いつの時代のものだったのか？　ルイスは60万年前ぐらいのものだと推定していた。カリフォルニア大学バークリー校の地球物理学者ふたりが、新しく開発されたカリウム・アルゴン法（27章）を使って１７５万年前のものという年代をはじきだしたとき、リーキー夫妻も世界の科学界もあっけにとられた。その日を境に、人類の起源は倍以上も昔へ遠のいたのだった。

人類の祖先探しの幅もぐっと広がった。オルドヴァイのあちこちで大規模な発掘が行われ、さらに多くのヒト族の骨が出土した。先の発見よりも少し古い層から頭骨の破片とほぼ完全な状態の足が片方でてきたが、これはジンジャントロプスとはだいぶ様子の違う、もっと華奢《きゃしゃ》な体格のヒト族のものだった。南アフリカの生物人類学者フィリップ・トバイアス〔1925〜2012〕がこの骨格を調査し、「ホモ・ハビリス（器用なヒト）」と認定した。持ち前の思いきりのよさを発揮して、ルイス・リーキーはハビリスを、現在からさかのぼること２００万年前に生きた最古の石器製作者と呼んだ。

メアリー・リーキーは初期の発掘の記録を書き残すという大仕事に取り組み、チョッパーや剝片石器のシンプルな製作技術をくわしく検証した報告書をまとめた。メアリーはこの技術を渓谷の名前から「オルドワン」と名付けた。そのころルイスはあちこちを旅しては講演を行い、人類の起源をめぐる新しい理論をつぎつぎに提唱していた。そして若手の研究者たちに、チンパンジーやオランウータンやゴリラなどの現生霊長類の行動を研究するよう勧めていた。そこから初期人類の行動を解き明かすカギが見つかるかもしれなかったからだ。ルイスは、のちにチンパンジーの世界的権威になったイギリスのジェーン・グドール〔1934〜〕や、アメリカ人のゴリラ研究者ダイアン・フォッシー〔1932〜1985〕たちのよき師となった。

ルイスは1972年に死んだ。1977年、メアリーはタンザニアのラエトリで目をつけた一画で発掘を開始した。そして、固まった火山灰のなかから359万年前のヒト族の足跡をふたりぶん見つけて、まわりをあっと言わせた。ラエトリの足跡化石は、雨期にだけ水が流れる枯れ川の底に残っていた。細かい火山灰がいくえにも薄く重なったその場所は、近くの水場へかよう動物たちの通り道だった。火山灰が凝固した地面には、ゾウ、サイ、キリン、サーベルタイガー、さまざまな種類のレイヨウたちの足跡も残っていた。

24センチほど離れて続く2組のヒト族の足跡は、別々の時期についたものである可能性が高かった。踵《かかと》と爪先が沈みこんだ特徴ある足跡を残したふたりは、ともに身長150センチに満たなかった。メアリーは彼らの足取りから、体を揺すりながらゆっくり動いていたと推測した。現生人類のきびきびとした大股《おおまた》歩きとは違って、彼らの腰は歩くとき左右に大きく揺れていた。この足跡の持ち主として最初に考えられるのは、1973年にドン・ジョハンソン〔1943〜 ドンのかわりにドナルドとも〕がエチオピアで発見した小柄なアウストラロピテクス・アファレンシスの「ルーシー」のような個体だ。ラエトリのふたりは直立二足歩行（2本の足で歩くこと）を行っていた。樹上生活をやめて地面に下りたのが人類の大きな特徴であり、開けた場所で狩りや食料採集を成功させるカギが二足歩行だった。

長いあいだ、数少ない化石をもとに人類の起源を研究していた科学者たちは、初期人類の進化は直線的なもの、つまり進化は一本の線に沿って起きたと考えていた。ところが1970年代に入るころには、東アフリカ、そしておそらく別の地域でも、ヒト族には一本どころではない多様性があり、そのほとんどが未知の存在なのだということがわかっていた。ドン・ジョハンソンやリーキー夫妻の息子リチャード・リーキー〔1944〜〕など、より多くの研究者たちが東アフリカで調査をはじめるにつれて、こうした多様性が徐々に明るみにでてきた。

古人類学（化石人類を研究する学問）自体がいまや、化石だけでなく周辺環境や人間行動に関心をもつさまざまな分野の専門家たちからなる多くの調査チームに支えられていた。リーキー一家は自分たちだけで調査することが多かった。地質調査は自分たちでやり、あとから少しずつ植物学や年代測定や動物学などの専門家を呼ぶようになった。だが、こうした限定的な専門家への協力依頼でも、研究に変化は起きた。分子生物学にもとづいた新たな編年によって、人類がもっとも近い親戚であるチンパンジーと枝分かれしたのは、およそ700万年前から800万年前のことと判明した。

ここへきて人類の起源探究の対象に、ホモ・ハビリスやジンジャントロプス・ボイセイよりもはるかに古い化石が入ってくることになった。リチャード・リーキーはケニア北部の人里離れた地にあるトゥルカナ湖の東岸で、化石含有層の発掘調査を行った。リチャードの調査隊は、保存状態のよいアウストラロピテクスの化石や、原始的な特徴とより進化した特徴を両方そなえた人類の祖先の骨を多数発見した。こうして化石資料の数が増えたことで研究がすすみ、ホモ・ハビリスは現在、わたしたちの直接の祖先としてはもっとも古い初期のヒト属〔「ヒト属」は「ヒト族」に属す系統のひとつで、現生人類を含む〕とされている。

１９９０年代、アメリカ人の古人類学者ティム・ホワイト〔1950〜〕がエチオピアの乾燥地域アワシュ地方のアラミスという場所で小柄なヒト族の骨を少なくとも17点発見した。これは、４５０万年前から４３０万年前に生息していたと見られる猿人「アルディピテクス・ラミダス」のものだった。この「アルディ」は、ヒトよりもチンパンジーに近く、子孫たちよりも森に近い環境で暮らしていた可能性がある。二足歩行ができたラミダス猿人についてはわかっていないことも多いが、アフリカ類人猿から分岐した最初のヒト族に近い。アラミスでは、後代のアウストラロピテクス属の化石含有層よりも下の土層からラミダス猿人の骨が出土している。アルディピテクスから見れば、ドン・ジョハンソンが見つけた３００万年前の「ルーシー」などほんの小娘だ〔ずっとあとの時代に生まれた「後輩」ということ〕。

いまでは、７００万年前から２００万年前のアフリカ東部で、非常に多様なヒト族が栄えていたことがわかっている。その多くはまだ謎につつまれているが、なかでもアウストラロピテクス属はとにかく広く生息していたようだ。ヒト族（hominins）の一部は、頭部がより丸みを帯びていたり、腰まわりや手足にわたしたちの最古の祖先である初期のヒト属（Homo）と呼ぶにふさわしい、めだった特徴をそなえていたりした。いったいいつそれらの系統が誕生したのか、それについてはまだ解明されていないが、石器をつくっていたのはまちがいないようで、３００万年ほど前に進化をとげた可能性がある。

　20世紀初頭の考古学者の例にもれず、リーキー一家は最小限の資金で、キャリアの大半を家族のみの単独で活動した。彼らの発見のおかげもあって、人類の起源探究に現代的な足がかりができた。さらに多くの化石が出土しているいま、人類の進化は無数の枝をもつ一本の樹と考えられている。どこにもつながることのなかった枝が大半だが、何本かは初期ヒト属からホモ・エレクトゥスをへて、最終的には現生人類へと伸びてきたのだ。

# Chapter 30 最初の農耕民

ヴィア・ゴードン・チャイルドは１９３０年代に、中東であいついで旱魃《かんばつ》が発生した時期に農業革命がはじまったと主張した（23章）。彼は、狩猟採集から農耕牧畜への移行が起きたのは紀元前４０００年ごろ、またはそれより少し前と見ていた。これは単なるあてずっぽうで、裏付けとなる情報はほとんどなかった。なにが中東の人々の暮らしを根本的に変えたのか？　チャイルドの主張から75年ほど経ち、数えきれないほどの発掘調査と、放射性炭素年代測定と、新たな気候データが手がかりをあたえてくれた。

チャイルドの著書には、農業革命が歴史を変えたとある。たしかに農業は人類の生活の方向性を変えた。だがそれはチャイルドも認めていたとおり、発明ではなく移行だった。食用植物を採集していた人間ならだれしも、植物が芽をだし、生長し、種を落とすことを知っていた。では、自生している植物を自由に収穫できるのに、なぜわざわざ栽培の手間をかけるのか？　人々が穀物を育てはじめたのは、自然に得られる収穫量が減ってきたからで、生き残るための作戦だった。狩猟と植物性食料採集から農耕への移行は、人類史上もっとも重要な転換点のひとつに数えられる。この移行はいつ、どこで、そしてなぜはじまったのだろう？

この問いは考古学者たちの心を1世紀以上もとらえて離さなかった。だが、残念ながら初期の農地が残っていることはきわめてまれだ。野生の穀物と栽培植物化された穀物を見分けるのは考古学者にとっても困難だし、野生のヤギやヒツジの骨は家畜化された動物たちの骨とほとんど違いがない。ここで必要になってくるのは、残存状態がよい遺構、時間をかけた発掘、小さな種子を回収できる目の細かいふるいなどだ。また、チームワークも必要になってくるが、そういったことをよく心得ている人物がいた。

ロバート・ジョン・ブレイドウッド（１９０７〜２００３）は薬剤師の家に生まれた。建築を志《こころざ》してミシガン大学に入学し、建築学・人類学・歴史学の学位を得て卒業した。卒業後はシカゴ大学オリエント研究所に勤務し、編年専門家として深く掘りさげた層序から時間枠を確立する技を身につけた。１９３７年に結婚したリンダとは、考古学界屈指のおしどり夫婦として66年間仕事のうえでも協力を続けた。ふたりは90歳を超えてから、わずか数時間の差であいついで息を引き取った。

ブレイドウッドは素朴な疑問をもった。古代人たちはどこで栽培可能な自生植物を見つけたのか？　生物学者や植物学者から中東北部の山岳地帯のことを教えられたブレイドウッドは、彼らの勧めにしたがってイラク北部に向かった。１９４０年代後半から１９５０年代初頭にかけて、イラクのザグロス山麓にある村落遺丘ジャルモに腰を落ち着けて調査を行った。

このプロジェクトはほかとはひと味違った。それまで何世代ものあいだ、考古学者はたまに出土する獣骨や炭化した種子といった試料を専門家に鑑定してもらっていた。ところがブレイドウッドは、非常勤の専門家ではもはや用をなさないと考えた。専門の学者たちとの緊密な協力関係と、入念に計画した調査を提唱した。住民と周辺環境がどう影響をあたえあったかを調べるために地質学者を同行させた。調査隊のメンバーにはほかにも動物学者、植物学者、土器専門家、放射性炭素年代測定の専門家などがいた。

ジャルモには12の文化層があった。日干しれんがの壁と粘土の屋根をもつ住居が25戸ほど、石を並べた基礎の上に建っていた。人口はおよそ１５０人と推定された。チームの力をいかして、専門家たちは過去の断片をつなぎあわせることに成功した。ジャルモの村人たちは、2種類の小麦と豆類を栽培し、ヤギとヒツジの群れを飼っていた。編年専門家としては当然ながら、ブレイドウッドは放射性炭素年代に興味津々《しんしん》だった。驚いたことに、ジャルモの最古の集落は紀元前７０００年ごろのものという結果がでた。初期農耕が興《おこ》った時期として一般に考えられていた紀元前４０００年ごろのはるか前だ。

ジャルモは予想をはるかに上まわる古い集落だったにもかかわらず、すでに農耕がしっかり根づいていた。ジャルモの農耕民ともっと昔の狩猟社会とのあいだには、見逃しようのない大きな時代の開きがあった。ブレイドウッドは最初期の農耕民たちはジャルモよりも簡素なつくりの村で暮らしていたにちがいないと考え、そんな遺跡を探しはじめた。

そしてたどり着いたのが、トルコ南東部のチャユヌの遺丘だった。なんと、ここでもまたブレイドウッドは緻密《ちみつ》な計画にもとづいて建設された村落を掘りあてることになった。紀元前9400年から前7200年の村である。農耕への移行は、それまで考えられていたよりもはるかに複雑なプロセスだったということにブレイドウッドは気がついた。そのブレイドウッドですら、同時期にエリコで見つかった並はずれた遺跡には意表を突かれることになった。

キャスリーン・ケニヨン（1906～1978）はイギリスの女性考古学者で、発掘調査と、飼っていたフォックス・テリアたちと、ジン〔香りづけされた蒸留酒の一種〕に目がないことで有名だった。オックスフォードで歴史学を学び、その後1929年にガートルード・ケイトン゠トンプソンについてグレート・ジンバブエを訪れ、発掘のおもしろさに目覚めた（22章）。ケニヨンの実習歴はまさに完璧だった。その人並はずれた発掘手腕は、モーティマー・ウィーラーとテッサ・ウィーラー夫妻のもとで1930年から1934年の4シーズン、ローマ時代の都市ウェルラミウムの発掘を手伝ったことで磨かれた（25章）。

名発掘者としての評判が広くとどろきわたると、パレスチナに残る古代のイスラエル北王国の首都サマリアの発掘に招かれた。ケニヨンはその後のキャリアのすべてを中東にささげた。ブレイドウッドがジャルモを発掘していたころ、ケニヨンはいまのパレスチナにある古代都市遺丘エリコ発掘のための資金提供を受けた。土器の破片を大量に含む、何層にも重なった複雑な土層を読み解くための専門知識をもっていたのは、彼女だけだった。エリコの発掘にケニヨン以上の適材はいなかったのだ。

エリコといえば、もちろん聖書に出てくる町であり、青銅器時代の城塞都市でもある。ケニヨンはこの土地の全歴史に向きあうことになった。現代の町に近いテル・エス・スルタンと呼ばれる遺丘の底まで掘りさげて、初期の土層から放射性炭素年代測定のための試料を多数掘りだした。最下層では、紀元前9500年以前に人が住んでいたと見られる小さな集落跡が泉のそばで見つかった。エリコはその後すぐ、粘土と日干《ひぼ》しれんがで建てられた小さな円形の住居群からなるこぢんまりとした集落になった。1世紀たつと、住居の数は70戸に増えた。紀元前8350年から前7300年ごろにおそらく数百人ほどが暮らす小さな町になり、高さ3・6メートルを超える立派な石の壁がまわりを囲むようになった。石壁の内側には内階段をそなえた石塔がそびえていた。この石の塔と壁が、ヨルダン川の氾濫《はんらん》にそなえたものだったのか、外敵を警戒してのものだったのかはわかっていない。

町に住んでいたのはその当時から後世にいたるまで確実に農耕民で、後世になると石を並べた基礎の上に四角い家を建てるようになった。紀元前6900年までには、町の人たちは先祖の頭部や（ときには頭のない）人骨を自宅の床下に埋めるようになっていた。なかには、頭骨に漆喰《しっくい》で細工して生前の顔つきを再現した粗野な「肖像」になっているものもあり、目の部分には貝殻がはめこまれていた。ある家の床下からは、漆喰細工の頭骨が10個も詰めこまれた穴が見つかっている。

ケニヨンがエリコで行った発掘調査は、垂直発掘として知られている手法の典型例だ。深く、通常はせまく掘りさげることで、たとえばその都市にいつだれが住んでいたのかといった細かいことがわかる。時代の変遷とともに古代社会がどう変わっていったかも見えてくる。じつはケニヨンには垂直発掘しか選択肢はなかった。エリコの都市堆積層はかなりの深さがあって、最初期に近い土層をもっと広範囲に掘りだそうとすればとてつもない費用がかかったことだろう。だが、垂直発掘によってこの都市の何世紀にもおよぶ歴史のごく基本的なところは明らかになった。

エリコの発掘によってブレイドウッドの予想が裏付けられた。農耕の発生は、さまざまな場所で長い時間をかけてすすんだプロセスだったのだ。いまでは、トルコ南東部からシリアにかけて、さらにずっと南方まで、少なくとも1万1000年前には農業を行う小さな村々が点在していたことがわかっている。このうち大規模な発掘が行われたのはほんのわずかで、そのひとつがシリアのユーフラテス渓谷に広がっていた森林と平原の境目にあった小さな村アブ・フレイラだった。イギリスの考古学者アンドリュー・ムーアが1972年から1973年にかけて、水力発電ダムの建設によってじきに水没することになっていたこの遺丘で発掘調査を実施した。専門家による発掘と共同調査によって再現されたアブ・フレイラは、紀元前1万年の初期農村の姿をありありと見せてくれた。

当時は、この地域全体がいまより暖かく雨も多かった。地面に浅い穴を掘ったうえに、葦《あし》で屋根を葺《ふ》いた小さな住居を建てて、まずは数家族が住み着いた。食べ物は、野生動物や食用植物や木の実など多彩だった。春になると南から移動してくるガゼル（砂漠に住むレイヨウ）の群れを狩った。この小集落跡から出土した獣骨の8割以上はこういった小さめの動物のもので、肉は干して保存食にしていた。村人たちは5、6種類ほどの自生植物をおもに食べ、それ以外にも200種類ほどの植物を幻覚剤や染料や薬として使った。アブ・フレイラの人々は環境にていねいに手を入れて管理し、村は栄えて300人から400人が暮らすまでになった。だがあるとき、長引く旱魃《かんばつ》に耐えかねて人々はこの集落を捨てて立ち去った。

こうしたことがわかるのは、文化層に残っていた食用植物や木の実が時代とともに大きく変わっていたからだ。ムーアの調査隊にいた専門家のひとり、植物学者のゴードン・ヒルマン〔1943〜2018〕は、文化層に含まれていた植物遺存体を回収した。種子がたくさん含まれたその土壌試料を水に溶いて目の細かいふるいにかけることで、大量の植物資料が手に入った。ヒルマンは、紀元前1万年以後に乾燥化が進むにつれ、木の実がなる森や自然の草地がアブ・フレイラからどんどん遠くへ後退していったことを示してみせた。旱魃が悪化すればするほど、食料となる植物は減っていった。

迫りくる大災害は想像するにかたくない。来る日も来る日も雲ひとつないくすんだ青空から太陽が照りつける。水平線に雨雲がわくこともない。いつもなら青々としているユーフラテス川沿いの平原を、土ぼこりが渦《うず》を巻いて横切っていく。だだっ広く、いまや茶色く枯れた草地は、毎年襲ってくる旱魃とともに面積が減っていく。年々、森へ木の実や食用植物を探しにいく村人たちの歩く距離は伸びる。収穫は以前よりも格段に少なく、冬がくるころには村人たちは空《す》きっ腹をかかえている。春を迎えるころには飢え死ぬ寸前だ。ヒルマンとムーアは、旱魃と森林破壊（気温低下と人口増により薪《たきぎ》の需要が増えたことによる）が重なったことで、村人たちはこの土地を捨てて行かねばならなくなったと考えた。

紀元前9000年ごろには、もとの村があった丘の上に、前とはまったく別のもっと大きな集落ができた。最初、住人たちはガゼル狩りを続けていた。だが、わずか数世代のうちにヤギやヒツジの放牧に切り替えた。その後10世紀のうちに、ヤギとヒツジの重要性はますます増し、ガゼル猟は衰退した。村の面積は12ヘクタールまで広がった。当時の村を訪ねれば、日干しれんがづくりの四角い平屋が建ち並ぶあいだをせまい路地が走り、中庭が点在する風景が広がっていたはずだ。

専門家によると、自生植物を栽培植物化してそれがうまく収穫できるようになるには1000年から2000年ほどの時間がかかったはずだという。長引く旱魃に見舞われて食料供給源を確保する必要にせまられたことが、人々を作物の栽培に向かわせるきっかけになったとしてもおかしくはない。アブ・フレイラ（やその他の土地）の人々ははじめ、種をもっとたくさん取ろうとして自生していた植物を植えたのだろう——最初はライ麦、次に小麦や大麦を。しばらくすると彼らは完全な農耕民となり、畑と家畜の放牧地がある土地から動けなくなった。当時の農業は完全に雨頼みで、植えつけの時期を慎重に見きわめないと、雨が降る前に作物が枯れてしまった。雨がいつ降るか予測のできないこの地域ではリスクの高いやり方だった。

地中海の東岸で紀元前1万年ごろから1000年も続いた大旱魃が、農耕がはじまるきっかけだったのかどうか、結論はまだでていない。だが、狩猟採集生活をしていた人々を農耕民へと変えた大きな要因のひとつだったとは言えるだろう。

いまではアブ・フレイラは、紀元前1万年ごろに中東広域にわたって点在していた初期農村のひとつにすぎなかったことがわかっている。そういった農村のすべてで、農耕への移行をめぐって同じような特徴が見られた。農耕の起源は、ほんの1世代前に考えられていたよりもっとずっと古い時代までさかのぼるものだった。そしてその変化は、中東だけのものではなかった。農耕は地球の反対側の中国でもほぼ同時期にははじまっていた。そしてそのすぐあとにアメリカ大陸でも。

農耕への移行は爆発的な人口成長を引き起こし、はるかに複雑な人間社会を生みだし、数千年のうちにエジプトとメソポタミアに世界最古の文明をもたらすことになった。

## Chapter 31 皇帝を護《まも》る

　中国の秦《しん》の始皇帝は、未来永劫《えいごう》その名を世に残すことを望んだ。この残忍で猛々《たけだけ》しい為政者が群雄割拠の国土を統一して皇帝になったのは、紀元前２２１年のこと。そのわずか11年後には49歳の若さで身罷《みまか》った。中国では古くから水銀が永遠の命を約束すると信じられていたため、始皇帝も水銀の丸薬を大量に服用していた。水銀が皇帝に授《さず》けたのは、不死ではなく死であった可能性が高い〔始皇帝の水銀服用の話は後代の人によって付加された伝説ともいわれる〕。

　皇帝は沿岸部で死んだが、埋葬は内陸部で行われることになっていた。棺をのせた馬車は重臣たちに付き添われてゆっくりとすすみ、遺体の腐敗臭を隠すために腐った魚がいっしょに運ばれた。

　皇帝は国土統一のかなり前から中国北西部の西安《シーアン》〔かつての長安〕の東30キロほどの場所で陵墓の造営をはじめていて、統一後には作業のペースが上がった。およそ70万人の作業員が、有名な驪山《りざん》〔西安の東にある標高およそ1300メートルの山。ふもとに温泉があり、始皇帝もそこで湯治したという〕の麓《ふもと》で墓づくりのための土木工事にかりだされた。そのあと、ちょっとした軍隊ほどの数の職人たちが一大地下宮殿をつくりあげた。

労働者たちはまず真水の泉がいくつか湧《わ》きだすまで地面を掘りさげた。それから陵墓のなかに専用の室をくりぬいて、王宮などの建物の複製を詰めこんだ。皇帝の外棺は青銅製だ。天井には夜空を再現するために、星のかわりに真珠がちりばめられた。紀元前90年代に書かれた中国の歴史書〔司馬遷の『史記』のこと〕によると、水銀で満たされた海や大河の模型は、まるで本当に水が流れているように見えたという。ここでもまた不滅の象徴である水銀――おそらく皇帝を死にいたらしめた物質――が使われたため、始皇帝の陵墓は危険地帯になった。墓の周囲から採取した土壌試料は高濃度の汚染を示している。

文献によると、職人たちは侵入者を射殺するため、からくりじかけの弩弓《どきゅう》を設置したという。皇帝の葬儀が終わると、情報がいっさいもれないように、陵墓建設にたずさわった人々は墓のなかに閉じこめられた。

43メートルの高さを誇る始皇帝陵がまわりののどかな風景にとけこむよう、高低さまざまな木々が植えられた。皇帝の墓所は広大な陵園のなかにあり、その周囲を6キロにわたって外壁が取り囲んでいる。

墓所のほかに陵園の地下になにが眠っているのか、その秘密がはじめて明るみにでたのは1974年、未発掘の陵墓の東2キロほどのところで井戸の掘削が行われたときだった。素焼き製の等身大の兵士像がひとつ見つかったのだ。そしてまたひとつ。さらにひとつ。考古学者と保存専門家たちは、気づけば近衛軍団の一群をまるごと掘りだしていた。これが有名な兵馬俑である。チーム制で行った発掘作業はあまりにも大規模で、責任者としてだれかひとりの名前をだすことすらできないほどだった。

残念ながら、わたしは発掘現場を近くで見ることはかなわず、旅行者として遠くから見学しただけなので、おおまかな描写しかできないが、とにかくその光景には度肝を抜かれた。それら土製の俑〔人形（ひとがた）のこと〕が驚くほど写実的なのだ。兵馬俑は平行な11本の溝のなかに並び、それぞれの溝の長さは２００メートルほどあった。通路の上にはござを粘土で固めた屋根がかけられていた。本物の軍団の姿がありありと目に浮かんだ。おおむね４人ひと組で40列縦隊を組んで行進している。すべての兵士が規律ただしく油断のない様子ですっくと立ち、戦闘態勢にある。身につけている鎧《よろい》は、石板を銅線でつなぎ、体の右側で着脱可能になっていた本物を模したレプリカだ。兜《かぶと》はかぶっておらず、まっすぐ前を見ている。みな顔つきが違っており、実在の人たちをモデルにしたように見える。しかしその顔は無表情で、感情はうかがい知れない。いまとなってはどれも薄い褐色で、顔料〔水や油に溶けない白色・有色の不透明な粉末による着色材〕の痕跡がわずかに残るばかりだが、軍団が埋められたときにはどの俑も鮮やかな色の軍服姿だったはずだ。さぞかし見事な眺めだっただろう。

縦隊の手前で３列に並んでいるのは、２００人ほどの弓あるいは弩弓の射手だ。彼らは木綿の衣類（を素焼きで再現したもの）を着ており、遠くから矢を射るため武具はつけていない。この３列の兵士たちが順番に矢を射かけることで、敵に向かって矢がひっきりなしに飛んでいくことになる。現代になって実験で確かめたところ、当時の弩弓の射程は約２００メートルだった。

弓兵の後ろに続くのは、二輪の戦車が６台と、鎧をつけていない歩兵班が３つ。戦車はそれぞれ素焼きの馬４頭に引かれ、１台にひとり御者もついている。戦車１台につき兵士が２、３人ついて戦場へでていくのだ。6台のうち2台には指揮官たちが乗っていて、陣太鼓《じんだいこ》を打ち鳴らし陣鉦《じんがね》をひびかせて部隊に進退の合図を送っていたのだろう。なかには口ひげを風になびかせ、かすかに笑みを浮かべている指揮官もいる。

わたしはその光景に圧倒された。そこにいたのは盾《たて》ももたずに戦場へ飛びこむ一番槍の兵士たちだった。古文書は、秦朝の兵士たちの勇猛さを伝えている。秦軍の指揮官たちは、攻撃こそ最大の防御であると信じていた。彼らが臨んだ白兵戦は、血みどろの熾烈《しれつ》なものだっただろう。だれもが青銅の剣や槍、あるいは戟《げき》と呼ばれる、槍と戦闘用の斧《おの》を合体させた一撃必殺の武器〔西洋の「ハルバード」に似たもの〕を手に戦いぬいた。

始皇帝は、よく訓練された強大な軍隊に自分を守らせたのだ。だが、そのような精鋭部隊を生《い》け贄《にえ》にするのはあまりにももったいないということになったのか、その墓を守ったのは素焼きの兵士たちだった。

これで全部ではない。ふたつめの兵馬俑坑には１５００人を上まわる兵士と馬が４つの集団に分かれて埋まっていた。その一角では、鎧をまとわぬ槍兵の一群が、膝立ちをした弓兵たちを囲んでいた。２号坑には多数の戦車も残っていて、64台も埋まっていた一室もあった。われわれはつねに警戒態勢にある、奇襲にそなえた守りは万全だぞ、と威嚇しているのだ。

5年におよぶ粘り強い発掘と保存作業をへて１９７７年に姿を現した3号坑には、軍団総司令官の戦車と護衛たちの俑が納められていた。この坑の兵士たちは非常に背が高くて身長１９０センチ以上、１号坑の標準的な兵士より10センチも高かった。

壊れやすい俑を掘りだすだけでも、チームワークが試される緻密な作業だった。この地域で産出する粘土は粘り気が強く、等身大の俑の作成に耐えた。どの俑もパーツごとにつくってから組み立てられており、頭と胴体は別々につくられていた。そうやって、ある程度決まった型でありながら、頭部はひとりひとりの肖像のように成形することができたのだ。

兵馬俑の保存作業は、とんでもない大仕事だ。俑の多くを組み立て直す作業に加えて、ほんの小さな顔料の欠片《かけら》を手がかりに、軍服のもとの色を探りあてる努力も続けられている。カメの歩みのような保存作業は、観光産業を視野に入れて終えられた。始皇帝の兵馬俑軍団は国際的な注目を集めるようになっており、毎年何万人もの観光客が訪れる。これは公衆の面前で行われる現在進行形の考古学であり、考古学者たちには遺跡の混雑や、俑の状態に影響をあたえる空気の汚染などの諸問題への対応も求められている。

新たな発見が続いた。1998年に陵の南西部で見つかった坑からは、武具の破片や兜などが何千と見つかり、おそらく武器庫と考えられた。しかも土のなかからはさらに多くの遺物がでてきた。

1年後、そのすぐ南側に位置する坑から、俑11体と青銅製の鼎《かなえ》〔円形3足の祭器〕がひとつ出土した。精巧につくられた俑の体勢から判断して、雑伎団の団員たちの像と見られた。あの世で皇帝を楽しませるために埋められたのだろう。ほかの坑からは（すでに朽ちて久しい）楽器を手にしていただろう楽士15人の俑がでてきた。こちらは皇帝が庭を散策するときのお慰みに、というところだろうか。

また別の坑のなかでは、46羽の青銅製の水鳥たちが水路のそばの台にとまっていた。そのうちの1羽にいたっては青銅でできた虫をくちばしにくわえていた。こういうものが偶然見つかると、わたしたちの心は一気に過去の世界へと羽ばたく。虫をくわえた水鳥の姿からは、昔の人も美しいものや静かな池、そして野生生物を慈《いつく》しんでいたことが伝わってくる。

　始皇帝の陵園の大きさと複雑さは圧倒的だ。たとえば、中心からはずれたところには皇帝の厩舎《きゅうしゃ》があり、正座をした馬丁俑《ばていよう》のそばに本物の馬たちが埋められていた。なぜ生きた馬でなければならなかったのか、いまとなってはわからない。馬を飼うことが威信の証明だった国のこと、もしかしたら皇帝のお気に入りの馬たちだったのかもしれない。皇帝の側室たちをモデルにした俑が大量に埋められた坑があるとの未確認情報もある。近くでは集団墓地がいくつも見つかっており、不死を追い求めた皇帝がもたらした甚大な人的コストについても考えずにはいられない。

　近いところでは２０１２年に、長さ６９０メートル、幅２５０メートルという大きな宮殿の跡が見つかり、中庭を擁《よう》した主殿の存在が明るみにでた。始皇帝の墓地ではこれから何世代も先まで考古学者たちが調査を続けることになるだろう。

　残るは始皇帝陵そのものだ。中国の考古学者たちは、まだ専門技術に熟練しておらず、予算も足りないという理由で、墓室の発掘と保存には手をつけずにきた。それにもちろん、水銀汚染の問題もある。

　これまでのところ、現地の学者たちは磁気探知機――陵の地下深くに見られる磁気の乱れを探る機械――にたよっている。このような探知機は鉄やれんが、焼けた土、朽ちた木材や有機物などにも反応する。磁気探知機によって、地下宮殿は墳丘のまんなかに位置し、壁に囲まれていることがわかった。墓室のなかには大量の金属と見事な排水設備があることもわかっている。水銀の値が異常に高いということは、前述の歴史書の記述が正しいということかもしれない。

始皇帝陵発掘の是非をめぐっては、熱い議論が戦わされている。考古学者たちは、いまはまだ適切な発掘手段がないと主張する（発掘中に兵馬俑の一部が損壊したのが一例だ）。逆に、即時発掘を主張する人は、盗掘抑《よく》止《し》の効果があると言う。観光地としての将来性や、陵墓がもたらす経済効果に期待する声もある。

これらの論点はどれも、世界じゅうの考古学者にひとつの重要な問いを突きつけている。純粋な考古学よりも観光産業のニーズを優先するべきかどうかという問いだ。エジプトのギザのピラミッドやカンボジアのアンコール・ワットでは、押しかける観光客の大群によって重要な遺跡が摩耗《まもう》するという深刻な問題が発生している。中国人考古学者たちも、始皇帝陵の発掘が史上最大とまでは言わずとも世紀の大発掘になることはわかっている。このまたとない調査プロジェクトを行うにあたって、必要な手段や知識が手に入るまで待ちたいと思うのも当然のことだ。

議論が続いているあいだも、中国の学者たちはほかの陵墓で発掘の経験を積んでいる。紀元前74年、皇帝に即位してわずか27日で劉賀《りゅうが》（紀元前92～前59）は漢《かん》の皇帝一族に帝位を剝奪《はくだつ》された。女癖が悪く、遊興にふけりモラルに欠ける、という理由だった。指導者としての才覚もなかった。降格された劉賀は、江西省北部の南昌《なんしょう》〔江西省の省都〕近郊の小さな土地の領主、海昏侯《かいこんこう》になった。廃帝だったにもかかわらず、劉賀には妻のものを含む10基もの墓を壁で囲った立派な陵園があたえられた。

考古学者の信立祥《しんりっしょう》〔1947〜 中国秦漢考古学会会長〕がひきいる調査隊が、２０１１年からこの墓の発掘を続けてきた。劉賀の墓からは、金塊や金の延《の》べ板《いた》など、金製品だけで78キロもの副葬品が見つかった。棺の近くには銅銭10トンと鼎《かなえ》10個が副葬されていた。雁《かり》の形のランプ〔青銅製で、明かりの明暗を調節する機能つき。雁魚灯（がんぎょとう）と呼ばれている〕や、生《い》け贄《にえ》の馬をつないだ馬車なども出土した。

２０１５年、海昏侯の棺を含む墓の内部全体を油圧リフトでもちあげ、近くの研究センターに運びこんでくわしい分析が行われた。棺のなかから見つかった玉印に劉賀の名があったことと、陵墓内で見つかった複数の青銅器にあった銘《めい》から、この墓の主は海昏侯と確定した。盗掘被害にまったくあっていない墓はたいへん貴重だった。海昏侯の遺骸は、ＤＮＡ鑑定で漢の王侯貴族たちとの血縁関係を調べられた。慣例どおり、その目と鼻と耳と口は翡翠《ひすい》の装身具で覆《おお》われていた。海昏侯の墓の副葬品は、２０００年前の漢の時代の中国の驚くべき富を証明している。

始皇帝陵は、中国の考古学者たちが今後、とくに副葬品がゆたかな墓を発掘するときに直面するであろう大きな問題の一例にすぎない。リモートセンシング〔遠隔探査〕やＤＮＡ鑑定、生涯の食生活の変遷を解き明かすことのできる人骨の（放射性）同位体分析など、急速に発展をとげている科学的調査手段が、ある程度は助けになってくれるだろう。共同調査による長期的なプロジェクトがこれからは標準になるということも、見つかったものの保存と巨大な国内観光産業からの要求のあいだでうまくバランスをとっていかなくてはならないということも、中国の学者たちはわかっている。

いつかきっと、世界最先端の考古学が中国から生まれてくるにちがいない。いくつもの大発見がわたしたちを待っているはずだ。

# Chapter 32 水中考古学

考古学者ジョージ・バス（1932〜）はギリシャ本土のミケーネ文明の専門家だ。と同時に、水中考古学の第一人者でもある。バスが水中考古学者になったのはまったくの偶然で、ペンシルヴェニア大学の学部時代のことだった。そのころ同大学博物館では、トルコ南西部ゲリドニア岬沖に沈んだ難破船の発掘を指揮する責任者を探していた。選ばれたのはバスだった。ただしダイビングの知識がなかったため、バスは近くの青少年クラブでスキューバダイビングの講習を受けさせられた。この人選が大あたりだった。

1954年に、海綿を採っていたトルコの素潜り漁師ケマル・アラスが、岬の沖で青銅製の物体が積み重なっているのを見つけていた。どうやら船が岩に衝突して沈むときに、裂けた船底から深さ27メートルほどの海底に積荷が不規則な線を描いてばらまかれたようだった。そこに登場したのがピーター・スロックモートン（1928〜1990）だ。アメリカ人の彼はジャーナリスト兼アマチュア考古学者で、1959年にはトルコ沿岸で古代の沈没船リストをつくっていた。スロックモートンはこの沈没船の古さは尋常ではないと気がつき、史上初となる海中深くでの科学的発掘調査をペンシルヴェニア大学博物館に提案したのだった。こうして水中考古学が誕生した。

ジョージ・バス、彼はなによりもまず考古学者だ。沈没船を見たとたん、陸上で行われるのと同じ基準で発掘と記録を行わなければならないと強く主張した。沈んだ商船が交易品を運んでいたことに着目し、古代の交易路に関する重要な情報が手に入るかもしれないと考えたのだ。船とともに積み荷が海の底へ沈んで以来、発見されるまでの何世紀ものあいだ、人間による撹乱《かくらん》がなかった。そこが陸上遺跡とは違うところで、陸にある狩猟野営地や都市などではひっきりなしに場所が移ったり建てなおされたり、後世のありとあらゆる人間活動による撹乱が起きる。陸上の遺跡が、ときにダイバーしか近寄れない深い水底に横たわっている水中遺跡のように「封印」されることはありえない。

ゲリドニア岬の難破船は、ごつごつとした岩がむきだしになった海底に横たわっていた。バスたちはまず潜水して写真を撮影した。測量の結果や遺物の位置は、ふつうの紙には書きとめられないので、水中でも書ける道具としてつや消しのプラスチック板と黒鉛の鉛筆を使った。積み荷自体はおもに銅や青銅の塊《かたまり》、底のほうでひとかたまりになった遺物などだった。頑丈な自動車用ジャッキを使ってかたまりをまるごと引き揚げる以外に方法はなかった。それをみんなして海岸で選り分けていった。

船の積み荷は高価な品々だった。大部分はキプロス産とわかる銅のインゴット（鋳塊《ちゅうかい》）で、青銅の武器をつくるときに使う錫《すず》もあった〔青銅（ブロンズ）は銅と錫の合金で古くから非常によく用いられた〕。金属は当時たいへん貴重だったので、青銅くずもきちんとかごに入れられていた。遺物の多くはシリアとパレスチナの品物だった。船はエーゲ海へ向かう途中でまずキプロスに立ち寄って銅と金属くずを積みこんだのだろうとバスは考えた。では、沈没したのはいつか？　積み荷の彩文土器と放射性炭素試料から、紀元前1200年という年代がでた。この船は青銅器時代の後期に沈没したのだ。

バスは1967年、比較的単純なゲリドニア岬の難破船から、トルコ西部の離島ヤシ・アダ島近海に眠るビザンツ帝国時代の沈没船へ調査の場を移した。今度の現場は、言うなればアンフォラ（貯蔵用の大きな陶器の壺《つぼ》）の山だった。バスは難破船を見下ろすように海中に足場を2つ組んで写真撮影をした。考古学者たちは、陸上での調査とまったく同じように現場にグリッドを設けた。ダイバーたちがその上からすべての遺物の位置を記録し、海上へ運びあげた。太いホースをつかって海底の泥や貝殻も吸いあげた。

ここでは、見つかった貨幣から船の沈没時期は7世紀前半と判明した。船体がある程度は残っていたため、舳先《へさき》（船首）ととも（船尾）のちょうどまんなかあたり、船体の奥にあったタイル屋根のギャレー（船内厨房《ちゅうぼう》）の調査もできた。タイル張りのコンロがあり、食器や調理器具も残っていた。

鉄製の遺物には砂や貝殻が付着し、なかの遺物自体は腐食した状態の凝固物となって現場に散乱していた。調査隊のひとりマイケル・カッツェフ〔1939〜2001〕がそういう塊に鋸《のこぎり》を入れて、合成ゴムを流しこんだ。そして凝固物を砕くと、かつてそのなかにあった遺物の鋳型《いがた》ができた。それは両刃の斧《おの》や木工細工用具、やすり、はては船体のコーキング（継ぎ目の防水加工）道具まで多岐にわたっていた。

水中考古学では、陸上よりも発掘調査に時間がかかる。ヤシ・アダでの水中調査のために行われた潜水は3575回にのぼった。この船の建材はとても軽かったので、船板についた砂を落としてから自転車のスポークで1枚ずつ海底に固定して実測と記録を行った。そうでもしないと、もろい板が流出してしまい、水面に引き揚げることもままならなかった。調査隊員のフレデリック・ヴァン・ドーアニンクは、継ぎ目からねじ釘《くぎ》の穴にいたるまで、すべての木片の記録を研究して、長さ21メートルの船体の全体図を描こうとした。かなり上手に描いたが、舳先とともはまるで不完全だった。

ヤシ・アダでの発掘で、難破船調査の基本的な手法が確立された。その手法は、カッツェフが1967年から1969年までキプロス北部キレニア沖で行った紀元前4世紀のギリシャ船の発掘をへて、いっそう磨《みが》きがかかった。この全長15メートルほどの質素な商船は左舷を下にして沈み、のちに船体が割れた。運よく、船板の4分の3は残っていた。

この船の一生はなかなか過酷なものだった。かなり使いこまれ、何度も修復された跡があった。積み荷も豪華と言える代物《しろもの》ではなかった。アーモンド35トン、アンフォラに入ったオリーブ油やワイン、そして石臼《いしうす》。このような船は、地中海東部キプロスとエーゲ海のあいだの港から港へとわたった無名の商人たちのものだ。キレニアの船は、王侯貴族の極上の積み荷ではなく、海上でひたすら日々の仕事に励《はげ》んだ庶民の記録であるという点で重要な発見だった。

キレニアで発掘されたのは、日用品を運ぶ地味な船だった。だが、それよりはるかに貴重な積み荷を運ぶ船も当時の海には行きかっており、紀元前１３０５年に積み荷を満載したままトルコ南部のウルブルン断崖のするどい岩礁に叩《たた》きつけられたのもそういう船だった。沈没の原因はわからない。突然の嵐で岩場に流されたのかもしれない。船員たちが船から飛びおりて波間に消えると同時に、この貨物船は45メートル下の海中へ沈んでいった。

それから約３３００年後、海綿漁師のメフメト・チャクルが、ウルブルン断崖近くの海底で耳つきの金属製の物体を見たと船長に報告した。その何年か前から、水中考古学者たちは各地の港で講演をして、古代の難破船がどんな様子をしているか写真を見せて説明していた。地元の海綿漁師たちに沈没船の情報を提供してもらうためだ。まさにこの船の船長もその講演を聞いたひとりで、耳つきの物体は銅のインゴットかもしれないと知っていた。船長から報告を受けて１９８２年に専門のダイバーたちが現場の海に潜《もぐ》り、青銅器時代の船が沈んでいるのを確認した。

世界の水中考古学を牽引《けんいん》するテキサスA&M大学〔A&Mは"Agricultural and Mechanical"の意。そのため「テキサス農工大学」と訳されることも〕から、１９９６年に考古学者のセマル・プラクとドン・フレイが現地調査に訪れた。ふたりは険《けわ》しい海底の急斜面の中腹で、キプロス産の大きな貯蔵壺や銅のインゴットが攪乱《かくらん》もなく9メートルほど縦に並んでいるのを発見した。バスはウルブルンのこの船を考古学者の夢と呼んだ——金目《かねめ》の積み荷があったという意味ではなく、いくつもの異なる土地でつくられた外国製品が閉じこめられた貴重なタイムカプセルだったからだ。船板の年輪年代を測定したところ、この沈没船は紀元前１３０５年ごろのものと判明した。つまりこの船は、エジプトとシリア、キプロス、トルコ、クレタ、ギリシャ本土を結ぶ交易路の状況がほとんどわかっていない時代のものだったのだ。
この船が沈没した時代、儲《もう》けの大きな地中海東部貿易の主導権をめぐって、熾烈《しれつ》な競争が繰り広げられていた。南のエジプトでは輝かしい文明が絶頂期を迎えていた。北のヒッタイトは交易でも戦闘でも凄腕《すごうで》をふるった。西ではクレタ島の宮殿や本土のミケーネの王たちが、オリーブ油やワインなどの特産品でエーゲ海の島々と広く交易をしていた。何百隻もの商船が地中海東部の沿岸や港を行きかっていたのだ。

全長15メートルのウルブルンの船などめずらしくもなく、こみあった桟橋ではその短いマストと四角い帆がめだつこともなかっただろう。よほど注意して見ていなければ、インゴットが何十個と積みこまれるのに気づくこともない。積み荷があまりに桁はずれだったため、バスとプラクは王家の荷だった可能性まで考えた。

これがまたとんでもなく複雑で時間のかかる水中調査だった。問題は、難破船が水深の深い場所に沈んでいたことだ。ダイバーは海底でわずかな時間しか過ごせず、海面に浮上する途中で少し純酸素を吸わなければ具合が悪くなるほどだった。1984年から1992年までで潜水回数はじつに1万8686回、発掘調査に費《つい》やした時間は6000時間におよんだ。そのあと最後の2シーズンでその数字はさらに増えた。

ウルブルンの発掘には、陸上の発掘作業よりもよほど緊密なチームワークが必要になった。1か月の水中発掘で出土した遺物を研究室で整理するのは、陸上での発掘調査1年分の遺物整理に等しいとバスは見積もった。発掘は、ダイバーたちがチームを組んで沈没船やインゴットの列の断面図を何枚も描いていくことからはじまった。船底の湾曲を復元するためにはインゴットひとつひとつの実測が不可欠だった。石の錨《いかり》などの大きな遺物の位置測定には、携帯式の測距・位置測定システムが使われた。

ウルブルンの船には青銅の兜と胴衣を３００点ほどもつくれるだけの量の銅と錫《すず》が積まれていた。船倉からは歩兵連隊まるごと1個隊に行き渡る６０００点以上もの武器が見つかった。ハーヴァードとオックスフォードの化学者や金属専門家たちが、銅のインゴットに含まれていた特徴的な成分を手がかりに、３５００年前の主要な銅産地だったキプロス北部産と特定した。青銅製造に不可欠な錫の産地同定は難航したが、おそらくトルコ中部かアフガニスタン産のものと見られた。鉛《なまり》はギリシャとトルコのものだった。

ウルブルンの金属類はおもに難破場所より東方で産出されたものだった。積み荷の大型の貯蔵壺のなかにはキプロス製の陶器が入っていた。アンフォラはそれよりさらに東のシリアとパレスチナの沿岸部製だった。積み荷の一部は、エーゲ海地域のミノアやミケーネの大壺に入れられていた。エジプトからはスカラベ（神聖なオオタマオシコガネの形の装飾品）やヒエログリフが刻まれた石板が積まれていた。円筒印章（楔形《くさびがた》文字が刻まれた粘土や石製の小さな円筒）はシリア北部の商都ウガリットから運ばれてきた可能性があった。

おそらく、ウルブルンの船はシリアのカナン人の港から西のキプロスをめざして出港し、通《かよ》いなれた環状の航路をたどっていたのだろう。一路サルディニア島まで西進し、そこから北アフリカ沿岸に向け地中海を南下してナイル川まで戻る。短く切ったコクタン（黒檀）などのめずらしい積み荷がエジプトで積まれたのだろう――ツタンカーメンの王墓にあったベッドや椅子やスツールに使われていたのと同じ貴重な黒い木材だ。

エジプトのツタンカーメン王の母ネフェルティティ王妃（紀元前14世紀）の名前が刻まれたスカラベなどの金製品、バルト海沿岸の琥珀《こはく》のビーズ、筆記用の板までもが残っていた。遺物からみて、この頑丈な船には各国出身の乗組員が乗っていたようだ。不格好な船ではあったが帆は大きく、追い風を受ければ水を切ってすすむことができた。積まれていた石の錨は24個、風を待って何日間も足止めを食うこともあったのだろう。甲板には繊維を密に編んだ落下防止柵《さく》が張られ、積み荷と乗組員を守っていた。

ウルブルンの船の発掘調査は、水中考古学に求められる密なチームワークの好例だ。船には少なくとも8つの土地からの積み荷が載っていた。ハイテク機器による分析やていねいな発掘と保存作業が、3000年以上前の国際交易路の一端を垣間《かいま》見るまたとない機会をあたえてくれた。それと同じ手法を陸上に当てはめてみたとき、アメリカ最初の入植者たちの姿が思いがけず浮かびあがってきた。

Chapter 33

# 入植者との出会い

「過去とは異国だ。ここはいろいろとやり方が違う」。昔の人々を理解するためには、時空探偵を呼びだすしかない。アイヴァー・ノエル・ヒューム（1927〜2017）はまさしくそんな人だった。歴史学と考古学を融合し、のちに歴史考古学として知られることになる分野を生みだした考古学者のひとりだ。発掘者としての腕もさることながら、出土品の謎を解くために、ほんの小さな歴史上の手がかりをも飽《あ》くことなく追い求める男だった。読者を引きこむ文章力をもち、考古学（と歴史学）をだれもが親しめるものにした。

イギリス生まれのノエル・ヒュームが最初の職を得たのは1949年、ロンドンのギルドホール博物館（現在のギルドホール・アートギャラリー）だった。空襲で破壊されたロンドンの建設現場で考古学を学ぶという苦い経験を積んだ。長い歴史のあいだにいくどとなく再建されてきた大都市では、異なる堆積層の年代を調べるのに放射性炭素は役に立たなかった。そこでノエル・ヒュームは、独学で17世紀と18世紀の陶磁器やガラス製ワインボトルの鑑定眼を養った。その磨きぬかれた技術を見込まれて1957年、ガラス製品や陶磁器の出土品鑑定のため、ヴァージニア州のコロニアル・ウィリアムズバーグ野外博物館に招かれた。それから30年間、ウィリアムズバーグの考古学プログラムの責任者を務めることになった。

　歴史資料がそろっていないため、1607年以降に船でヴァージニアに渡ってきた開拓期の入植者についてわかっていることは多くない。一時的につくられた入植地も多く、家屋は木造草葺《くさぶ》きで、住む人がいなくなると跡かたもなく消えてしまった。最初の入植地はチェサピーク湾に面したジェームズタウンだ。1698年まではヴァージニア植民地の行政府もここに置かれていたが、翌年、ウィリアムズバーグと名付けられることになる近くの入植地にその座をゆずった。それから81年後の1780年にリッチモンドが州都に定められると、ウィリアムズバーグは陸の孤島と化してさびれた。この18世紀の町はその後すっかり消滅したが、1926年にコロニアル・ウィリアムズバーグの復元プロジェクトがはじまった。復元作業はいまも続いているが、いまや建築家たちは歴史資料だけでなく考古学を頼みの綱としている。彼らはめだたない貴重なデータが地面の下に埋もれているのを知っているのだ。

　コロニアル・ウィリアムズバーグは、ノエル・ヒュームにぴったりの場所だった。それまでの復元作業は建築物のみに限定されていたのだが、ノエル・ヒュームは別のものに目を向けた――歴史のスポットライトを浴びることのない、その土地で生きたふつうの人々の生活だ。率直な物言いでやや完璧主義なところのあるノエル・ヒュームは、陶磁器とガラス製品に関する百科事典並みの知識をたくわえた熟練の語り手兼探偵というあわせ技で、歴史考古学に取り組んだ。そして、考古学に魔法のような変化をもたらした。

最初に調査をした建物のひとつウェザーバーン・タヴァーンで、ノエル・ヒュームはすでに最先端だった発掘手法に磨きをかけた。建築家たちも建物の間取りは把握していたが、この酒場での日常生活がどんなものだったのか突きとめることができるのは考古学だけだった。20万点におよぶ遺物が掘りだされ、そのなかにはサクランボが詰めこまれた47本のワインボトルもあった。深さ12メートルの井戸からは硬貨などもでてきた。酒場の日常がよみがえった。

ノエル・ヒュームは家具工房や民家なども発掘し、どこでも同様の成功を収めた。もっとも規模の大きな発掘は州立イースタン病院で、ここは心の病をかかえる患者を受け入れていたが、１８８５年に火事で焼け落ちていた。建物の基礎が発掘され、１９８５年には建物自体も再建されて、いまでは博物館になっている。

ジェームズ川沿いのマーティンズ・ハンドレッド入植地にあったウォルステンホルム・タウンには、また別の問題があった（「ハンドレッド」というのは郡《カウンティ》の下のアメリカの行政単位）。１６１９年につくられたこの小さな集落は、ウィリアムズバーグからほんの11キロほどのところにあった。入植者たちは、先住民やスペインの海賊たちから村を守るため、砦を築き低い監視塔と矢来《やらい》（仮の柵《さく》）をつくった。１６２２年3月22日、この土地の先住民ポーハタン族が襲《おそ》ってきて村に火を放った。燃える村から人々は命からがら逃げだした。住民はそのまま戻らず、村はじきに忘れ去られた。

調査がはじまったときにわかっていたのは、歴史資料に残っていた基礎的な事実だけだった。裁判記録やロンドンのヴァージニア会社の書類には、大して重要でなかったこの村に関する記述は数えるほどしかなかった。当時の建物や村人たちの生活をよみがえらせることができるのは考古学だった。ウォルステンホルムもまた海底に横たわる沈没船のようなもので、過去のひと幕を閉じこめたスナップ写真だった。コロニアル・ウィリアムズバーグの発掘を経験したノエル・ヒュームは、小さなものから歴史の手がかりをたどる達人になっていた。ウォルステンホルムでは、その腕にさらに磨きがかかった。

ノエル・ヒュームと妻のオードリーは、5年かけてウォルステンホルムを発掘した。1976年に掘りはじめ、ジグソーパズルのように入りくんだ墓や柱穴やゴミ穴を発掘した。遺構は浅い場所にあったので、わりあい簡単にほぼ全体を掘りだすことができた。下層土に残る柱穴は、砦の外壁および2つの門があった場所を示していた。四角い跡は監視塔の土台部分だ。南西の角には砲座〔大砲を設置するための台座〕が設けられていた。

砦のなかには井戸、店、住宅がひとつずつ。南側はヴァージニア会社の敷地で、木の柵を張りめぐらしたなかに池と納屋群、木造の長屋などがあった。埋没した穴もひとつ見つかり、地下室のように見えたが、その上に住居があった痕跡はなかった。これにはノエル・ヒュームも首をひねった。やがて、ニューアムステルダム（いまのニューヨーク）で書かれたニューイングランド地方の初期入植者住宅の描写を読んで腑《ふ》に落ちた。これは竪穴式住居で、屋根が地面と一体化したつくりだったのだ。家の持ち主の生活に余裕がでてくると、生活の場を地上に移してもっとふつうの住宅を建てる。すでにそういう住宅も見つかっていた。

この竪穴式住居に住んでいたのはだれか？　住居の基礎に近い部分からは、ジェントルマン（郷紳）や軍士官が当時身につけた、金糸を編んでひも状にねじった装飾品が出土した。１６２１年にヴァージニア議会は、評議会議員とハンドレッドの長《おさ》以外が金製の装飾品を衣類につけることを禁じている。マーティンズ・ハンドレッドの長マーティン・ハーウッドも、この法律を可決した議員のひとりだった。見つかった装飾品はハーウッドのものと考えていいだろうか？　その考えを後押ししてくれる出土品がもうひとつある。大砲の弾だ。ここでも手がかりは歴史文献のなかにあった。マーティンズ・ハンドレッドで大砲の所有を許可されていたのは、ハーウッドただひとりだったのだ。

　ノエル・ヒュームが発掘した墓のなかには、先住民による襲撃で殺された人たちのものもあった。イギリスで残忍な殺人事件を担当したことのある病理学者はそういう頭骨のひとつを見て、妻にシャベルで殴り殺された現代の被害者と傷痕が完全に一致していると所見を述べた。

　ノエル・ヒュームのもとで発掘を学んだのがウィリアム・ケルソー（１９４１～）だ。モンティセロにあるトマス・ジェファソン〔１７４３～１８２６〕のプランテーション農場で奴隷部屋を発掘したことで、のちに有名になった考古学者だ。１９９４年、ケルソーはヴァージニア保存協会から、州内に残る最古のヨーロッパ人入植地であるジェームズタウン島の発掘を依頼された。およそ１６０７年から１６２４年まで使われた、最初の入植地ジェームズ砦《とりで》を見つけるためだ。

　ヴァージニア会社の船３隻からイギリス人入植者の第一陣がチェサピーク湾岸に降りたったのは１６０７

年4月のことだった。彼らは湿原が広がるこの半島を川沿いに上流へ向かい、80キロほど行ったところに砦を築いた。この最初の植民団が熱病や先住民との衝突や飢えで死に絶えたという説に異論をとなえる歴史家はいない。入植者たちは黄金を求めてやってきたが、見つけられなかった。初代の砦は三角形になっていて、川にのまれたものと信じられていた。ケルソーはそれがまちがいだと立証した。

２００３年までには、ケルソーの発掘チームは砦の境界線を掘りだしていた。川にのまれてしまったのは一角だけだった。以来、ケルソーは砦内で住居数棟を発掘し、何千点もの遺物を回収し、一部住民の遺骨も見つけた。１６０８年に砦は先住民の襲撃を受けていた。犠牲者はふたり――大人ひとりと15歳の少年ひとり――で、矢来《やらい》のすぐ外側の浅い墓に埋葬されていた。

ケルソーは、この入植地を見舞った苦難のスタートの細部をあばいていった。歴史家たちのあいだでは、入植者たちは準備不足だったというのが通説だった。そこに考古学者たちが反証をつきつけた。土のなかから、釣り針や武器、木工細工の道具にガラス製造の痕跡などが見つかった。どうやらジェームズタウンにはドイツから職人たちが連れてこられ、ロンドンで売るためのガラス製品がつくられていたようだ。

１６１０年には新任の総督の命令で、ある建物の地下室に驚くほど大量のアメリカ先住民の矢尻や土器類が押しこまれていた。入植者たちがこの土地の先住民ポーハタン族と和平協定を結んだ証《あかし》しだったのかもしれない――長続きはしなかったが。

入植翌年の１６０８年を迎えるころには、ジェームズタウンは危機に直面していた。耕作期がすでに3

度もめぐってきたにもかかわらず、入植者たちは飢えていた。それは彼らのせいだったのだろうか？ケルソーたちはそうは考えていなかった。1988年に付近のイトスギで年輪年代の調査が行われて、ちょうど入植がはじまったころにあたる1606年から1612年に木の生長が著《いちじる》しく遅れていたことがわかった。それまでまったく知られていなかった大旱魃《だいかんばつ》があり、しかもそれは800年ぶりの深刻なものだったのだ。先住民と入植者双方の命をつないでいた水源が涸《か》れ、作物が枯れた。食料不足が両者の争いに火をつけた可能性もある。旱魃が終わると、その関係はまちがいなく改善した。

ウィリアム・ケルソーによる発見が、ジェームズタウンの歴史を書き換えた。かつて怠け者のそしりを受けていた入植者たちは、入植地を消滅させかねないきびしい旱魃に立ちむかった働き者だった。ひまそうなジェントルマン階級の住民がいたとしても、それは少数派だったのだろう。もちろん生活が楽だったわけではない。砦の西側では、72人のあわれな入植者たちがなんの飾りもない質素な墓に眠っている。

2010年、ケルソーは考古学上の大手柄を立てる。入植地に最初に建った教会跡に並ぶ大きな柱穴を見つけたのだ。四角い建物の東の端、祭壇に近いもっとも神聖な場所には墓が4つあった。骨の保存状態は悪く、4人の死因は突きとめられなかったが、おそらく熱病か飢えと見られた。

墓のひとつには銀の飾りがついた見事な絹のたすきが入っていた。別の墓には軍人用の杖《つえ》と、開ければ壊れそうな銀の小箱があった。X線検査機で見ると、箱のなかには小さな鉛のカプセルと骨片が数個入っていた。それはカトリック信者が聖遺物をしまう聖骨箱という容器で、プロテスタント信者はもたないものだった。ジェームズタウンはプロテスタントの入植地といってよく、カトリックの住民はほとんどいなかった。

スミソニアン協会の生物人類学者ダグラス・アウズリー〔1951〜〕が4人の骨を調べたところ、鉛の含有量が多いことがわかった。おそらく、当時の食器には鉛を原料とする釉薬《ゆうやく》がかけられたり、ピューター製だったりしたためだろう（当時のピューターは錫《すず》と鉛の合金で、人体に有害だった）。骨に窒素が多く含まれていたことから、4人がほかの入植者たちよりもよい食生活を送っていたらしいこともわかった。彼らの身元は、埋葬記録と考古学によって判明した。ひとりは入植地の最初の牧師ロバート・ハントだった。並はずれて立派な大腿骨が特徴的なのは、乗馬を愛したサー・ファーディナンド・ウェインマン〔1575ごろ〜1610〕。砲兵部隊と騎馬部隊をひきいた。ウィリアム・ウェスト隊長はジェントルマンで、先住民との戦いにより24歳で命を落としていた。銀の飾りつき絹のたすきの持ち主はウェストだった。最後のひとりゲイブリエル・アーチャー隊長はローマ・カトリック教会の信者で、墓から聖骨箱が見つかったことの説明がついた。

考古学と生物学的な調査によって、北米大陸にはじめて住み着いたイギリス人入植者たちの姿が見えてきた。現場と研究室で得られたデータと、アメリカとヨーロッパに残っていた歴史資料を組みあわせるというケルソーとノエル・ヒュームの探偵ばりの調査が、ヴァージニア入植者を歴史の闇《やみ》から引っぱりだしてきた。この種の調査では、通常の発掘よりはるかに幅広い知識が必要だ。たとえば、ジェームズタウンの最初の入植者のなかに、ウィリアム・ラクストンというイングランド東部リンカーンシャー出身の大工がいた。砦内の建物のいくつかには、彼の故郷で使われていた建築様式が見られる。言うなれば、わたしたちは入植者たちの肩越しにのぞきこみながら、考古学や歴史学や科学が語る彼らの物語に耳をかたむけているようなものなのだ。ジェームズタウンはいまや立派な野外博物館になって、訪れる人々を考古学と出土品の世界へ誘《いざな》い、とてもおもしろい物語のなかへ引きこんでくれる。

　ジェームズタウンでも、ウォルステンホルム・タウンでも、ヴァージニア植民地時代が鮮やかによみがえった。ここでは考古学は、それぞれの生き方で歴史を刻む一個人としての人間を調査の対象にしている。考古学の基準からすれば時代も新しく、欠けたところは歴史資料を参考にして埋めることもできる。

　もっとずっと前の時代に生きた個人について、しかも名もなき庶民について調べようと思ったら、こうはいかない。考古学と現代医学の力をあわせてもなお、3000年以上前に生きただれかさんの人生が解き明かされることはめったにない。ところが、アルプスの高山で発見された青銅器時代のひとりの男性の場合、まさにその、めったにないことが起きた。

# Chapter 34
# アイスマンと有名無名の人々

１９９１年９月、イタリアとオーストリア国境のアルプス山中の尾根ハウスラプヨッホの近く、標高およそ３２１０メートル地点にある小さな渓谷の谷底で、ドイツ人登山家のヘルムート・ジモンとエリカ・ジモンは、氷と雪解け水のなかからなにか茶色いものがつきだしているのを見つけた。よく見るとそれは、水のなかにつっぷした男性の頭骨と背中と肩だった。

警察は遭難した登山者だろうと考えて、遺体に９１／６１９と番号をふって近くの検視官事務所の解剖台へ運んだ（検視官〔検死官あるいは検屍官とも書く〕というのは公的に死亡を確認する役人）。だがすぐに、この遺体が非常に古いものであることがわかり、考古学者が呼ばれた。新雪に埋もれた発見現場でさっそく発掘調査が行われた。蒸気噴出器やヘアドライヤーを駆使して、草で編んだ外套や、葉や草の束《たば》、木片などが掘りだされた。短期調査が終わるまでには、彼はアイスマンのエッツィと呼ばれるようになっていた。エッツィは雪の吹きこまない岩棚に斧《おの》と弓と背負い袋を下ろしてから、大岩を枕《まくら》に左腕を下にして横たわっていた。

リラックスした体勢だったということは、疲れはてて眠りにつき、数時間のうちに凍死したのだろう。エッツィはそのままだれにも気づかれることなく冷凍保存されていた。牛バラ肉とまったく同じように。

　そこから難解な推理小説の謎解きがはじまった。専門家による放射性炭素年代測定により、遺体は紀元前3350年から前3150年のヨーロッパ青銅器時代初期のものと判明した。エッツィは身長160センチほどで、約5000年前、47歳で死んだ。自給自足の生活を送り、最後の日まで移動を続けていた。革の背負い袋を背負子《しょいこ》にのせてかつぎ、フリント製の短刀と、木製の握《にぎ》りに銅刃をつけた斧をもっていた。イチイ材の長弓と、矢が14本入った牡鹿皮の矢筒もたずさえていた。予備の矢尻をいくつか、そして干しキノコと火をおこすための黄鉄鉱《パイライト》を身につけていた。

　服装は山用のものだった。シープスキンの腰布を革のベルトで押さえ、そのベルトからサスペンダーでヤギ皮のゲートルを吊《つ》っていた。しっかりした外套は何種類かの動物の皮をつぎはぎしてあり、黒と茶色の縞《しま》になっていた。外套の上には草を編んだ蓑《みの》を羽織っていた——アルプス地方で19世紀ごろまで見られたのと同じものだ。熊革の帽子を顎《あご》の下でしっかり結わえて、頭部を温かく保っていた。熊革と鹿革でつくられた靴のなかには草を詰めて足を保護してあり、網状の「ソックス」でその草がずれないようにしてあった。

　身長や年齢を突きとめるのはいつものことだ。では、エッツィはどこに住んでいたのか？　研究チームは彼の骨と腸と歯をもとに答えを導きだした。歯の〔表面の〕エナメル質というのは歯の形成期のまま一生変わらないので、歯を調べれば3歳から5歳のころに食べていたものの化学成分の痕跡が見つかる。そして、骨は失われた無機質を10年から20年周期で補給（再生）するので、大人になってから暮らしていた場所についての情報が得られる。

エッツィは南チロルに無数にある渓流沿いの谷で生まれた（最有力候補は山脈の南側のアイザック谷だ）。エッツィの骨を化学的に分析すると、大人になってからは標高の高い地域で暮らしていたことがわかった。科学者たちは腸内に残っていたほんの微量の雲母《うんも》にも注目した。食事をつくるときに使っていた磨《す》り石からはがれ落ちた成分にちがいないと考えたのだ。この雲母をカリウム‐アルゴン年代測定法（27章）で調べたところ、アイザック谷西方のフィンシュガウ南部のかぎられた地域で産出する雲母と組成が同じであることが判明した。これでエッツィの伝記が完成した。幼いころは低地で育ち、のちに近くの山に移り住んだのだ。生涯、生まれた土地から60キロ以上離れることはなかった。

エッツィの遺体からは、健康状態に関するさまざまな情報も得られた。骨からは、9歳、15歳、16歳のときに低栄養状態になった過去が判明した。腸からは寄生虫の鞭虫《べんちゅう》の卵が見つかり、お腹の不調に苦しんでいたことがわかった。衣類からはシラミが2匹見つかった。屋内で火を焚《た》く生活のため、煙を吸ったエッツィの肺は現代のヘビースモーカーなみに真っ黒だった。手や爪は手仕事で始終酷使され、変形し傷だらけで欠けていた。胃にはなにも残っていなかったので、弱って腹を空《す》かせたまま死んでいったらしい。

まるでエッツィが目の前にいるようではないか。だが、彼はこんな山奥でいったいなにをしていたのか、どうして死んだのか？　最初は外で悪天候につかまって眠るように死んだと考えられていた。ところが、左肩の奥深くに矢尻が埋まっているのが見つかって、研究者たちは見立てを変えた。片手には短刀でつけられた傷もあり、身近に迫った襲撃者から身を守ろうとしたかのようだった。ここでふたたびDNA鑑定の出番だ。検体を調べたところ、エッツィは少なくとも4人を相手に戦ったことがわかった。致命傷となったのは矢傷で、失血死だった。エッツィは山へ逃げこみ、上まで登って傷のせいで死んだのかもしれない。

各国の科学者たちの並々ならぬ努力のおかげで、バラバラだった断片がつながり、驚くほどしっかりしたアイスマンの伝記が浮かびあがってきた。エッツィの遺体や健康状態をめぐっては、何百もの科学論文が発表されている。それもすべて、アルプスの高山が衣類も道具も武器も、すべてを冷凍保存してくれていたおかげだ。わたしたちは先史時代の猟師、漁民、農耕民、牧畜民、ローマ時代の兵士や中世の職人など、無数にいた庶民のだれのことよりもエッツィのことをずっとくわしく知っている。当時の人々がどんなに厳しい環境で生きていたか、エッツィを見ているとはっきりとイメージできる。このたったひとりの名もなき庶民からこうしたことを学べるのがなんと幸運なことか。考古学で大事なのは物ではない、人なのだ。

いつの時代も考古学者は人骨に魅せられてきた。これまではずっと、生物人類学者の力を借りて骨の向こうの人間の姿をとらえようとしてきた。彼らは人骨から性別や年齢を割りだし、重労働で腰を痛めていたとか、いつも馬に乗っていたせいで足が曲がっていたといったことを見ぬく。

近年ではその域を超えて、かつて生きていた骨の持ち主の姿を知ることができるようになってきた。最先端の医療技術によって、骸骨からでもわずかな手がかりをもとに生身の人体を復元することができるようになったのだ。生物人類学者は人類の移動をたどるのにＤＮＡを使う。そしてミイラの調査には、包みを開くことなく医療用の画像化技術を使う。人骨を化学分析にかければ、その人が子供のころ、どこで暮らしていたか、どんな食べ物を好んで食べたかまでわかる。医学のおかげで、わたしたちは本人よりもくわしくエッツィの健康状態を知っている。保存状態のよいものであろうと、骨だけになっていようと、考古学の世界ではいま、古代の遺骸に熱い視線が注がれている。

　考古学者が出会う何千何万という人の大多数はすでに骨になっているが、ときには沼地から見つかった保存状態のよい遺体という場合もある。古代エジプトとペルーのミイラは、貴族と庶民の両方に関する情報の宝庫だ。医用画像化技術で巻布の上から確認したところ、３０００年前のエジプト人たちは歯性膿瘍《しせいのうしょう》（腫《は》れ）の激痛に耐えていたことが明らかになった。彼らは何か月も、場合によっては何年も苦しんだはずだ。生《い》け贄《にえ》にされた人が見つかれば、暴力的な死についても研究することになる。ペルーのアンデス山脈南部、標高６２１０メートルほどの地点で、アメリカ人の人類学者ヨハン・ラインハード〔1943〜〕とペルー人アシスタントのミゲル・サラテが、５世紀前に生け贄にされた14歳の少女のミイラを発見した。少女は、織り目のつまった布でつくったワンピースと、革のモカシン靴〔一枚革でつつみこむようにつくられたスリッポン型の靴〕を身につけていた。頭骨をスキャンすると、頭部へのすばやい一撃で死亡したことがわかった。頭部の傷からの出血が、脳を圧迫して片側にかたよらせていた。

　中世の接近戦で負う傷ともなると、ひどいものだ。わたしは以前そういった戦いで命を落とした人々の骨を調査したことがある。イングランド北部タウトンホールで38人の遺骨が埋まっていた墓穴で、中世の戦闘がいかに残忍なものだったか、強烈な印象をたたきこまれた。それは薔薇《ばら》戦争として知られる一連の紛争中のこと、1461年3月29日に吹雪《ふぶき》のなか血みどろの戦いを繰り広げた戦士たちの骨だった。すべての人骨が16歳から50歳までの男性のものだった。みな体力もあり健康で、小さなころから小作人として苦しい肉体労働に耐えてきた痕跡が体のあちこちに見られた。なかには長弓のせいで肘《ひじ》を痛めていた人もいた。

ほとんどの犠牲者の死因は頭部への容赦ない打撃だったが、なかにひとり、剣で顔面をまっぷたつに叩《たた》き切られた人もいた。白兵戦で少なくとも8か所に刀傷を負い、最後は頭を一撃されて死んだ人もいた。弩弓の太矢、矢尻、戦槌《せんつい》（ウォーハンマー）などで大けがを負い、多くの場合はそれが致命傷になっていた。何人かの前腕部には、敵からの攻撃を防いだときにできた傷が見られた。彼らの命は血の海のなかで果てた。しかし生き残った者とて楽な暮らしではなかった。壊血病やくる病などビタミン不足による病気も多かった。

エッツィのほかに個人として徹底的な調査の対象となったのは歴史上の有名人たちだ。ファラオのラムセス2世（紀元前1304～前1212）はエジプト王のなかでもっとも有名だ。若くして軍隊で経験を積み、100人以上の息子と（文字どおり）数えきれないほどの娘を残した。そして非常に長生きし、ほとんどの人が20代か30代までしか生きられなかった時代に92歳まで生きた。

ラムセス2世はミイラ処理をほどこされて王家の谷に埋葬された。フランス人の研究者らが最新の医療技術でそのミイラを調査した。賞賛の的となった形のよい鼻は、エンボーマー（王の遺体の防腐処理をした人）

たちがコショウの実を詰めて、もとの形を維持してくれていた。ラムセス2世は関節炎と、ひどい痛みをともなう歯性膿瘍と、血行不良に苦しんでいた——その年齢では仕方のないことではあったが。

ファラオであるラムセス2世は贅沢《ぜいたく》な暮らしをしていた。だが、エジプトの平民の暮らしは果てしない苦難の連続だった。最近になって、紀元前14世紀のアクエンアテン王の時代の首都エル・アマルナ（17章）の墓地で、労働者たちの墓の調査が行われた。ほぼ全員が20代か30代で死んでいた。彼らの骨には、紛《まご》うことなき栄養不足の兆候が現れており、骨身にこたえる長年の重労働で背中や手足の骨が折れ、慢性的な関節炎にも悩まされていた。

歴史研究とシャベルは、もっと最近の為政者たちをも見つけだしている。イングランド王リチャード3世（1452〜1485）は、中部レスターシャーで薔薇戦争最後の決戦にのぞみ、王位をねらうのちのヘンリ7世に討ち取られた。リチャード3世については謎が多い。歴史文献によれば障害があったということだが、それもたしかとは言えず、性格面のたとえ話である可能性もあった。

リチャード3世の遺体は裸にされてレスターに運ばれ、さらされた。それから葬儀もなしにフランシスコ会の修道院に埋葬された。修道院が解体されたあとも王の墓の場所は伝わっていたが、19世紀になると、それも忘れられてしまった。根気強い歴史探究の結果、修道院が建っていた場所が公営駐車場になっていることがわかり、2012年に発掘がはじまった。発掘初日に脚の骨が2本出土した。骸骨は少々せますぎる墓に押しこめられていた。背骨はS字に曲がり、両手は後ろ手に縛《しば》られていたかのように背中にまわっていた。すべてが急な埋葬だったことを示していた。

骨は成人男性のもので、脊柱が大きく湾曲していたため左右の肩の高さが違った。頭骨には大きな傷がいくつかあった。これがリチャード3世の遺骸なのだろうか？　研究者たちはDNAにたよった。骨から採取した検体を王家の末裔のDNAと比較してみると、この人骨はまちがいなく、障害者だったリチャード3世のものと確認できた。遺骨はのちにレスター大聖堂に改葬された。

現代の医療技術のおかげで、考古学者たちはほんの一世代前には想像もできなかったような細部まで歴史を書き記すことができるようになってきた。1900年代はじめにはエジプトのミイラをX線撮影する医師が一部にいる程度だった。それが最近では、調査対象がどこで子供時代を送り、どこへ旅したかまで知ることができる。わたしたち考古学者は、人々の人生の物語を書きとめる伝記作家になりつつある。

Chapter 35

# モチェの神官戦士

その壺《つぼ》は、くるくるまわしながら見ていくと、ひとつの物語になっている。ときは西暦400年ごろ、ペルー北部沿岸のピラミッドの頂上でモチェの王が日よけの下に座っている。日陰にいてもなお、王の黄金の頭飾りは夕日に燃えたつようだ。右手にもった杯《さかずき》には人間の血がなみなみと注がれている。黄金とターコイズの装身具で全身を飾った王は、武器も防具も奪われて裸で並ばされた捕虜たちに、落ち着きはらった冷たい視線を投げる。

鳥の装束を身につけた神官が捕虜の喉をすばやく掻《か》き切り、噴きだす血を器に受ける。死体は引きずられていき、また別の神官たちの手にかかってバラバラに切断される。王は無表情で血の杯をあおる。杯はただちに新たな血で満たされる。彼はいずれ、いま座っているまさにその場所に埋葬されて、次の神官戦士が王の座に就くことになる。

このシーンが描かれているのは、かつて副葬品だった――あるいは宴席で披露するといった日常的な使い方をされていたかもしれない――多種多様なモチェの壺のひとつだ。一部の壺は、社会的地位の象徴でもあった。列をなして走る戦士たち、シカやアザラシ狩り、行列などの場面が物語形式で描かれている。モチェの土器職人たちは、画家であると同時に彫刻家でもあった。モチェの土器と言えば有力者の肖像土器が有名だが、鳥や魚やリャマやシカ、果てはクモまでもモチーフになった。もちろんトウモロコシやカボチャなどの植物も、さらには超自然的存在も忘れてはいない。モチェ文化やその支配者たちに関するわたしたちの知識の大半は、そういったじつに見事な土器、そして豪華な装飾に彩《いろど》られた墓から得られたものだ。

　モチェという国は、いまからおよそ2000年前にペルー北部沿岸で生まれた。このあたりの海岸平野は世界有数の乾燥地帯で、モチェの人々は太平洋で豊富に捕れるカタクチイワシを食べて暮らしていた。アンデス山脈から流れくだる川に沿った谷間の土地は肥沃だったので、灌漑《かんがい》水路を細かく張りめぐらせてトウモロコシや豆などの作物を育てることもできた。

　農耕の効率化がすすんで食料供給量が増えると、ゆたかな一族があちこちで台頭してきた。支配者とその一族がモチェ社会の中心になり、貴族と平民の格差はどんどん大きくなっていった。支配者たちが建てる日《ひ》干《ぼ》しれんがづくりのピラミッドや神殿も大きくなっていった。荘厳な儀式の舞台としてつくられたものだが、儀式の目的はただひとつ、指導者たちが超自然界と密《みつ》なるつながりをもっていることを平民に見せつけることだった。

　モチェ川の岸にそそり立つ大神殿群を建設するために、何世紀にもわたって無数の平民が苦役を堪《た》え忍《しの》んだ。ペルーの初期国家ではよくあることだったが、労働力という形で税を納めたのだ。日干しれんがを積みあげた「太陽の神殿《ワカ・デル・ソル》」は内陸部にあり、その大きな基壇は川を基準とすると高さが40メートル以上ある。洪水や略奪に見舞われる前の全盛期にはこの巨大なワカ（聖所）は十字型をしており、北を向いて建っていた。4段構造が階段状の効果を生み、建物の正面は赤などの鮮やかな色で塗られていた。いま残っているピラミッドに、かつての王宮であり、そこで暮らしたモチェの支配者たちの墓所でもあった巨大建築の姿は見る影もない。

そこから500メートルほど離れたところに、ふたつめのピラミッド「月の神殿《ワカ・デ・ルナ》」がある。こちらはより小規模で、れんがの高い壁が3段の基壇をつなぎつつ囲んでいた。鮮やかな彩色壁画には半人半獣の神々の姿が描かれていた。専門家によれば、ここは国を統《す》べる者たちがモチェのおもな神々に祈りをささげるための場所だったようだ。

スティーヴ・ブルジェという考古学者が、奥まった中庭のひとつから、生《い》け贄《にえ》にされた戦士約70人の骨を発掘した。その多くは土器の帯状文様に描かれていたとおり、手足をもがれていた。一部の骨のそばには、粘土でつくられた裸の男の小像がおかれていて、その像の表面にはびっしりと細かい模様が描かれていた。こうした生け贄の儀式が少なくとも2回、乾燥したモチェではめずらしい大雨のさなかに行われている。それは、太平洋西部の複雑な気候の変化によって不定期に引きおこされるエルニーニョ現象のせいだった。エルニーニョが発生すると、沿岸部に暖かい海水が押しよせてくるため、カタクチイワシが捕れなくなる。おまけに大雨までもたらして、畑のすべてを数時間のうちに流し去ってしまうのだった。

　では、このモチェを統《す》べたのはだれか？　彩文土器からは、モチェでの政治力の決め手は戦争での勝利、そして慎重に仕組まれた公開儀式だったことがわかる。そこで重要になってくるのが神殿と中庭だ。想像してみよう。木綿の晴れ着に身をつつんだ平民がおおぜい、太陽の神殿の前の大広場に集まっている。太陽はいましも西の海に沈もうとしている。太鼓が鳴りひびき、聖なる篝火《かがりび》から香《こう》のにおいが立ちのぼり、大音《だいおん》声《じょう》の詠唱が重たい空気を揺さぶる。強い西日が神殿の頂上のピラミッドの入口を照らしだす。そのせまい戸口に人影が見えると、あたりは水を打ったように静まりかえり、まばゆく磨き立てられた黄金の頭飾りに反射する夕陽を見ているうちに群衆は催眠術にでもかけられたようになる。ついに日が沈むと、その人影はまるで超自然界へ帰っていくかのように闇のなかに吸いこまれる。

　モチェの土器は生け贄や捕虜が殺される場面を描きはしても、王たち自身についてはほとんどなにも教えてくれない。王を取りまく儀式はいまも謎につつまれている。それどころか王の名前すらわかっていない。彼らは文字をもたなかったのだ。モチェ社会の柱となっていた絶大な信仰については推測することしかできない。しかし、腕の立つ土器職人たちのおかげで、王の顔の造作をある程度は知ることができる。儀式用の肖像土器は、かつて生きただれかの姿を忠実に写し取ったものだろう。モデルとなったのが重要人物だったのはまちがいなく、その証拠にそういった土器は贅沢に飾り立てられた墓から出土している。なかには笑顔のものや大笑いしている肖像土器まであるが、ほとんどはまじめくさった深刻そうな表情を浮かべている。

モチェの王たちはみずからの権威に絶対の自信をもっていたという印象を受ける。

こうした手がかりも、モチェの王たちに関して漠然とした印象をあたえてくれるだけだ。墓泥棒やスペイン軍に見つからず、無事だった王墓は少ない。スペイン軍にいたっては、金製の副葬品で満たされた墓をなんとしても見つけようとして、モチェ川の流れを変えて月の神殿の一部を押し流させるという手段にまでおよんだ。それで多少の収穫があったので、さらに大きく神殿の基壇を川の水で押しくずしたとされている。この大損失ゆえに、いわゆるシパン王の荘厳な墓所が見つかったとき、そこに考古学的にきわめて重要な意味あいが生まれ、20世紀後半の考古学における大発見のひとつに数えられることになった。

1987年、モチェの主要拠点だったランバイエケ谷にあるシパンのピラミッドの奥深く、大量の金製品とともに静かに眠っていたモチェ王墓に盗掘団が侵入した。運よく、ペルー人考古学者にしてモチェ文化専門家のワルテル・アルバ〔1951〜〕が直後に現場に入ることができた。そこから考古学者と保存専門家による共同発掘調査がはじまり、モチェ王国の謎めいた支配者たちの姿が浮かびあがってきた。

西暦300年以前に建てられたこの大きなワカの敷地内では、2004年までに14基もの墓が見つかった。「ワカ・ラハダ」と呼ばれるこの遺跡の墓所は、日干しれんが製の小さなピラミッド2つと小さな基壇1つでできている。アルバによって、副葬品に囲まれて豪華な装身具をつけたシパン王3人の墓が発掘された。

最初に見つかった王は身長が150センチほどしかなく、年齢は35歳から40歳くらいだった。王は盛装した姿で、れんがで囲われた玄室に安置されていた。まず、弔問者たちが部屋の両脇と奥につくられた石棚の小さなくぼみに見事な土器を何百個と供《そな》えていく。それから王を玄室中央の木棺に納め、蓋《ふた》をして銅の帯をかける。注口土器〔胴部側面に注ぎ口がついた土器〕が頭のそばと足もとに供えられる。盛装の王は、頭飾りに黄金のマスク、胸飾り、耳飾りやその他最高級の宝飾品類一式を身につけていた。モチェの重要な農産物であるピーナッツの形をした金と銀のビーズをつないだ２本の首飾りもしていた。

彼はひとりきりではなく、籐《とう》製の棺に入った成人５人の遺体もあった。３人が女性で、おそらくは先立った妻や側室（男性とベッドをともにするが妻ではない女性）だろう。男性ふたりは、ひとりのそばに戦闘用棍棒があったことから戦士と見られる。さらに墓を見下ろす壁のくぼみにもうひとり、３人目の男性があぐらを組んで座っていた。戦士たちの足先が切断されているのは、逃げないようにするためだろう。犬１匹とリャマ２頭もいた。王の棺が定位置に収められると、梁《はり》の低い屋根がすぐ上にかけられ、すべてが埋められた。

ふたつめの墓は１９８８年に最初の王の墓の近くで見つかった。ひとりめの王と同時代の男性の墓だ。その盛装には供犠用の鉢《はち》と月信仰に関する祭具が含まれていた。この墓の主は神官だったのかもしれない。

３つめの墓はそれより少し時代が古かったが、装身具や衣類から見て、最初の王と同じくらい地位の高い人物と見られた。ＤＮＡ鑑定により、ふたりは母親を通じた血縁関係にあったことがわかった。若い女性がひとりと足首から先を切断された護衛と見られる戦士がひとり、いっしょに埋葬されていた。

よく似た精巧な衣装をまとった支配者が３人、祭儀に使う道具とともに永遠の旅にでた。彼らはいったいなにものなのか？　祭儀用の鳴《な》り物《もの》〔楽器〕や、最高級の鼻飾りや耳飾り、銅のサンダルに繊細なブレスレットといった副葬品は、まちがいなく彼らが権力者だった証《あか》しだ。

たよれる情報源はひとつしかない――モチェの土器に描かれた絵だ。考古学者のクリストファー・ドナンは、出土した彩文土器をターンテーブルにのせて回転させながら写真撮影することで、土器全面に描かれた帯状の光景をひもといてみせた。戦うふたりの男を描いた光景が何百とあり、勝ったほうが負けたほうを捕らえている。どの絵でも、勝者は敵の服をはぎ取り武器を奪い取ってから相手の首に縄をかけている。敗者は縄につながれて勝者の前を歩かされる。ほかにも、何列にも並んだ捕虜が有力者の前に引きだされているシーンや、ピラミッドの頂点に座っている有力者の姿が描かれているものなどがある。そして捕虜は首を掻き切られ、神官や侍者や儀式を執《と》り行う者たちが、その新鮮な血を飲む。

儀式のいちばん重要な参加者たちは、シパンの王と同じような三日月型の飾りがついた円錐形の兜をかぶり、円形の耳飾りと三日月型の鼻飾りをつけている。ドナンは、モチェ社会におけるもっとも重要な儀式を取り仕切るこうした人々を神官戦士と呼び、彼らがまとう盛装が世代を超えてほとんど変わらず受けつがれていることを指摘している。副葬品にもすべてに意味があった。体の右側に金、左側に銀を身につけるのは、太陽と月、昼と夜という相対するものを表している。その副葬品から見て、シパンの王には超自然的な力があると信じられていたようだ。生け贄が途切れることのないよう、絶えず襲撃や征服の計画を練った、攻撃的で競争心の強い戦士たちだったにちがいない。

モチェの王墓にはゆたかな金製品が副葬されていたため、そのほとんどが盗掘の被害にあっている。つまり、シパンで出土したもの以外、神官戦士についてはほとんどなにもわかっていないということだ。ヘケテペケ川の河口近くにある高さ32メートルのドス・カベサスのピラミッドからは、3人の貴人の墓が見つかっている。西暦450年から550年のものだ。ここで注目に値するのは3人の身長で、全員200センチ近かった。生物人類学者たちは、この3人は長い手足を特徴とする遺伝性疾患マルファン症候群の患者だったのではないかと考えている。

3人のなかでもいちばんの重要人物は、金箔をきせた銅製のコウモリがついた頭飾りをつけ、同じような形の鼻飾りをつけた男性だ。コウモリはモチェの祭儀において重要なモチーフだったようで、生け贄の人間をささげて血を飲む儀式を描いた彩文土器の一場面にもその姿が見られる。この男性は神官戦士ではなく、モチェ社会で尊敬を集めた金属細工を生業《なりわい》にしていたのかもしれない。

モチェの神官戦士のような支配者たちは、自分たちが超自然界の強大な力と特別なつながりをもっていることを人々に信じさせられるかどうかに王国の命運がかかっているのを知っていた。精巧な衣類や装身具、入念な準備を整えて行われる公開の式典や儀式、長々と続く詠唱などは、すべてそのための手段だった。合間に少しばかり生け贄の人間をささげることで、説得力をさらに高めた。

支配者と被支配者たちの関係を解き明かすまでには、時間をかけたフィールドワーク、ほんのささいな点を探究しつくす熱意、出土品の保存にかかる甚大《じんだい》な労力などが必要だった。装飾入りの耳飾りという小さな装身具ひとつにすら、太陽と月、昼と夜という宗教的対置、つまりモチェの信仰の核心ともいうべきものが秘められていた。神官戦士は自分たちが超自然界と特別につながっているからこそ権力を得たと信じていた。モチェの複雑な世界観を理解するのに、考古学者たちはいくつもの小さな手がかりを組みあわせて1枚のジグソーパズルを完成させなくてはならなかった。いまわたしたちは、アルバとその研究仲間たちのおかげで、長く忘れられていたモチェの支配者たちの非常に興味深い肖像を目にしている。富の規模ではエジプトのファラオ、ツタンカーメンに並ぶほどのゆたかな王たちの姿を。

Chapter
# 36 宇宙へのトンネル

　メキシコ盆地にあるメキシコシティから北へ48キロほど行ったところに、テオティワカンの太陽のピラミッドはそびえ立っている。高さ71メートルもの巨大建築物の前に立つと、まるで神々の御前にでたちりにでもなったような気分になる。それこそが建設者たちの意図したことだった。テオティワカンの人々は広大な聖地のまんなかで暮らしていた。町の面積は21平方キロメートル以上あり、盆地に収まりきらずに周囲の高原にまで広がっていた。人口は西暦１００年には少なくとも8万人に達していた。それが西暦２００年から７５０年のあいだに15万人以上にふくれあがった。当時、それより大きな都市は中国と中東にいくつかあるだけだった。

　テオティワカンでは、ほぼ1世紀にわたって考古学調査が続けられてきた。この地につくられた人工の山や丘や洞窟、広場などの広大な景観は、精神世界を再現したものであることがわかっている。テオティワカン人たちは8世紀以上かけて、ピラミッド６００基、工房地区５００か所、広大な市場ひとつ、集合住宅2000棟、大小いくつかの広場をつくりあげた。

どこかの時点で、町の支配者層がその大部分を建て直す決定をくだした。塀で囲った規格化した居住区を建設したのは、おそらく中心部の過密対策だったのだろう。一部地区には職人が入居し、工房として使われた。軍用の区画もあった。オアハカ渓谷やメキシコ湾岸低地のベラクルスなどからきたよそものたちは、それぞれかたまって暮らしていたことがその特徴的な土器型式からわかっている。

あらゆるものが格子状の都市計画にそって建設され、道路はすべて直角に交わっていた。町のまんなかを南北につらぬく大通りは、スペインによる征服後は「死者の大通り」と呼び習わされるようになった。

この大通りの北側を占《し》めるのが、巨大な太陽のピラミッドと月のピラミッドだ。西暦150年から325年にかけて、支配者たちの命を受けて太陽のピラミッドは現在の形につくりなおされ、月のピラミッドは増築され、死者の大通りは1マイル（約1・6キロメートル）以上も南に延伸されて、シウダデラ（城砦）――新たにつくられた政治と宗教の中心地――につながった。この巨大建築物のことは最近までよくわかっていなかったが、2003年になって、メキシコシティにある国立人類学歴史学研究所がシウダデラの神殿群の調査と保存に向けた大規模な長期プロジェクトを立ち上げた。このプロジェクトはいまも続けられており、近年いくつかめざましい発見があった。

広大なシウダデラの敷地内には、高い塀に囲まれた大きな中庭がある。重要な祭儀のときには、その中庭に10万人もの群衆が集まった。中央アメリカ文明ではおなじみの羽毛の生えたヘビの姿をした古代神ケツァルコアトルの神殿がその中庭に面して建っている。この神殿は6層の階段ピラミッドで、広い石段で上に登れるようになっている。各層の境は奥行きのあるテラスになっており、その壁には羽毛のあるヘビや、ヘビに似たおそらくは戦いのヘビと見られる頭部の彫刻が並んでいる。頭像の列と列のあいだにも、羽毛のあるヘビや水を象徴するレリーフが彫られている。神殿は全体を青く塗られ、彫刻がほどこされた貝殻で飾られていた。彩色や頭像やその他の装飾が意味するところは不明だが、創世期の宇宙（コスモス）の姿、つまりおだやかな海を表しているとも考えられる。

　発掘は一からはじまった。神殿は雨や地下水面の上昇、押しよせる観光客などによってひどく傷んでいた。２００４年、この唯一無二の建築物の保存のためワールド・モニュメント財団が資金提供と技術支援を申し出た。

　ケツァルコアトルの神殿の前の大広場を発掘したメキシコの考古学者たちは、もともと農地だった場所に西暦２００年以前に建てられたいくつかの建物の遺構を発見した。それは最初期の宗教複合体だった。遺構のひとつは長さが１２０メートル以上あり、祭祀《さいし》として行われた球技のコートだった可能性がある（古代の球技では敗者が生け贄となることもあった）。ケツァルコアトルの神殿の建築家たちは、いまの形のシウダデラを建設するときにこういった古い建物を破壊していた。

　神殿前の開けた場所は、水が流れこむと反射面ができるように設計されていた。この「水鏡」はある意味で、世界や人間が誕生する前の静かな海を象徴するものだった。古代の創世神話では、時のはじめに大きな水たまりから聖なる山がせりあがってきたことになっている。こういったことから、シウダデラは世界の誕生にまつわる神話を再現するための祭祀場だったことがうかがえる。

２００３年の大雨でケツァルコアトルの神殿では基壇の石段前の地面が陥没し、深い穴が口を開けた。それまで何年も調査を続けてきた考古学者たちが、はじめて神殿の地下を探査することになった。選ばれたのはセルヒオ・ゴメス・チャベスで、ロープにぶら下がって小さな穴のなかへ下りていった。床面は14メートルも下にあり、そこには東のケツァルコアトル神殿と西の大広場の中心をつなぐ地下トンネルがのびていた。トンネルは、テオティワカン人が詰めた土や、彫刻をほどこした石材などでほぼ完全にふさがれていた。

地下通路を掘りだして探査するには入念な計画が必要だった。２００４年、２００５年、２０１０年と地下調査を行うにあたって、チャベスたちは地下探査レーダーを使って地表から通路の構造を把握《はあく》した。その結果、トンネルは長さ１００～１２０メートルで、東側はケツァルコアトルの神殿の中央部で行き止まりになっているらしいとわかった。またレーダーは、通路のなかほどに大きな部屋をひとつ、そして東端にさらに大きな部屋をひとつとらえていた。これでどのように地下探査計画を立てればよいかわかった。

調査は、練りに練った一連の仮説にもとづいて実施された。まず研究者たちは、テオティワカンは住民たちの宇宙観を写しており、神が創った天界と地上界と冥界《めいかい》の３層に分かれていると考えた。ピラミッドの水平面は東西南北を表し、その四隅は世界の果てを表す。

次に立てた仮説は、ケツァルコアトルの神殿は、はじまりのときに静かな海から現れ出《い》でた創世の聖なる山を象徴しているというものだ。神殿が建っているのは世界の中心の神聖な場所だ。ここでは、宇宙のほかの階層とつながることができる。

さらに彼らは、聖なる山の下にあるとされる神聖な洞窟を、冥界への入口と考えた。冥界こそが神々の住み処《か》であり、宇宙の調和を維持している創造力の源《みなもと》であると。レーダーによる一部探査に成功したこのトンネルは、冥界の象徴なのだ。古代宇宙論によれば、冥界には冥界の神聖な地形があるという。

最後の仮説は、地下通路はひんぱんに利用されてはいたが、利用していたのは力を増幅させる儀式の参加者だけだったというものだ。このトンネルは、祭祀関係者たちが霊力を宿《やど》すための儀式を行う場所だった。祭具や、ひょっとしたら供物をささげたりささげられたりした人々の亡骸《なきがら》が残っていることも考えられる。

地下発掘調査は2006年にはじまり、いまも続けられている。チャベスはまず、トンネルの正面入口があったと思われるあたりを100平方メートルほど掘りすすめた。すると、地表から約2メートルのところで5平方メートルの穴が見つかった。これで神殿につながるトンネルに入れるようになった。

せまい通路には遺物やブロック状の石が詰まっていて、発掘計画の立案は難航した。チャベスはふたたびリモートセンシングに、ただしこんどは地下での探査に目を向けた。レーザースキャナー――非常に精度の高い測定装置――を使って次の段階の作業計画を練ったのだ。1回目の調査では入口から37メートルまでのスキャンに成功した。それが2011年には73メートルまで延びた。この調査によって、神殿につながる長いトンネルがあるのはまちがいないとわかったが、その全貌はまだはっきりとは見えてこなかった。

　次にチャベスは、ビデオカメラを搭載した小型の遠隔操作ロボットを投入した。このロボットを37メートル地点まですすめてみて、坑道が崩れてこないか、実際の作業環境はどうかをテストした。最初にレーザーでスキャンした範囲の発掘を進めるうえでこれが役に立った。２０１３年には、赤外線カメラと小型レーザースキャナーを積んださらに高度なロボットが、それまでは近づけなかったトンネル奥の最後の30メートルへの進入に成功した。これがまた大仕事だった。古代アステカの訪問者たちは、さまざまな機会にトンネルを訪れては供物を残していった。彼らは、トンネルをふさぐ20以上の分厚い壁の隙間《すきま》をすり抜けたり、ときには部分的に破壊したりして奥に向かったのだ。そして、最後にはトンネル全体が供物に埋もれた。チャベスの調査隊は、そのトンネルに１８００年ぶりに足を踏みいれたのだった。

　２０１３年には入口から65メートルまで発掘範囲が延び、トンネル脇に部屋がふたつあることもわかった。このふたつの部屋の壁と天井は金属鉱物の粉を使って仕上げられており、まるで星空か、日差しにきらめく流水のように輝いていた。片方の部屋には４００個以上もの鉱物性金属の球が残されていた。これについてはいまもって、まったくの謎だ。この2部屋を過ぎると、トンネルは下り坂になって2メートル以上くだりながら東へ35メートル続いていた。つきあたりには、北、南、東を向いた３つの部屋があった。

　この発掘調査で出土した遺物は７万５０００点以上におよび、いまはトンネルの口から１０３メートル以上入った深さ17メートル地点で発掘がすすんでいる。出土した何千点もの供物のなかには、鉱物である翡翠《ひすい》や蛇紋石《サーペンティン》、トルコ石、黒曜石（ガラス質の火山岩）、水銀などが含まれていた。何百個もの土器や黄鉄鉱（光沢のある鉱物で、よく金《きん》とまちがわれる）を研磨した鏡も、貝殻といっしょに置かれていた。見慣れない形の土器も数十個あり、ゴムボールや首飾り、木工品や人間の皮膚の切れ端まであった。

これらの出土品はなにを意味しているのだろう？　チャベスの調査隊は、シウダデラは宇宙の神聖な地形と神々の御業《みわざ》を再現したものだと論じている。ケツァルコアトルの神殿は聖なる山の象徴で、宇宙の異なる階層や領域がつながる場だった。神殿の地下のトンネルや横穴は、この世の空間をじめじめした冷たくて暗い冥界へと変えるもの。そこで支配者たちは統治のための霊力を手に入れたというのだ。テオティワカンの支配者たちは、神殿のピラミッドの下のトンネルを通って冥界へと下りていった。地面の下へ姿を消すことによって、未知の世界を訪れる力をもち、超自然界のさまざまな力と通じあっていると人々に思わせたのだ。シウダデラは、この大都市の住民全員が、暦に定められた重要な祭祀の日に公開祭儀に参加する場所だった。そしてまた、建築家たちが冥界への入口をつくろうとした場所でもあった。

現在進行中のシウダデラ発掘プロジェクトは、貴重な遺物を探すための急ピッチのものではなく、トンネル内の遺物の意味を苦労しながら組織的に分析していく作業だ。あらゆることに儀礼的な意味がこめられていた――トンネルが自然の地下水面より低くなるように掘られていたのは、水中にある冥界の環境を再現するためだった。トンネルの末端30メートルがさらに地下深く潜《もぐ》っているのも、そこにつねに水が満ちるようにして、神聖な創世の海を表現するためだった。

テオティワカンの調査は1世紀前にはじまったが、都市の規模が大きすぎて、まだ表面をひっかいたとも言えないほどだ。いまはトンネルの発掘に重点が置かれている——シウダデラだけでなく、太陽と月のピラミッドの下でも。そこで見つかる新たなトンネルや豪華な供物、生け贄の犠牲者たちなどが、歴史に残るこの大都市の複雑な象徴性の謎を解くのを手伝ってくれることだろう。

Chapter
# 37 チャタルホユック

幅広の体の土人形たちが、博物館の展示ケースのなかからまっすぐわたしを見つめていた。双頭のものは夫婦だろうか。ケースから離れて室内を移動しても、黒く縁取られた彼らの目がわたしの動きを追ってくるのを感じる。なかの1体にできるだけ近づき、タカラガイ（巻き貝）でできたその目をのぞきこむ。黒い瀝青《れきせい》（タール）の目玉が脳裏にくっきりと焼きつくようだ。紀元前8000年ごろにひとつの穴にまとめて埋められた30体もの人形ひとつひとつがもつパワーにわたしは魅入《みい》られていた。

それは、わたしが古代の信仰の力を眼前につきつけられた数少ない瞬間だった。ほかにそういう経験をしたのは、フランス国内やスペインのアルタミラの洞窟群で氷河時代の壁画を見たとき（14章）、エジプトの王家の谷で真っ暗なファラオの墓のなかにひとりきりでいた数分間、彩文土器に描かれたマヤの古代創世神話をたどっていたときなどだ。だが、ヨルダンのアインガザルで出土したあの像たちと過ごしたときほど強い力を感じたことはあまりない。小枝をたばねた芯に粘土で肉付けし、衣類や髪やタトゥーを描いた像とともにいると、先祖の存在を間近に感じた。

ほかの初期農耕集落でも見られたように、アインガザルの人々も先祖の頭部を飾りつけて家の床下に埋めていた。エリコではキャスリーン・ケニヨンが紀元前7000年の住居の床下から漆喰《しっくい》に覆《おお》われた頭骨を見つけていた（30章）。アインガザルでは人々は先祖の似姿《にすがた》もつくっており、屋内の祠堂に祀《まつ》っていた。それらの像と対面するのがたとえ博物館でも、まるで自分の家のご先祖さまたちに監視されているような気分になる。中東の初期定住者たちについて知れば知るほど、先祖への敬意が彼らの社会を動かす大きな力だったことがわかってくる。なぜ彼らはそんなにも先祖のことを大事にしていたのだろうか。

いまも伝統的な生活を続けている社会には、先祖を土地の守護者とする考え方がある。作物が育ち、いままでどおりの暮らしを続けられるのは、ご先祖さまのおかげというわけだ。過去においてもそれは同じだった。先祖への深い敬意は、農耕がはじまって以来、いや、おそらくもっと前の先史時代からの、ひとつの信仰の形だ。エリコの頭骨やアインガザルの小像は、収穫期から次の収穫期へと綱渡りだった社会の一端を祖先崇拝が占めていたことを示している。凶作、飢え、栄養不足といったものは、代々変わらずおそってくる現実だ。生活を続けていけるかどうかが初期農耕社会のおもな関心事であり、だからこそ先祖は大事だった。現存する伝統的な社会では、祖先信仰が口承文学や歌といった形で世代を超えて受け継がれている。だがもっと古い社会、たとえば最初の農耕民たちの信仰を知るにはどうすればいいのだろう。彼らの物語を知りたければ、考古学と物質的な過去の遺物にたよるしかない。ありがたいことに、チャタルホユックというトルコの農耕集落と、綿密に計画された長期発掘調査によって、先祖のもつ力に関して多くのことがわかってきた。

チャタルホユックはイギリス人考古学者ジェームズ・メラート（1925〜2012）によって発見された。メラートはエリコでキャスリーン・ケニヨンに師事して発掘を学んだため、集落跡を見分ける目があった。1950年代後半、トルコ中部のコンヤ平原で青銅器時代の遺跡を探す調査を行ったときに偶然見つけたのが、大きいほうは高さ20メートルというチャタルホユックの2つの遺丘だった。

メラートは1961年から1963年にかけてチャタルホユックを発掘し、紀元前6000年から前5500年ごろの集落の13層におよぶ文化層を発見した。最盛期の人口は最大8000人と推定され、150以上の部屋や建物が掘りだされた。この集落はたいへん窮屈にできていた。あまりに住居が密集していたために戸別の玄関扉はなく、出入りは屋根からしていた。

室内には、粘土でつくった牡牛の頭や漆喰のレリーフ、壁画などで飾られた祠堂があった。女性の小像も見つかり、豊穣の象徴である地母神崇拝があったにちがいないとメラートは考えた。さらに、一部の壁画の模様は古代の織物からとられており、同じデザインが現代のトルコじゅうたんに継承されているともとなえた。だが、いろいろあってメラートは作業を予定より早く切り上げねばならなくなり、彼の発掘はこれで幕を閉じた。

メラートによる発掘調査でこの遺跡に注目が集まった。チャタルホユックの面積は13ヘクタールと、同時代のたいていの集落の10倍ほどもあった。多くの謎が残っていたが、トルコ当局はなかなか新たな発掘を許可せず、1993年になってようやくイギリス人のイアン・ホッダー（1948〜）が意欲的な長期発掘プロジェクトを開始し、いまなお掘り続けている。ホッダーが築きあげた見事なチームワークのおかげで、闇のなかから先祖の姿が浮かびあがりつつある。

ホッダーは経験と独創性に富み、このような遺跡の発掘調査に欠かせない先見の明と相応の手腕をあわせもつ数少ない考古学者のひとりだ。彼は考古学者だけでなく、あらゆる分野の専門家を調査に引き入れた。調査ノートを含め情報を惜しまず共有することが全員に求められた。遺跡の観光地化を目指して開発をすすめるトルコ当局とも、最初から緊密に協力しあった。

そもそもホッダーは、チャタルホユックのプロジェクトを人間に関わる発掘調査ととらえていた。過去をつくってきたのは、個人としての、そして大小さまざまな集団の構成員としての人間だと考えていた。いまと変わらず当時の人々も、おたがいや社会や先祖との関係のなかで生きていた。チャタルホユックがそんな関係性を解き明かすカギとなる可能性にホッダーは気づいていた。忘れられて久しい祖先崇拝が、祠堂や神殿やそのほかの場所から見つかる出土品という具体的な形でわたしたちのもとに届くだろうと。

ホッダーは3つの基本方針を掲げた。

その一、生態環境（生きている有機体とその周辺環境の関係）や技術や生業《なりわい》だけをたよりに過去を検証しないこと。

その二、古代社会で見落とされてきた存在、つまり少数民族や女性、往々にして文字をもたなかった庶民などの無名の人々に焦点を当てること。

その三、この研究の一般社会における広い意義をつねに考えること。

こういった方針を、ときには3つセットでとなえた考古学者は過去にもいた。だが、調査開始時点から3点すべてを掲げた人はいなかった。

もちろんすべては発掘状況しだいだ。チームは当初2つの基本的な問いに取り組んだ。チャタルホユックはいつ出現したのか。そしてその最初の集落はどんな様子だったのか。東側の遺丘の底部まで掘りさげると、紀元前7400年ごろに湿地のそばで栄えた小さな集落の跡が見つかった。動物の骨や種子が、彼らが農耕民だったことを物語っていた。周辺の水場で魚や水鳥を捕ったり、動物を狩ったりもしていた。

この小さな村は、肥沃な土地とゆたかな水、農耕と狩猟を組みあわせた生活のおかげで1000年ほど存続した。チャタルホユックの人口は最初、数百人というところだった。だが、牛の飼育が盛んになるにつれ、人口は3500～8000人まで増えた。村はこのころ、メラートが見つけた密集した小さな町になった。何キロも先までその名を知られる重要な場所になったのだ。

この村の住民はついていた。すぐ近くを火山の溶岩流が流れた関係で、黒曜石を簡単に採掘できたのだ。きらきらとして目の細かい黒曜石は石器づくりに最適だった。チャタルホユックの人々は地の利を生かして、黒曜石を定型のブロック状に何千個も切りだした。こうすれば原石をもち運びやすく、着いた先で鋭くとがった小さな道具に加工することができる。大規模な黒曜石交易が行われ、はるか遠くシリアやその先まで交易路は延びた。

チャタルホユックは栄え、1400年間で少なくとも18回も村人たちは家を建て直しているほどだが、紀元前6000年ごろに打ち棄《す》てられた。ここまでわかれば、本当の意味で人々と彼らの「声」のみに焦点をあてられるようになる。ホッダーと調査隊のメンバーたちは、そのために166戸以上の住居を発掘した。個別の家々だけでなく、同じ場所に建てられた時代の異なる住居群もだ。

この町では、平屋根の住居が何軒も肩を寄せあうように並び、街区のあいだには細い路地が走っていた。同じ場所に何世代にもわたって同族が家を建て直しては住み続けており、近隣住民やその場所でかつて暮らした歴代住民との強いきずながうかがえる。この共同体を結びつけていたのは、個人や家族間、そしてあちこちに住む親族との密な血縁関係だった。こうした血のつながりは生きている人々と祖先をつなぐものでもあったことから、チャタルホユックでは親類関係がとくに重視された。

この町には大きな公共の建物も、神殿も、祭儀場もなかった。食べ、眠り、道具をつくり、儀式を執《と》り行うといったことのすべてが個人の家で行われた。死者を墓地に埋めることもなかった。日々の生活と霊的な信仰が渾然一体となっていた。それがよくわかるのが、家々の壁に描かれた人間とヒョウやハゲワシなどの動物の絵だ。まるで動物も人もひっくるめて、すべての祖先が生きている人々を見守っているかのようだ。

そして多くの家には、墓と原牛〔家畜牛の祖先種〕の頭骨があった。ときには死者の頭部を切り離して顔に漆喰を塗りこめた。それは飾り物として世代を超えて受け継がれた。こうしたことはすべて、複雑な神話的通念が日常生活に意味をあたえていたことを示している。

　その意味について教えてくれるのが、だれも住んだことのない家々だ。この町にはそういう家が何軒かあり、そこには死者が住んでいた。ふつうに人が暮らしていた住居からはだいたい5～8つの墓が見つかっているが、この特別な家々ではそれどころではない。40年あまりのうちに62体もの遺体が運びこまれた家もあった。室内には神聖な原牛の頭骨や、牡牛の頭部をかたどった土像などが置かれていた。壁には、祠堂で行われる儀式の主役だったにちがいない牡牛や頭のない人や猛禽《もうきん》類の絵が描かれていた。

　住む者のない家ひとつひとつに、その家を建てて維持してきた人々の歴史が刻まれていた。ときに彼らは床を掘りかえし、先祖が残した大切な牡牛の頭骨を取りだすことさえあった。古い墓から取りだした歯を、後世の墓に入れる風習もあった。ホッダーはこういった住む者のない家を「ヒストリーハウス」と名付けた。そこは、先人たちも行ったなじみの儀式を通じて、人々が先祖や自分たちの歴史とふれあうための場所だった。ヒストリーハウスでは原牛をたたえるための儀礼的な宴が開かれていた可能性もある。中東の古代農耕社会では、こういった獰猛《どうもう》な動物には大きな霊力があると広く信じられていた。

　人々は（足もとの）死者の力を借り、頭骨などの亡骸《なきがら》の一部を再利用することで、そのような歴史をつくりあげて継承していた。人も動物も含めた祖先が、死者と家と住民たちを守っていた。壁画のなかに集う獰猛な動物と頭のない人間と猛禽類は、現世から来世へしっかりと命をつなぐ支えとなっていたのだ。

チャタルホユックの農耕民たちの暮らしは、移ろう季節の暦にそっていた。種まきの春（誕生）、夏（生長）、秋（収穫）、そして冬（死）。突きつめればこれが人間の一生の現実であり、先祖を崇《あが》め敬うわけでもあった。彼らは自分たちもいずれ、その仲間入りをすると知っていた。だからこそ、女性像や地母神と見られるものを祀《まつ》っていた。それらは命の再生の象徴だったのだ。

チャタルホユック発掘調査は、単なる考古学の域をはるかに超えたものだ。ホッダーは発掘の成果と何十人もの専門家たちの研究にもとづいて、先祖に深く関心を寄せたひとつの共同体の複雑な歴史をあぶりだそうとしている。この集落は複雑なつながりや力関係に満ちていた。わたしたちは、さまざまな声が騒々しくこだまする共同体をふりかえっているのだ。

さらにもうひとつ別の声もある。現地でいま暮らしている人々の声だ。彼らにとってチャタルホユックは自分たちの歴史の一部であり、それ以上のものでもある。近隣農家の多くが発掘調査に参加している。現場は考古学博物館になりつつあり、おおぜいの観光客が世界各国からやってくる。ホッダーたちは近隣の村人たちにも、どのような発見があったか説明してきた。トルコ人考古学者らに手伝ってもらって、博物館職員や警備員の育成も続けている。なんとホッダーは、ある遺跡警備員の一代記まで書いている。

出身地もさまざまな考古学者たちとその仕事は、もはや現地の風景の一部だ。これがいわゆる「関与する考古学」である。過去と現在の世界両方に関わりをもち、参加する考古学だ。考古学調査と出土品の保護は一体なのだ。

考古学の世界では、遺跡に利害関係をもつ人たちのことを「ステークホルダー（stakeholder）」と呼ぶ。チャタルホユックにおけるステークホルダーには、周辺地域の住民が含まれる。加えて、現地で活動している外国人やトルコ人の考古学者たち、そして博物館関係者たち。観光客もまたステークホルダーだ。というのも、チャタルホユックは全人類が共有する文化遺産の一部だからだ。そして忘れてはならないステークホルダー、それがご先祖さまだ。

# Chapter 38 景観のなかで

古物収集家にして弁護士で医師のウィリアム・ステュークリー（1687〜1765）は、イングランド南部ストーンヘンジの環状列石に夢中だった。人生を楽しみ、過去に対する飽《あ》くことなき好奇心をもっていた。ひょうきんで独創的でお茶目な人物だった。1723年、ステュークリーは後援者のウィンチェルシー卿といっしょに、ストーンヘンジのトリリトン（直立する2つの石をつなぐように「まぐさ石」をひとつのせたもの）の上を歩きまわり、そのまま石の上で夕食をとった。その席でステュークリーは、「ぐらつかない頭」と「軽やかな踵《かかと》」をもった人ならこの石の上で充分メヌエットが踊れるとのたまった。

そのようなおちゃらけた一面もあったが、ステュークリーはいにしえびとに関心をいだくまじめな学者だった。ストーンヘンジのことも単なる驚異としてではなく、より広い背景をもつ聖地としてみていた。ストーンサークルの詳細な測量調査をはじめて完遂し、近くでは墳丘墓をいくつか発掘したが、なににもまして重要な功績は、あたりを歩きまわったことだった。

彼はその慧眼《けいがん》で、長く忘れられていた土塁群を見いだし、土手と溝で形成された部分には「アヴェニュー」と名付けた。2世紀後に撮られた航空写真が、エイムズベリーの町の近くを流れるエイヴォン川に向かって3キロほど続くその一本道の存在を追認した。ステュークリーはまた、平行に走る2本の溝を見つけると、レース場だと考えて「カーサス」と名付け、東端の盛り土を正面観覧席だと推測した。

ステュークリーのフィールドワークでずばぬけていたのは、認識力と正確さだった。彼以前に現地を訪れた人々は、ストーンヘンジをせいぜい短い言葉で描写しただけだった。田舎を歩くことで、ステュークリーはこんにちの考古学の基本的アプローチのひとつ、古代の景観《ランドスケープ》の体系的研究の基礎を築いた。

考古学者の目はいつも、大きくてめだつ遺跡にとらわれてきた。つい最近までストーンヘンジでも、その視野のせまさが研究に影を落としていた。環状列石の内側や周辺で発掘が行われて暫定的な（最終的ではない）編年がまとまり、遺跡の意味に関してもさまざまな意見がだされた。調査関係者たちがステュークリーのしたように周辺の景観にきちんと目を向けだしたのは、ほんのここ数年のことだ。ステュークリーは徒歩か馬の背に乗って動きまわったが、現代の考古学者たちは電子機器を使って、あるいは宇宙から景観を検証する。

わたしたちはもう長年、重労働かつ費用のかさむ発掘ぬきで遺跡を探査できるようになるのを夢みてきた。一般には「リモートセンシング」として知られる「非侵入的考古学」では、発掘によって遺跡とその周辺を攪乱《かくらん》したり破壊したりすることなく調査を行う。そのはしりは航空写真で、第一次世界大戦後に考古学の調査手段として本格的に採用された。いまやグーグル・アースや衛星画像、航空機に搭載したレーダー、地中レーダーをはじめとした地面の下を探査できる各種技術のおかげで、景観全体の探査ができるようになった。

業界を引っぱるトップクラスの考古学者のなかには、できればもう発掘はしたくないという人もいる。発掘が考古学遺跡を破壊することを知っているからだ。もちろん、年代を知るための手がかりを見つけたり、特定の疑問に答えをだしたりするために、抑制的な発掘は必要だ。だが、いまでは発掘は、以前より小規模になり、綿密な計画をたててじっくり行われるようになっている。1920年代から1930年代にレオナード・ウーリーがウルを発掘したときとは大違いだ。

そういった抑制的な発掘と放射性炭素年代測定法のおかげで、ストーンヘンジについてはステュークリーが知らなかったことがずいぶんたくさんわかっている。この巨石群は紀元前2500年ごろに建てられたが、この場所での儀式自体は少なくともその1000年前から行われていた。だが、わたしたちはこれまでずっと、周辺の景観よりも環状列石それ自体のほうに注目していた。ここからは、リモートセンシングが行われるようになって以降、ストーンヘンジについてわかったことを見ていこう。

ヴィンセント・ガフニー〔1958〜〕はリモートセンシングの専門家で、北海に沈んだ氷河時代の陸地ドッガーランド研究の先駆者《パイオニア》だ（40章）。ガフニーは2010年、磁気探知機と地中レーダーを使ってストーンヘンジの地下に眠る遺跡群を三次元画像として描きだすという4か年研究計画を開始した。ガフニーの調査隊は最新技術を搭載した四輪バギーやミニトラクターで、ストーンヘンジ周辺を14平方キロメートルにわたり図面作成のために踏査した。そして、15個もの未知の環状列石や無数の墳丘墓群、溝や穴などを発見した。ストーンヘンジは、生者と死者が押しあい圧《へ》しあいする、緻密に計画された土地にあることがわかったのだ。

ガフニーは、ストーンヘンジのすぐ北側でステュークリーが見つけたカーサス、つまり2本の溝の形で東西へ3キロ強のびている細長い土地も調査した。ガフニーの見立てでは、カーサスはステュークリーの言うレース場ではなく、おそらく神聖な歩道として、ストーンヘンジの建設がはじまる何世紀か前につくられたものだった。ガフニーひきいる調査隊は、溝の途中に複数の切れ目を発見した。これは、北方や南方からやってくる人々を東西の軸線に合流させるための「通路」だったとも考えられる。

ガフニーの調査で明らかになった、ありとあらゆる不可思議な地形の発掘調査は、これからだ。ただ、その多くが、一年でいちばん日が長い日と短い日――いわゆる夏至と冬至――の日の出の方向をむいていることがわかっている。ストーンヘンジの景観には宗教上重要な意味があったのだ。環状列石や土塁を築いた人々がそこにどのような意味を見ていたのか、ストーンヘンジの偉容を目にしてどんなふうに心を揺さぶられたのか、それは推測の域をでない。だが、いまなら答えをだせる謎もある。

ストーンヘンジをつくった農耕民たちはきびしい環境下に生き、その生活は季節の移り変わりに支配されていた。苗を植え、育て、収穫するという生と死を象徴する永遠のサイクルが、豊作の年も不作の年もえんえんとくりかえされた。それがストーンヘンジという景観のなかで生きる人々の生活の現実であり、トルコのチャタルホユックをはじめ大小問《と》わず各地の共同体の現実だった（37章）。運よく、ストーンヘンジの北東3キロほどのところにある土塁ダーリントン・ウォールズの発掘調査で、そんな古代の人々の生活に組みこまれた複雑な儀式の一部が明らかになった。

ダーリントン・ウォールズは大きな環状の土塁で、一般には「ヘンジ」として知られる。かつては高さが3メートル以上あり、内側には深さ3メートルの溝が掘られていた。面積は17ヘクタールほどあるが、いま地表に見るべきものはほとんどなにもない。そのすぐ南側には、かつてはウッドヘンジという環状の木柱列があった。ヘンジの土塁のなかにも、ストーンヘンジと同じくらいの大きさの2つの木柱サークル——ノースサークルとサウスサークル——が建っていた。

土塁が築かれる前、紀元前2525年から前2470年ごろにかけて、ここにはヨーロッパ最大級の集落が栄えていた。多いときには4000人が1000棟ほどの住居に住み、住居の壁は木切れを組んで泥で塗りかためた荒《あら》打《う》ち漆喰《しっくい》でできていた。ダーリントン・ウォールズとストーンヘンジをつくったのはその住民たちだったのかもしれない。ストーンヘンジの近くには建設者たちが住んだ村の痕跡はない。

近年まで、このふたつは別々の時代につくられたと考えられており、ダーリントン・ウォールズのほうがストーンヘンジより数世紀ほど古いとされていた。だが、新たに行われた放射性炭素年代測定で、利用時期が重なっていたことがわかった。では、なぜストーンヘンジは石で、ダーリントン・ウォールズとウッドへンジは木でつくられたのだろうか。ストーンヘンジのトリリトンのまぐさ石の接合部には、木造建築に見られるような加工がほどこされており、建設者たちが木工職人だった可能性を示唆している。

マイケル・パーカー・ピアソン〔1957〜〕というイギリス人考古学者は、多岐にわたる経験を積んでいる。活動地もさまざまで、マダガスカルでは現地の考古学者ラミリソニナと組んで多くの墓や立石を訪れた。パーカー・ピアソンはラミリソニナがエイヴベリーとストーンヘンジを訪問できるように手配（のちに発掘も）した。ラミリソニナは現地をひと目見るなり、（石の）ストーンヘンジは祖先、つまり死者のためのもので、木柱のダーリントン・ウォールズは生者のためのものと断言した。それが答えなのだろうか？ たしかにストーンヘンジと周辺の墳丘には火葬墓地が見られたが、ダーリントン・ウォールズにはひとつもなかった。

パーカー・ピアソンと調査チームのメンバーたちは大量のデータに向きあい、広く全体を見ようとしている。たとえば、ストーンヘンジの有名な「ブルーストーン」はなぜ、ほぼ290キロも離れたウェールズのプレセリ・ヒルズからわざわざ運んでこられなければならなかったのか。それ以上に、ストーンヘンジはなぜいまの場所に、つまりいちばん近い水場まで2キロ近くある荒涼たる丘の上に建てられたのか。そんなところまでわざわざ石を運びあげて、木柱にあわせて環状に並べる手間をかけたのなぜか。

こうしたこみいった疑問に取り組むには、共同研究しかなかった。パーカー・ピアソンと仲間の考古学者たちは、多年計画のストーンヘンジ・リヴァーサイド・プロジェクトのために優秀な研究者を集めてグループを立ち上げた。あらゆる作業工程が慎重に検討された。意見が割れたときは、現場で、酒場で、研究室で、活発に議論が交わされた。そのあとで入念な計画にもとづく発掘と調査が行われ、どんなに小さな遺物も分析にかけられた。ダーリントン・ウォールズでは、土塁の南の出入口からエイヴォン川へ下りていく平行な2本の土手にはさまれて地表に残る100メートルほどの小道をたどった。この小道の直線上に、サウスサークルの入口があった。ストーンヘンジ全景のなかに、この小道はどう収まるのだろう？

チームのメンバーのひとりクリストファー・ティリーは、「現象論主義」によって先史時代の景観を探査する新たなアプローチを生みだしていた。それには、古代の人々がしていたと思われるとおりに、みずから動いてみることも含まれる。地中レーダーや地図やその他の既存の調査機器もたいへん結構なのだが、それが景観のすべてではない。まず、いまある道路や畑や生け垣や踏み分け道を無視してみなければならない。たとえば、ストーンヘンジの建設者たちはストーンサークルに近づくとき、自然の地形をどう利用しただろうか。ティリーは見つかった小道やそのほかの古くからある地形を歩いてみたり、当時の人々がカヌーを使って川や小川づたいに遠出していたことから、エイヴォン川の流域を探査してみたりもした。

そうやってティリーが調査をすすめているあいだに、パーカー・ピアソンひきいる調査隊はダーリントン・ウォールズの発掘を続けた。発掘場所の表土を重機ではがし、下のチョーク層を露出させた。チョーク層を床とする住居1棟の床面積は約25平方メートルだった。手作業でこつこつと作業をすすめると杭穴が現れた。粘土で塗り固めた壁の跡だ。壁ぎわの床からは、かつて箱形ベッドと棚の足が差しこまれていた浅い溝が見つかった。住居5棟分の床土が研究室できわめて細かいふるいにかけられた。

ダーリントン・ウォールズの謎を解明するにあたってストーンヘンジは無視できない存在だが、こちらについてはもうかなりのことが判明している。ストーンヘンジは長期にわたって墓地として使われていた。建設者たちは、夏至の日の出と冬至の日の入りの位置を結ぶ直線に沿ってのびていた自然の地形を生かして、その端にストーンヘンジを建てた。ストーンヘンジの原型は紀元前3000年ごろにできた。トリリトンとサルセン石（砂岩）が立てられた建設の第二段階がおよそ紀元前2500年で、ちょうどこのころダーリントン・ウォールズに類似の木柱サークルが建設された。この環状木柱列が建てられた集落には、夏と冬になると季節ごとの祝宴のために家畜の群れを連れた人々が遠方から集まってきた。

ほぼまちがいなく、ストーンヘンジは死者のための場所で、ダーリントン・ウォールズは生者のための場所だった。それは両遺跡が向いている方向からも見てとれる。周囲の景観はまるで巨大な天文台のようなものだった。夏至の日、ストーンヘンジは地平線から昇ってくる朝日を正面にとらえる。ダーリントン・ウォールズの小道とサウスサークルは、地平線に沈む夏至の夕日を正面にいだく。

ストーンヘンジ・リヴァーサイド・プロジェクトは、固く結束したチームが一丸となって、ていねいに立てた仮説と目的に向かって研究をすすめるという、すばらしい実例だ。メンバーの専門分野はさまざまで、なかには考古学とはかけ離れた分野の専門家もいる。それぞれがリスクをとり、大胆な疑問を投げかけ、知識とは少しずつ蓄積されていくものだということを了解している。それでこそ、いつの日にかストーンヘンジの謎に肉薄するための青写真を描けるのだ。

ストーンヘンジの景観を研究している考古学者たちは、いろいろな意味で考古学の未来を体現している。個々の遺跡をただ発掘するのではなく、より大きな景観の一部ととらえる。わたしたちは一周まわって、ウィリアム・ステュークリーが1720年代にストーンヘンジでやっていたことに戻ってきたのだ。

# Chapter 39 見えないものに光を

ストーンヘンジでの調査で、過去を研究するうえでリモートセンシングがいかに有用かということがはっきりした。何年かすれば、この環状列石周辺の神聖な景観のことはもっとよくわかってくるだろう。いままでにない壮大な規模の考古学がここにある。だが、ストーンヘンジとダーリントン・ウォールズですら、世界の裏側ですすめられている別のリモートセンシング・プロジェクトの前ではちっぽけなものだ。

ある蒸し暑い日、はじめてカンボジアのアンコール・ワットを目にしたとき、わたしはそのあまりの大きさに息をのんだ。出会いは突然で、鬱蒼《うっそう》とした森のなか、何本もの塔がまっすぐに天を指していた。たそがれどきには、沈みゆく太陽が細かな装飾のほどこされた祠堂をやわらかなピンクに染めあげる。この巨大寺院には、美と鬼才と荘厳さが想像を超える規模で渦巻いている。名も知らぬ名建築家の構想力に、ただ脱帽するしかない。1000年以上の歴史を秘めた考古学上の驚異のひとつと言っていいだろう。ただし、この遺跡はジャングルのなかにあって、周囲の景観などほとんど見えはしない——少なくとも、いままでは。

　ここでのリモートセンシングを見ていく前に、少し背景知識を入れておこう。アンコール・ワットは、メコン川とトンレサップ湖という大きな湖の近くにある。この湖がいっぷう変わっている。８月から10月にかけてメコン川が氾濫《はんらん》すると、湖は長さ１６０キロ、深さは場所によっては16メートルにまで拡大する。やがて川の水が引いて湖の水位が下がると、何百万匹ものナマズや魚があちこちの浅瀬に取り残される。

　肥沃な土壌（稲作に最適）と、このような世界屈指のゆたかな漁場が、いたって生産的な環境をつくりだし、何千人もの農耕民の暮らしを支えた。貯水池やよくできた水路が、何千ヘクタールもの農地に水を行き渡らせ、西暦８０２年から１４３０年までゆたかなクメール文明の繁栄を支えた。

　かつてトンレサップ湖周辺には無数の王国があったが、そういった国々の歴史はほとんどわかっていない。やがて野望をいだいたクメールの王たちが、強大でより安定した王国を築きあげた。彼らは自分たちを天与の支配者と考え、みずからをたたえるための寺院を（多大な犠牲のもとに）建設した。この地の景観は、アンコール・ワットといくつかの荘厳な宮殿や寺院群に占められている。アンコール・ワットとその近くにあるアンコール・トムは広大だ。それにくらべれば、古代エジプトの神殿やホンジュラスでキャザウッドとスティーヴンズが分け入ったマヤ文明のセンター、コパンなど取るに足らない規模だ（６章）。

　クメール王国の支配者たちは、神格化された王権と、贅《ぜい》と富への崇拝をつくりあげた。何千人もの平民の労働力を含むあらゆるものが、王のためにあった。１１１３年に、国王スールヤヴァルマン２世〔在位１１１３〜１１５０ごろ〕

はみずからの最高傑作として、アンコール・ワットの建設に着手した。

この驚くべき建築物にはすみずみまでクメール神話の要素が宿っている。クメールの宇宙論（宇宙の起源をめぐる信仰や神話）においては、世界の中心にはジャンブドヴィーパという大陸があり、そのまんなかにメール山〔須弥山《しゅみせん》〕がそびえている。アンコール・ワットの中央祠堂は周囲を見おろす60メートルの高さにそそり立ち、メール山の主峰を表している。残り4本の塔は、主峰より低い峰々のかわりだ。堂々とした周壁は大陸を取りまく山脈を意味し、環濠《かんごう》はその果てに広がる神話上の大海を表している。

スールヤヴァルマン2世の最高傑作は、王の死後、長くはもたなかった。権力争いのなかですぐに打ち棄《す》てられた。1181年、ヒンズー教徒ではなく仏教徒のジャヤヴァルマン7世〔在位1181〜1220ごろ〕が即位した。そして近くにアンコール・トムを建設したが、こちらは寺院であると同時に首都としても機能した。

アンコール・ワットは、たやすく人の心をうばう。なんといっても、世界屈指の威容を誇る考古学遺跡だ。そして同時に、考古学者にとっての悪夢でもある。あまりに広大かつ精巧なため、いまなお調査しきれていないのだ。これだけの規模と緻密さをもった遺跡には、従来の発掘手法では太刀《たち》打ちできない。

この寺院の敷地は東西1500メートル、南北1200メートルで、幅のある環濠によって守られている。中心部だけでも215メートル×186メートルある。なかに入るには、長さ1500メートルの土手道を通って濠《ほり》を渡る。この参道の両側には、神話に登場する多頭のヘビが彫りこまれた低い塀が続いている。中央祠堂のまわりは、広場と回廊と小部屋が3重に取り囲んでいる。壁のレリーフには、王に謁見《えっけん》する高官たちや、行進の様子が描かれている。戦勝記念に描かれた戦いのシーンもある。美しい乙女たちが舞い踊り、天国での永遠の命を約束している。

天文台に王墓、そして寺院。アンコール・ワットではあらゆるものに、宇宙や宗教にまつわる深遠な象徴的意味がこめられていた。そのすべてがとてつもない規模だ。遺跡自体が圧倒的に手のこんだ壮麗なつくりであるため、周辺の景観など、いともたやすくかすんでしまう。過去、それは考古学者とて同じだった。

調査が行き詰まっていたときに、リモートセンシングが舞台に登場した。衛星を使ったリモートセンシング技術を学んできた最近の研究者たちは、周辺環境のことも当然知りたがる。アンコール・ワットが、75万人もの人々が暮らしを営み食料を調達していた広大な過密地域の中心にあったことはわかっていた。だが周囲はいまや鬱蒼とした森に覆われていて、測量に欠かせない直線の「視線」もないなかで熱帯雨林や生い茂る植物を図面に起こすのは難しい。斧《おの》や鉈《なた》を手にした作業員軍団を投入して、あたりの木を何十本か切り倒す覚悟がないかぎりお手上げだ。幸運にも、研究者たちにはＬＩＤＡＲ《ライダー》がついていた。

ＬＩＤＡＲ（Light Detection and Ranging＝光検出測距）は、もとは気象学（大気の研究）用として１９６０年代に開発されたレーザースキャン技術だ。レーザー光線を照射すると、それが目標物にあたって跳《は》ねかえってくる仕組みを利用している。光が目標物に到達するまでの時間と、戻ってくるのにかかった時間を調べれば、目標物までの正確な距離を計算できる。ＬＩＤＡＲはそうやって、おそろしく精確で解像度の高い三次元データを取得する。測量によって何百万個もの点を集め、それをコンピューターで処理して三次元のメッシュ画像に変換するのだ。

考古学者の立場から見ると、ＬＩＤＡＲは従来の実地測量調査よりもコスト面ですぐれている。地上で使うこともできて、個々の建築物のごく細かいところまで記録することができる。そして、アンコール・ワットのように森のなかに埋もれた巨大遺跡を空から探査するのに最適だ。装置からは最大で毎秒60万回のパルス光が照射され、木の葉や植生を透過して地表に届く。分厚い樹冠〔木の上の枝や葉が茂っている部分〕の下に隠れた住居や寺院などの建築物も記録できる。もはや熱帯雨林に秘密はない。

２０１２年以前に、地中レーダーを使った一連の小規模探査とフィールド調査を組みあわせるやり方をしていたのが、考古学者のクリストフ・ポティエ、ローランド・フレッチャー、デイミアン・エヴァンズの３人だ。この調査で、かつてのアンコール・ワットは鬱蒼たる森に囲まれていたわけではなく、少なくとも１０００平方キロメートルの面積をもち、推定75万人の人々が暮らしていた巨大複合都市の中心部にあったという驚きの事実が判明していた。水路や池の跡、低い畦《あぜ》に囲まれた何千枚もの田んぼ、住居跡の土塁、何百もの小さな祠《ほこら》なども見つかった。こうして新たな知識は得られたものの、いま生い茂っている堂々たる森林、とくにアンコール・ワットのまわりの森のせいで徒歩でのくわしい踏査は不可能に近かった。

２０１２年、調査に進展がないことにしびれを切らした3人は、密な森を透かし見ることのできるＬＩＤＡＲに目を転じた。エヴァンズがアンコール遺跡の管理責任者であるカンボジア側との緊密な協力を担当した。並行して、オーストラリア、ヨーロッパ、カンボジア、アメリカから専門家たちが集まり、地中レーダーを使った徒歩での踏査も実施した。それらの調査結果を、アンコール・ワットの敷地内で範囲を限定して慎重に行われた発掘の結果と突きあわせると、都市化した当時の景観の全体像が浮かびあがってきた。優に1世紀以上にわたってアンコール・ワットは宗教都市であり、クメール王国の12世紀の都と考えられていた。周壁の内側は人口密度が高く、宮仕えのエリートたちが住んでいたと見られ、森の懐《ふところ》深くいだかれた孤立した村々は農業地区とされていた。森林という覆《おお》いがバーチャルに取り除かれたことで、アンコール・ワット全体と周壁内部だけでなく、寺院を取りまいていた広大な市街地までも図化することができた。

そこで新たに驚くべき発見があった。この寺院複合体の広さ、精巧さはそれまでの予想をはるかに上まわるものだったのだ。隣のアンコール・トムが建設される半世紀も前に、アンコール・ワットを起点とした立派な道路網ができており、両寺院のはるか先へのびて郊外の全寺院をつないでいた。道水路網もアンコールを中心に広域にはりめぐらされており、人口の大半はそういう郊外に住んでいた。

それまで何世代ものあいだ考古学者たちは、古代都市といえばシュメールのウルやアテネのように、せまい範囲に人口が密集しているものと考えていた。だが、ゴードン・ウィリーによるマヤの景観に関する初期の研究や、ここアンコールでの新たな発見によって、熱帯地域には城壁のない拡張型の都市があったことが判明した。「都市《シティ》」というのは古くから、壁で囲われた古代都市を連想させることばだったのだが、思っていたよりいろんな意味があるようだ。

アンコール・ワット研究者たちは以前、聖域の近くにはエリート階級が住んでいたと思いこんでいた。ところが、ＬＩＤＡＲによる調査結果は違った。この大寺院は、レーザースキャナーを使ってはじめて見えるようになったと言ってもいい、複雑にからまりあう景観の一部にすぎなかったのだ。

エヴァンズとフレッチャーがＬＩＤＡＲのデータを検証しているあいだに、地上踏査チームはレーダーとていねいな発掘作業によって、寺院の近くにはどんな人たちが何人くらい住んでいたのか突きとめようとしていた。おもしろいことに寺の近くにあったのは質素な住居ばかりで、腐朽しやすい建材が多く使われていたということがわかった。いまでは、寺院の近くに住んでいたのは裕福なエリートではなく、寺院の職員、たとえば聖職者や舞いを奉納する踊り子や役人などだったのではないかと言われている。

ここでもまた、リモートセンシングが詳細な全体像を見せてくれた。地中レーダーとＬＩＤＡＲ、土壌サンプル、実測と限定的発掘を組みあわせた調査で、周壁内におよそ３００個の小さな家庭用の池が網目状に配置されていたことがわかった。それまでに見つかっていた、片手で数えられるほどの数とは比較にならない。新たに見つかった池と、１２９５年から翌１２９６年にこの地を訪れた中国人が書き残した文章から、研究者たちはアンコール・ワットの中心域にはおよそ４０００人が暮らしていたと推定した。

寺院の運営には何人たずさわっていたのか？　クメール文字の碑文をもとに計算すると、寺院の職員は約２万５０００人とでた。そのほとんどは中心域の外側、ただしおそらくは寺院にかなり近い地区に住んでいた。同じ碑文に、食べ物やさまざまな産物を届ける仕事にその５倍の人数が関わっていたと書かれている。そのほぼ全員が郊外に住んでいたにちがいない。

リモートセンシングは、アンコール・ワットの物流規模に関してまったく予想外のものを見せてくれた。LIDARや初期のリモートセンシング技術のおかげで、アンコールの主要寺院群は水路と池と貯水池の巨大ネットワークのただなかにたたずんでいたことがわかった。この水利システムによって、3本の細い川の水が管理され、貯められ、街全体をめぐってからトンレサップ湖に注いだ。貯水池のひとつ、いわゆる西バライだけでも、長さ8キロ、幅2キロという大きさだ。

LIDARの価格が下がってきて、フィールドワークでLIDARを搭載したドローンを使ってみることもできるようになってきた。いまや、ほんの一世代前までは想像もできなかったようなやり方で、古代都市を取りまいていた景観を目にすることができる。コンパクトであろうと拡張型であろうと、このあたりの都市は周辺地域の集落や農業用の土地に依存していた。デイミアン・エヴァンズとローランド・フレッチャー、そしてその仲間たちは、クメール文明に対する見方をすっかり変えたのだ。

LIDARはほかの遺跡での調査にも使われ、グアテマラのエル・ミラドールなどマヤの古代センターでも分散型の居住形態が見つかった。アメリカのメリーランド州アナポリス近郊の植民地時代のプランテーション農場でも図化作業に利用されている。

もう一世代もあとになれば、考古学者を象徴するおなじみの道具と言えば移植ごてだけでなく、気球や飛びまわるドローンや衛星から遠隔操作する各種リモートセンシング装置が加わるのかもしれない。

# Chapter 40 考古学の現在と未来

想像してみてほしい。山や低い丘に囲まれた湿原に、大小何本もの川が流れているところを。時をさかのぼること９０００年前、丈《たけ》の高い葦《あし》の茂みのなかをぬうように走る細い水路を1隻の丸木舟がすすんでいる。空は強い風に運ばれてきた霧雨に煙っているが、水面は黒くしんとしている。妻が静かに櫂《かい》をあやつり、夫は舟のへさきに立って、かえしのついたヤスを構えている。雷のようなひと突きと、身もだえするカワカマスが水面の静寂を破る。驚いた水鳥がいっせいに騒ぎたてる。漁師があっというまに丸木舟のなかに引き入れた獲物を妻が木の棒で叩《たた》いて殺す。水面はふたたび静まり、漁は続く。

このシーン自体はつくり話かもしれないが、その舞台は想像の産物ではない。北海の底から集めた、考古学的、気象学的な証拠に裏付けられた風景だ。いまや冷たくてよく荒れる海が、イギリスと大陸ヨーロッパを隔《へだ》てている。だが９０００年前には、地球の海水面はいまよりずっと低く、北海は水をかぶっていない陸地だった。

ドッガーランド〔現在はドッガーバンクという名の堆（たい）で、世界有数の漁場〕として地質学者たちに知られているこの地域は、大部分が海抜わずか数メートルの低湿地で、住民たちはほとんどの時間を舟の上で過ごしていた。自然の景観については、リモートセンシングで明らかになっている。だがその住民についてはほとんどわかっておらず、浅瀬から偶然揚《あ》がってくる骨製の銛《もり》などの出土品から少しずつ学んでいるところだ。農業がまだ伝わっていなかったので、彼らは狩猟と漁労で生活の糧《かて》を得ていた。生活環境の変化はめまぐるしく、あまりにも平坦な土地だったため、海水面が数センチ上がっただけで船着き場や野営地は一世代のうちに、あるいはもっと短い期間で水没してしまうほどだった。

　ドッガーランドは、氷河時代のあとにやってきた大規模な地球温暖化により紀元前５５００年ごろに姿を消した。ドッガーランドの少人数の狩猟集団であろうと、大旱魃《だいかんばつ》で存続の危機を迎えた巨大文明であろうと、人間がこれまでどのようにして大小さまざまな気候変動に適応してきたのか、考古学の力でどんどん解き明かされつつある。いまは、（大半は１８６０年代以降の）人間活動によって引きおこされた地球温暖化、つまり気候変動の時代だ。わたしたち考古学者は、長い歴史の目で見た気候変動という視点をもちこむことで、現代の問題に独自の予備知識を提供している。

　好むと好まざるとにかかわらず、わたしたちはこれから、より頻繁《ひんぱん》にハリケーンや旱魃などの異常気象現象に順応していかなければならなくなる。はるか昔に姿を消したドッガーランドの住民たちと同じような境遇にあるわけだが、現代の場合はそれが地球規模だ。海水面の上昇に直面したとき、ドッガーランドの小集団はあちこち住み処《か》を変えた。だが、大都会で暮らす人々にそんなまねはできない。
　百万都市が誕生するずっと前、古代文明は世界じゅうで気候変動に翻弄《ほんろう》されていた。古代エジプト文明は、紀元前２１００年の旱魃によりナイル川がいつものように氾濫しなかったせいで壊滅寸前まで追いつめられた。幸運にもファラオたちは、大規模な農業用灌漑水路や穀物貯蔵庫の建設に投資するだけの賢さをもちあわせていた。そのおかげでエジプト文明はさらに２０００年、生き延びた。

　そのころ、マヤ各地の大都市は、大旱魃を一因とする社会不安と混乱に陥《おちい》っていた。人間が気候変動に弱いのはなにもいまにはじまったことではない、ということを考古学は教えてくれる。こんなふうにいろいろな場面で、考古学はわたしたち自身のことを雄弁に語り、どうやって眼前の問題に（その多くはやはり、いまにはじまったものではない）対処すればいいかを教えてくれる。

　考古学はいつの時代にも、人間についての学問だった。変わったのは人ではなく、人間を研究するために使われる証拠の層のほうだ。わたしたちは純粋な発掘者としてスタートし、豪華な出土品や（ときには）知識を探し求めた。十中八九、文明発見のほうが好まれた。こんにちでは、人類の起源から産業革命、第一次世界大戦の塹壕《ざんごう》まで、あらゆるものごとにその対象は広がっている。もちろん、いまでもまだ彫像や建築物、あるいは皇帝の兵馬俑部隊などの発掘は行われている。だが、研究室にこもって壺《つぼ》の破片や動物の骨を調べたり、マヤの支配者たちの信仰について議論したりしていても、肩身がせまいと感じることはない。考古学は、熱帯雨林の懐《ふところ》深くに埋もれた景観や遺跡を丸裸にできるＬＩＤＡＲのような新技術を取り入れて変わりつつある（39章）。あまりに特化がすすみすぎて、人間のことをときどき忘れてしまうきらいもある。

もはや豪華な装飾がほどこされた墓といった本物の劇的発見はめったにない時代だ。考古学の貴重な資料庫がわたしたちの目の前で消滅しつつあるのは悲劇でしかない。考古遺跡は世界じゅうで、地中深くまで鍬《くわ》が入る耕作や工業開発や略奪という形の危機に直面している。

遺跡や古代社会の名残《なごり》に魅せられたおおぜいの旅行者たちが、そうとは知らずにピラミッドやカンボジアの古都アンコール・ワットの石積みをすり減らしている。そうかと思えば、テロ組織のＩＳＩＳ（イラク・シリアのイスラム国）などの犯罪者たちは、パルミラやニネヴェで古代遺跡を故意に爆破したり、博物館を荒らして略奪した遺物を売りさばいたりしている。

ありがたいことに、英雄たちもいる。自分たちの歴史の価値を認め、過去に対するステークホルダーを自認している地域社会がある。いくつかの国では、金属探知機をもった住民たちと考古学者が手を組んでいる。そこから生まれた大発見もあり、アングロ＝サクソン人やヴァイキングの金製品のコレクションなどが出土した。

多くの企業が、自社の開発計画によって破壊の危険にさらされる遺跡の保存に力を貸している。ロンドン中心部の地下を通る鉄道路線の工事をすすめているクロスレール・プロジェクト社は、はじめからトンネル掘削業者と考古学者にチームを組ませた。１００キロにおよぶ新路線上の工事現場40か所以上から、１万点を超える遺物が出土した。ロンドンのターミナル駅のひとつリヴァプール・ストリート駅の地下から約

３０００体の人骨が見つかるなど、驚くべき発見が数々あった。

この人骨のうち42体は、感染症の「黒死病《ペスト》」が大流行した１６６５年に使われていた墓地からまとまって見つかった。黒死病は東側からヨーロッパ全体に一気に広がり、ロンドンでは10万人が犠牲になった。感染すると数日以内、ときには数時間で死に至った。黒い発疹《ほっしん》が体じゅうにふきだし、そのまま道に倒れこむ犠牲者も多かった。当時はだれもこの死の病がなんなのか、どこからくるのか知らなかった。

この疫病の正体については、クロスレールに雇われた研究者たちがリヴァプール・ストリート駅で見つけた犠牲者の歯のエナメル質からＤＮＡ検体を採取して調査してみるまで、はっきりしたことはわかっていなかった。検査によって、ネズミが媒介する腺ペストに関連する細菌種の痕跡が見つかった。あれほどおおぜいのロンドン市民の命をうばった病気の正体を、ＤＮＡがすぱっとあばいてみせた。

クロスレールは、埋もれていたロンドンの歴史を何世紀ぶんも探りだした。このほかにも、産業活動によって掘りあてられた遺跡が、発見した企業の協力を得て発掘されている例はいくつもあって、過去の劇的な出来事をいろいろと教えてくれている。たとえば約３０００年前、イングランド東部の低地フェンランドのピーターバラ近く、マストファームという沼沢地にあった小さな村で火事が起きた。沼の上に足場を築き、囲いをめぐらせてつくられていたこの水上集落全体に炎は広がった。村人たちは取るものも取りあえず逃げだした。何分もたたないうちに、５棟の小屋が水中に崩れおちた。

ここがまさに考古学の力の見せどころだ。とうに忘れられた災害によって止まった時間、泥沼というほぼ完璧な保存条件、そしてすべてが当時のままに、まったく手つかずで残っている倒壊住居。れんが用粘土採取場の経営者が気持ちよく協力してくれたこともあって、心惹《ひ》かれる物悲しい物語が見えてきた。

現場がまさしく水びたしだったおかげで、考古学者たちは小屋のなかに入りこんだ湿った泥や細かいシルト〔沈泥。砂よりは小さく粘土よりは粗い〕のなかをくわしく調べるだけでよかった。ほぼ完全な形で残っている小屋に足を踏みいれただけという状況に近かった。編み枝細工の壁の一部はその形を保ったまま、崩れおちた屋根の痕跡の下敷きになっていた。住民たちの持ちものが床や炉《ろ》のそばに転がり、素焼きの壺のなかにはなんとまだ食べ物が入っていた。さばいて垂木《たるき》にぶら下げてあった子羊の死骸の痕跡もあった。

小屋の住人たちは青銅の斧や剣の立派なコレクションをもっていて、青銅製のヤスの刃も何枚かあった（うち２枚は木製の柄《え》がついたまま見つかった。とてもめずらしいことだ）。シナノキの樹皮からとれる、ときに毛髪よりも細い繊維で織られた布も、泥のなかに完璧な状態で残っていた。集落の人々は舟の上で長い時間を過ごしたとみえて、近くで丸木舟が８隻も見つかっている。マストファームはイギリスのポンペイだ。

近年の大発見によって、長らく忘れられていた天災に光があたるケースもある。中米エルサルバドルにあるマヤの村セレンは西暦５８０年ごろの火山の噴火で灰に埋もれた。夕食を終えた村人たちが、床につく前のことだった。彼らは家も持ちものもすべてを放りだして、命からがら逃げた。

現地ではアメリカ人考古学者ペイソン・シーツ〔１９４４〜〕ひきいる調査隊が１９７６年から調査を続けている。これまでに住居２棟、共用の建物数棟、貯蔵庫３棟を掘りだした。ここも保存状態がすばらしく、豆の詰まったむしろの袋や寝床用のござ、畑仕事の道具などが炭化した状態で出土したり、火山灰のなかに空洞として痕跡を残していたりした。火山灰に埋まった畑には、トウモロコシの苗と収穫期を迎えたものの両方が植わっており、グアバなどの果物の木も何種類か植えられていた。

ヘルクラネウムやポンペイと同じように、セレンとマストファームもまた、わたしたちが昔の人々の暮らしぶりや人間像に親しく迫れる場所だ。なんだかんだ言って、考古学のポイントは結局そこにある。

考古学とは発見の学問だ――だが、発見の意味自体がほんの半世紀前といまでは大きく変わってきている。ここまで考古学の歴史をたどってきた。最初期に活躍したのは、ジョン・オーブリーやウィリアム・ステュークリー、ジョン・フレアなどの好古家たちだった。そのあとに、ヨーロッパ各地の埋葬塚からごちゃまぜの遺物を掘りだした初期の発掘者たちがいた。ポンペイとヘルクラネウムではめざましい発見があった。１８００年、ナポレオン・ボナパルト将軍のおかかえ科学者たちが古代エジプトへの関心を高めた。ジャン＝フランソワ・シャンポリオンは１８２２年にヒエログリフを解読してエジプト学の祖となった。

続いて現れたのは探検家たちだった。ポール＝エミール・ボッタ、オースティン・ヘンリー・レイヤード、フレデリック・キャザウッド、ジョン・ロイド・スティーヴンズ、ハインリヒ・シュリーマン。このころが考古学にとっては栄光の日々で、未知の古代文明が続々と発見された。クリスチャン・ユルゲンセン・トムセンとJ・J・A・ヴォルソーが三時代法をもちいて先史時代に一定の秩序をもたらしたのもちょうどこのころ、19世紀はじめのことだった。

1870年代に入ると、ドイツの調査隊によるオリンピアとバビロンの発掘調査を機に、探検と収集の時代は終焉に向かった。少しずつ、考古学から素人《しろうと》の趣味という色あいが抜けていった。1900年には考古学者といえばまず男性だった。だが、ガートルード・ベルやハリエット・ホーズら、少数ながらも女性の姿も発掘現場にあった。20世紀初頭はプロ意識の高まりと真の大発見の時代だった。代表的なのが、1922年に封印が解かれた未盗掘のツタンカーメン王の墓だ（21章）。レオナード・ウーリーによるイラクのウルの発掘が、それまで主流だった大がかりな発掘調査の見納めに近かった。ウーリーがウルの王墓群で行った大規模発掘（20章）は、ツタンカーメンの王墓発掘に匹敵した。1930年代ごろまでには、大学などで教鞭を執《と》る職業考古学者が多くなっていた。

ゆっくりとだが着実に、考古学はヨーロッパと中東という縛《しば》りを解いて、世界に広がっていった。ガートルード・ケイトン゠トンプソンによるグレート・ジンバブエの発掘（22章）が、アフリカ各地にあった初期国家に世界の目を向けさせた。ペコス・プエブロの発掘調査は、北アメリカ南西部（というより北米大陸全体）の考古学に科学的基礎を築いた（24章）。

本書ではまた、先史時代の世界のゆるやかな進化や、農耕の興《おこ》りをめぐる議論を追いかけ、東アフリカに最古の人類を探し求めたリーキー夫妻をはじめとする研究者たちにも出会った。考古学は国際的になり、ただ単に遺跡を見つけて年代を特定するだけではなく、長期間にわたってじっくりと持続可能性という問題などにも取り組む学問になってきた。

発掘自体がもはや時代遅れで、発掘せずに地中の様子を知るという考古学者の夢が、リモートセンシングによって徐々に現実のものとなりつつある。それでもやはり考古学はおもしろい。いまや高度技術をともなうが、おかげでファラオたちの病歴を読み解き、骸骨の歯のエナメル質からその人の生まれ故郷や居住歴まで突きとめられるようになった。毎年のように新しい発見や技術の進歩があり、古代の人々の肩越しにのぞき見しやすくなっている――そのうちの何人かには、ほとんど話しかけられそうなほどだ。

思い出すのは、あるどんよりと曇った日のことだ。わたしはイングランドの丘に残る２０００年前の砦を訪ね、その塁壁に立っていた。目を閉じて、西暦43年に起きたローマ軍団と住民たちの戦いの様子を思い描く――襲撃者たちの鬨《とき》の声、盾《たて》にぶつかる剣の音、負傷者の悲鳴……。ほんの一瞬、わたしは彼らと同じ戦場にいた。じきにその光景は薄れゆき、体をつつむ陰鬱《いんうつ》な寒気にふるえがきた。

過去はみずから触れて楽しむものであり、考古学者だけでなく、あらゆる人のそばにある。こんど遺跡を訪ねたときには、どうか想像の翼を大きく羽ばたかせてみてほしい。

考古学は、わたしたちがどうして似ているのか、なぜ違っているのかを説明する手助けをしてくれる。そして、わたしたち人類がこれまでどうやって順応してきたかを教えてくれる。うしろをふりかえって過去を見つめることが、この先の未来を見とおす力をあたえてくれる。

# 訳者あとがき

著者ブライアン・フェイガンは、人類学と考古学の専門家として、広く一般にこの学問のおもしろさを伝えることに力を注いできた。生まれ育ったイギリスのケンブリッジ大学で博士課程まで修め、いまのザンビアやケニアで博物館勤めや発掘経験を積んだのち、アメリカで大学教授として勤めあげた人物だ。学際的なアプローチをとるジェネラリストとして、考古学を学ぶ学生のための教科書も多数執筆している。

本書では、日本で暮らすわたしたちにもなじみのある各国の遺跡を取りあげ（日本に言及がないのが残念ではあるが）、古今東西の考古学者たちの奮闘ぶりを通して、考古学という学問の歴史と魅力をわかりやすく伝えている。派手な言動で批判を招いた人生もあれば、ひたすら真面目に研究に打ちこんだ地味な人生もある。著者が面識のない考古学者たちの人生をこんなにも生き生きと、まるで旧知の仲の友人でもあるかのように語るのをごらんになれば、「人々の肩越しに過去をのぞきこむ」というのがどういうことなのか、まさしく実感していただけるだろう。

翻訳にあたっては、考古学に初めて触れる読者のことを考えて、難しい専門用語にたよらず、より一般的な文章表現で伝えるという著者の考えにしたがった。まるで講義を聞いているかのような、著者の人柄や見解が垣間見える軽口や皮肉がちりばめられているのも本書の魅力のひとつである。それぞれの章がコンパクトなので、肩肘張らず、楽しみながらお読みいただければと思う。各章の挿画も想像をかきたてるものになっている。

本書は、わたしたちを取りまく世界への入口にすぎない。興味をひかれた箇所があれば、ぜひ関連書籍やインターネットを活用して学びを深めてもらいたい。本書では紹介しきれなかったたくさんの謎や驚きに出会えるだろう。考古学で大事なのは物ではなく人だ――著者が幾度もくり返している点だ。遺構の向こうに過去の人間社会を見通そうとする考古学者たちにならって、読者のみなさんが本書の向こうに透《す》けて見える過去に学び、未来へのヒントをなにかひとつでも見つけてくだされば、訳者としてもこれ以上の喜びはない。

最後に、翻訳にあたって力を貸してくださったみなさんに感謝したい。

ご多忙をおして訳稿のチェックをしてくださったフリー編集者の上原昌弘さん、細かな編集作業の労をとってくださった株式会社すばる舎編集部、そして全体の橋渡しをしてくださり惜しみないアドバイスで背中を押してくださった翻訳家の上杉隼人さんに、心からお礼を申しあげる。

２０１９年２月

広瀬　恭子

## へ



## ほ



## ま



## み



## む



## め

## な



## に



## ね



## の



## は

## た



## ち



## つ



## て



## と

## さ



## し

# 索　引

著者――ブライアン・フェイガン（BRIAN FAGAN）
考古学者、人類学者、作家。ケンブリッジ大学ペンブルック・カレッジで考古学と人類学の博士号取得。アフリカ、いまのザンビアでの博物館勤務などを経て、カリフォルニア大学サンタバーバラ校で2003年まで36年間、教授として人類学を教える。現在は研究と執筆活動に専念し、考古学を学生および一般読者にわかりやすく届けることに情熱を注ぐ。編著書に『人類と家畜の世界史』『海を渡った人類の遥かな歴史――名もなき古代の海洋民はいかに航海したのか』『水と人類の1万年史』（以上、河出書房新社）、『ビジュアル版 氷河時代――地球冷却のシステムと、ヒトと動物の物語』（悠書館）、『考古学のあゆみ――古典期から未来に向けて』（朝倉書店）など多数。

訳者――広瀬 恭子（ひろせ・きょうこ）
出版翻訳者、ニュース翻訳者。国際基督教大学卒。訳書に『スター・ウォーズ 最後のジェダイ』『パイレーツ・オブ・カリビアン 最後の海賊 カリーナ・スミスの物語』『ガーディアンズ・オブ・ギャラクシー』（以上、ディズニーストーリーブック）、『アイアンマンの日常』（講談社）など。


# 若い読者のための考古学史

2019年2月15日　第1刷発行
2020年4月1日　第2刷発行

著　者――ブライアン・フェイガン
訳　者――広瀬 恭子
発行者――徳留 慶太郎
発行所――株式会社すばる舎
〒170-0013 東京都豊島区東池袋3-9-7 東池袋織本ビル
TEL　03-3981-8651（代表）
　　　03-3981-0767（営業部直通）
FAX　03-3981-8638
URL　http://www.subarusya.jp/
振替　00140-7-116563

印　刷――シナノ印刷株式会社




ISBN978-4-7991-0788-1